# 利用几何画板

**LIYONG JIHE HUABAN KAIZHAN SHUXUE HUODONG**

## 开展数学活动

邵新虎◎著

北京师范大学出版集团
**BEIJING NORMAL UNIVERSITY PUBLISHING GROUP**
北京师范大学出版社

**图书在版编目(CIP)数据**

利用几何画板开展数学活动/邵新虎著 .—北京：北京师范大学出版社，2024.10

ISBN 978-7-303-29615-6

Ⅰ.①利… Ⅱ.①邵… Ⅲ.①中学数学课—教学研究—初中 Ⅳ.①G633.602

中国国家版本馆 CIP 数据核字(2023)第 233370 号

出版发行：北京师范大学出版社　　www. bnupg.com
　　　　　北京市西城区新街口外大街 12-3 号
　　　　　邮政编码：100088
印　　刷：北京同文印刷有限责任公司
经　　销：全国新华书店
开　　本：787 mm×1092 mm　1/16
印　　张：16.5
字　　数：345 千字
版　　次：2024 年 10 月第 1 版
印　　次：2024 年 10 月第 1 次印刷
定　　价：58.00 元

策划编辑：王永会　　　　　责任编辑：马力敏
美术编辑：胡美慧　　　　　装帧设计：彩艺佳印
责任校对：段立超　陈　民　责任印制：孙文凯　窦春香

**版权所有　侵权必究**

反盗版、侵权举报电话：010—58800697
北京读者服务部电话：010—58808104
外埠邮购电话：010—58808083
本书如有印装质量问题，请与印制管理部联系调换。
印制管理部电话：010—58800825

# 前　言

　　《义务教育数学课程标准(2022 年版)》指出："重视大数据、人工智能等对数学教学改革的推动作用，改进教学方式，促进学生学习方式转变"，"能够理解自然现象背后的数学原理，感悟数学的审美价值，形成对数学的好奇心与想象力，主动参与数学探究活动，发展创新意识"，"利用数学专用软件等教学工具开展数学实验，将抽象的数学知识直观化，促进学生对数学概念的理解和数学知识的建构".[①] 心理学家皮亚杰认为："活动是认识的基础，智慧从动作开始."数学活动经验需要在"做"的过程和"思考"的过程中积淀，是在数学学习活动过程中逐步积累的．在教学实践中，由于缺乏数学活动的相关教材和理论指导，欠缺数学活动的经验积累，数学活动的开展与实施差强人意．随着教育信息化的迅猛发展，"合理利用现代信息技术，提供丰富的学习资源，设计生动的教学活动，促进数学教学方式方法的变革．在实际问题解决中，创设合理的信息化学习环境，提升学生的探究热情，开阔学生的视野，激发学生的想象力，提高学生的信息素养"[②]逐渐成为新一轮课程改革的重点，将信息技术与数学活动深度融合则是大势所趋．

　　那么，选择什么样的技术平台来进行信息技术与数学活动的深度融合呢？

　　经过近二十年的探索和实践，笔者认为，几何画板就是这样一个技术平台．

　　因为，几何画板在作图的过程中动态地保持了几何图形中内在的、恒定不变的几何关系及几何规律．它允许学生按给定的数学规律和关系来制作图形(或图像、表格)，通过观察、类比和分析提出问题，还可运用它来进行实验以验证问题的真与假，从而发现恒定不变的几何规律．几何画板的迭代功能可以让学生充分地感受和体验数学图像的内在美、对称美，极大地激发学生的想象力和创造力．它的动态情境提供了师生互动智慧课堂，为学生"做"数学提供了必要的工具与手段，使学生可以自主地在问题空间里进行数学实验、探索和创新，体验数学知识的生成和发现过程，提高学生研究性学习的能力，让他们随时享受数学再创造的过程．另外，学生还可以把数学实验单元(几何画板文件)复制回家，反复进行实验，使信息技术真正地辅助到不同层次的学生的身上．同时，它

---

[①] 中华人民共和国教育部：《义务教学数学课程标准(2022 年版)》，88 页，5 页，89 页，北京，北京师范大学出版社，2022.

[②] 中华人民共和国教育部：《义务教学数学课程标准(2022 年版)》，4 页，北京，北京师范大学出版社，2022.

为各位几何画板爱好者提供了一个主动求知和探索的平台，帮助我们从一些烦琐、枯燥和重复性的工作中解脱出来，使我们有更多的机会去思考和探索，甚或去发现和创新，从而为研究性学习提供了一个技术平台．

《利用几何画板开展数学活动》一书是笔者多年一线教学的探索与实践经验的凝结，它贴近实际教学，浅显易懂，螺旋递进．数学活动的设计以发展学生核心素养为导向，教学情境源自身边生活或数学文化，让学生经历数学家发现问题、解决问题的思维轨迹，体验数学知识的生成和发现过程，提高学生研究性学习的能力，让他们随时享受数学再创造的过程，从而将数学课堂发展为生成的课堂、研究的课堂、创新的课堂．本书的教学结构外在上呈现为硬件＋软件、老师＋学生、课堂＋课外、动脑＋动手、作业＋作品的融合，而内涵上则实现兴趣＋研究、实践＋创新、知识＋技能、问题＋思考、实验＋写作的可持续发展，有助于提升学生数学思维品质，激活学生的思维潜能，发展学生的核心素养．本书每一讲都有几何画板制作的详尽步骤，图文并茂，通俗易懂，便于广大读者自学和探究．针对每一讲所涉及的功能或者不易理解之处，以"小贴士"形式予以详细解读或补充说明．值得一提的是，在每一讲的末尾还设置"自我挑战"栏目，该栏目为有更多学习需求的读者提供了动手实践的途径．完成较困难的读者则可以通过"小帮手"中给出的提示自主探索．

为了让各位读者获取更多、更新的有关几何画板与数学课堂教学的深度融合、数学模型解题思维培养，以及动态解析中考数学试题方面的微课视频，笔者专门创建了微信公众号，您可以直接扫描右面的二维码或搜索公众号"动感数学实验室"或"Tigerstar-Mathlab"加以关注．也欢迎您加入 QQ 群：几何画板动感数学探究 4 群(311066717)，几何画板动感数学探究 5 群(563591676)，几何画板动感数学探究 6 群(891206711)进行互动交流，期待您的参与，让我们在学习交流中一起成长．

本书适用于一线数学教师、师范类大学生和几何画板爱好者以及中、小学各学段学生，可用作校本教材、数学社团活动教材或教师培训用书．

尽管笔者在几何画板的运用上有丰富的经验，但将几何画板与数学活动的深度融合还在不断地摸索和尝试中．由于时间仓促，水平有限，书中难免有不当之处，敬请各位读者批评指正．

作者联系方式：shaoxinhu@126.com.

邵新虎

2022 年 4 月

# 目　录

下篇　领悟数学之妙

# 几何画板入门

几何画板(The Geometer's Sketchpad)软件是由美国 Key Curriculum Press 公司制作并出版的教育软件,适合于数学教学和学习的工具软件平台. 运用几何画板画出的图形与黑板或草稿纸上画出的图形不同,是动态的并可保持设定的几何关系不变,从而为教师和学生提供了在动态中探究数学规律的工具. 在数学教学中运用几何画板来进行探究学习,不仅强化了学生的数学思维过程,而且让学生学到了一种研究问题的方法.

下面,我们先来初步了解一下几何画板软件.

目前该软件的最新版本为几何画板 v5.0.6.5 简体中文版.

安装完成后,打开软件,呈现在我们面前的是几何画板的操作界面(图 0-1). 如果没有显示"工具箱"或者"文本工具栏",可以在"显示"菜单中设置显示.

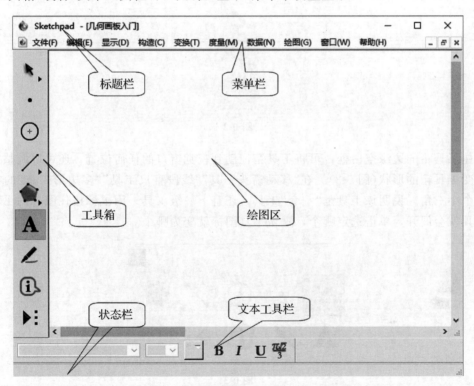

图 0-1

几何画板的窗口和其他 Windows 应用程序的窗口类似, 有系统菜单、最大/最小化按钮以及标题栏. 窗口的左侧是工具箱, 它的右侧和下边都有滚动条, 可以使小几何画板能处理更大的图形. 在几何画板中, 容易被忽视的是状态栏, 当画面中有重叠对象时, 它能具体显示当前选定对象或者工作状态.

把光标悬停到工具图标的上面, 就会显示工具的名称. 工具箱从上到下的 9 个工具依次是: "移动箭头工具""点工具""圆工具""线段直尺工具""多边形工具""文本工具""标识工具""信息工具""自定义工具"(图 0-2).

图 0-2

按住工具箱的边缘空白处, 可将工具箱拖动到视觉窗口的任何位置, 还可以调整工具箱边界改变工具箱的形状(图 0-3). 在"移动箭头工具""线段直尺工具""多边形工具"的右下角都有一个小三角, 说明该工具是"一套"工具, 还有下一级工具. 用鼠标按住图标约 1 秒, 下一级工具就会展开, 单击选定哪个, 默认工具图标就变为哪个.

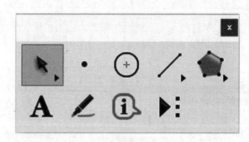

图 0-3

下面, 我们就介绍工具箱中 9 个工具的使用方法.

1. "移动箭头工具"

该工具包括移动箭头、旋转箭头和缩放箭头三个工具 . 使用不同的"箭头"工具可以移动、旋转和缩放对象.

2."点工具" ●.

使用该工具可以在绘图区任意空白地方或"路径"上构造点. "路径"可以是线段、射线、圆、多边形边界、扇形边界、弓形边界、轨迹、函数图像等. 单击"点工具",然后将鼠标移动到绘图区域中单击一下,就会出现一个点. 单击"移动箭头工具",然后拖动鼠标将光标移动到线段和圆相交处单击一下,就会出现交点. 如果没有指向两个对象的相交处,单击则是选定一个对象. 交点可以在线段与线段之间、圆与圆之间、线段与圆之间单击构造,还可以在线段、圆与函数图像或轨迹之间形成.

3."圆工具" ⊕.

使用该工具以圆心和半径另一个端点构造圆. 单击"圆工具",然后将光标移动到几何画板窗口中,按住左键确定圆心(或单击),并移动到另一位置(起点和终点间的距离就是圆半径)再单击一下,就会出现一个圆.

4."线段直尺工具" ╱.

该工具包括构造线段、射线和直线三个工具. 单击"线段直尺工具",然后将光标移动到绘图区域中按住鼠标左键(或单击),拖动鼠标到另一位置松开鼠标,就会出现一条线段.

5."多边形工具" ⬠.

该工具可以构造有芯无边框、有芯有边框和无芯有边框 多边形都有边界,但边界不等于边框,边框是指使用线段连接的边框. 单击"多边形工具",就可以通过在绘图区构造多边形的顶点绘制多边形,最后一个顶点需要双击(或者在多边形的第一个点上再单击一下)才能完成构造并释放多边形工具.

6."文本工具" **A**.

使用该工具可以输入文本、加标注(说明性的文字)或给对象加标签. 单击"文本工具",光标由箭头变为空心手形,然后移动鼠标,当光标移到对象处,会变为实心手形,单击对象,可以显隐对象标签. 双击对象或者标签可以修改对象标签. 几何画板中的每个几何对象都对应一个标签. 当在几何画板中构造几何对象时,系统会自动给构造的对象配标签,文本工具就是一个标签的开关. 当鼠标处于移动箭头或者文本工具状态时,点住已有标签,光标变为虚心手形,可以拖动标签位置. 如果标签在多个重叠对象中,使用文本工具状态的虚心手形,更容易选定标签. 单击"文本工具",会出现一个空心手形,在绘图区双击鼠标左键,或者按住鼠标左键直接在绘图区拖出虚线框，就可以在里面输入文字了．单击"文本工具"后，空心手形用于拖出文本输入框；实心手形用于单击绘图对象显隐对象标签；虚心手形用于拖动对象标签．

7．"标识工具" .

给绘制对象（包括轨迹和图像）加标注或者直接在绘图区写画．

8．"信息工具" .

用来查看对象的属性和关系．

9．"自定义工具" .

根据实际需要，我们可以使用几何画板制作的一些自定义工具来简化图形的绘制过程．我们将下载的或自己制作的自定义工具移动到几何画板的安装目录下的"Tool Folder"文件夹中，然后选择"自定义工具/选择工具文件夹…"，在弹出的对话框中，选择"Tool Folder"文件夹．下级菜单包括创建新工具、工具选项（制作自定义工具时设置选项）、显示脚本视图（看工具的制作过程和使用方法）、工具列表、选择工具文件夹（设定工具来源）等选项．使用时，点住三角图标1秒以上，右移鼠标，选择工具，然后在绘图区域中就可以使用选择的工具了．当第二次还想使用这个工具时，只需点击一次自定义工具图标即可，不必再去寻找具体的工具位置了．如果想使用其他自定义工具，将鼠标点到新的自定义工具选项上，此时，鼠标会自动释放前一个被选定的自定义工具，而携带新的自定义工具．

# 上篇　感悟数学之美

# 第一讲　动感绚丽的万花筒

　　将有鲜艳颜色的实物(如彩色玻璃、鸟的羽毛、干花等)放于圆筒的一端,把三棱锥放置于圆筒中间,用开孔的玻璃密封另一端,从孔中看去即可观测到美丽、对称的图案,这种光学玩具就是万花筒.万花筒美妙的奥秘就蕴藏在它设计精妙的镜体结构和流动图案中.万花筒的原理在于光的反射,而镜子就是利用光的反射来成像的.对于这种成像原理,我国古代就已经掌握了.《庄子》里就有"鉴止于水"的说法,即用静止的水当镜子.据说真正的万花筒是苏格兰物理学家大卫·布鲁斯特爵士于1816年发明的,而我国也很早就有了这种玩具,而且有所创新.利用几何画板的图形变换和动画功能,我们可以模拟出万花筒中动感绚丽的图案来.

　　本讲我们学习如何利用几何画板制作动感绚丽的万花筒.

　　具体操作步骤如下.

　　1. 新建一个几何画板文件,选中"圆工具",在绘图区单击左键,然后在适当位置再次单击,得到一个圆,选中"文本工具",分别在圆心和圆的控制点处单击,显示出这两个点的标签.选中"线段工具",在点 $A$ 处单击,将线段的另一个端点移动到圆 $A$ 上,当圆 $A$ 的颜色变为红色时,单击鼠标左键,得到圆 $A$ 上一个异于点 $B$ 的点 $C$(图 1-1).

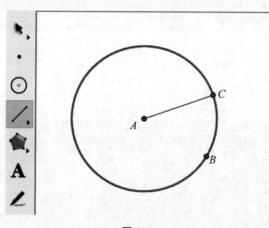

图 1-1

　　2. 双击点 $A$,分别选定点 $C$ 和半径 $AC$,选择"变换/旋转"(图 1-2),在弹出的对话框中,将"固定角度"设定为"60"度,单击"旋转"按钮,得到圆 $A$ 的另一条半径 $AC'$,选中"文本工具",双击点 $C'$,将标签修改为"$D$".

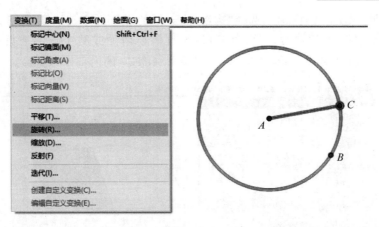

图 1-2

3. 依次选定点 $A$，$C$（顺序很重要，初学者易忽视），选择"变换/标记向量"，然后选定点 $D$，选择"变换/平移"，在弹出的对话框中单击"平移"按钮（图 1-3），将点 $D$ 按所标记的向量 $\overrightarrow{AC}$ 进行平移，得到点 $E$.

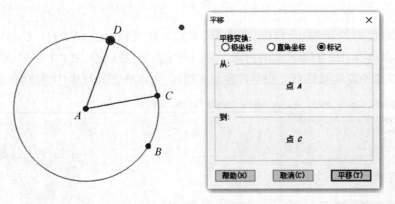

图 1-3

4. 在"多边形工具"处按住左键，将光标移动到"有芯无边框"工具处（图 1-4），松开左键. 依次单击点 $A$，$C$，$E$，$D$，得到菱形 $ACED$ 的内部.

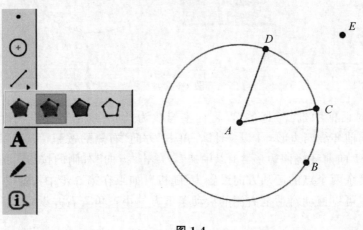

图 1-4

5. 选中菱形 *ACED* 的内部，选择"构造/边界上的点"（图 1-5），得到点 *F*. 类似地，构造出菱形 *ACED* 边界上的点 *G*，*H*，*I*（可以根据需要增加或减少点的个数）. 再选中菱形 *ACED* 的内部，选择"显示/隐藏四边形"，将菱形 *ACED* 的内部予以隐藏.

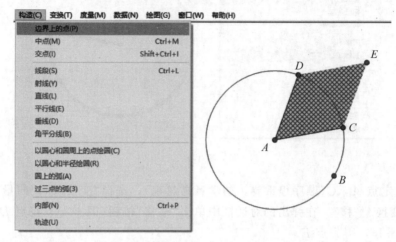

**图 1-5**

6. 单击"多边形工具"中的"有芯无边框"工具，依次单击点 *A*，*G*，*C*，*I*，*E*，*D*，*F*，*H*，*A*，得到多边形 *AGCIEDFH* 的内部. 分别选定点 *C* 和点 *G*，*I*，*F*，*H* 四个新构造的边界上的点（请注意不要选其他点，初学者容易忽视），再选择"编辑/操作类按钮/动画"（图 1-6）.

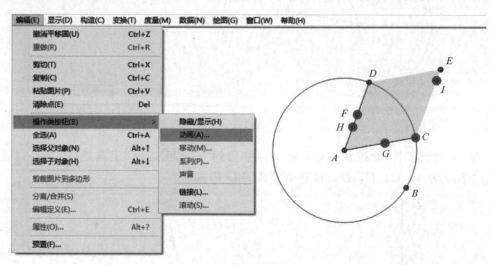

**图 1-6**

7. 在弹出的对话框中选择"标签"，将标签修改为"动感绚丽的万花筒"，然后选择"动画"，选中"点 *G* 向前环绕四边形♯1 以中速"，单击"方向"右侧的按钮，选择"随机"（图 1-7）. 接下来，选中"点 *I* 向前环绕四边形♯1 以中速"，单击"方向"右侧的按钮，选择"随机". 类似地，耐心地将其余两个点的运动方向设置为"随机"（如果在第 5 步中构造的菱形 *ACED* 边界上的点比较多，可以拖动对话框右侧的滑动条下方的小三角查看并设置之前所选中的所有的点）.

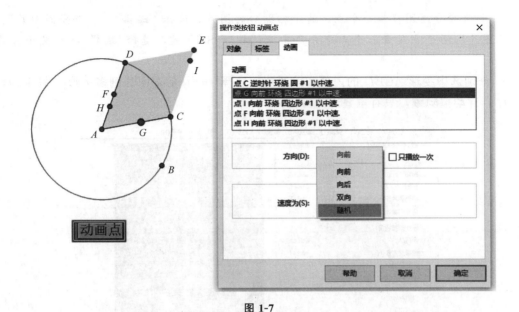

图 1-7

8. 任意复制一张彩色图片，选择"编辑/粘贴图片"，将该图片粘贴到绘图区，分别选定点 A 和该图片，选择"编辑/合并图片到点"即可（图 1-8）.

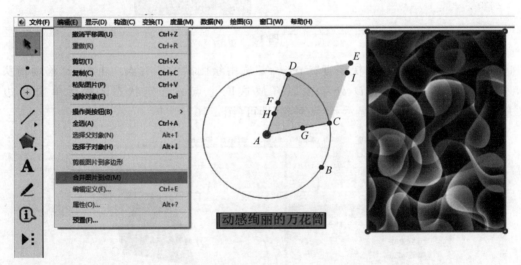

图 1-8

**【小贴士】**

（1）几何画板文件可以从其他文件中复制粘贴图片，也可以直接把图片用鼠标拖进绘图区. 在几何画板文档中，如果没有复制过图片，这个菜单选项显示的是"粘贴". 如果复制了图片或者是在 Word 中复制了文本（剪贴板中的最新内容是图片等），这个菜单选项就会变成"粘贴图片".

（2）当两张图片重叠时，可以选定一张图片，按鼠标右键，选择图片是置于顶层还是底层.

（3）对于通过粘贴进入几何画板的图片，选定图片后可以拖动图片四周的句柄来改变图片的大小，如果拖动的同时按下 Shift 键，此时图片边长将同比例缩放.

(4)如果要分离图片和一个点,选定粘贴后的图片,选择"编辑/从点中分离图片";如果是将图片从两个点或者三个点中分离出来,按下 Shift 键,选择"编辑/从定义中分离图片"即可.

9. 分别选中菱形 *ACED* 的内部和该图片,选择"编辑/剪裁图片到多边形"(图1-9),这时图片会自动被隐藏,只有重叠部分可见.

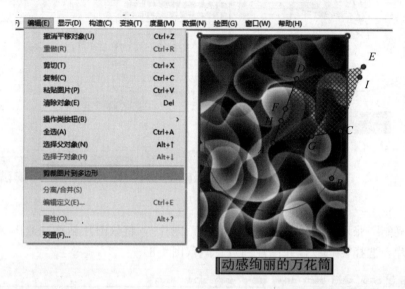

**图 1-9**

10. 单击"点工具",使用快捷键"Ctrl+A"选中绘图区的所有点. 再单击"移动箭头工具",分别在点 *A*,*B*,*C*,*D* 处单击以释放这四个点的选定状态,然后单击多边形 *AGCIEDFH* 的内部,选择"显示/隐藏对象"即可(图1-10).

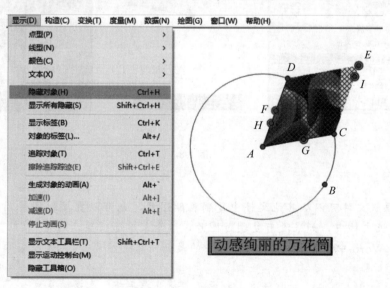

**图 1-10**

11. 双击半径 *AD*,选中剪裁得到的图片,再单击半径 *AC* 和点 *C*,选择"变换/反射"

（图 1-11），得到第二张图片和半径 $AJ$.

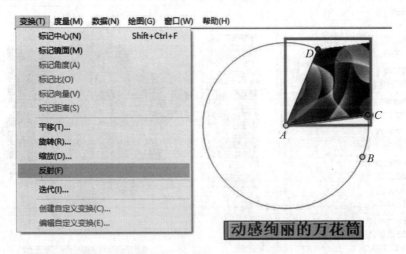

动感绚丽的万花筒

图 1-11

12. 类似地，将第二张图片和半径 $AD$ 关于半径 $AJ$ 反射，得到第三张图片和半径 $AK$，依次进行下去，便得到一个由六张图片组成的图案（图 1-12）.

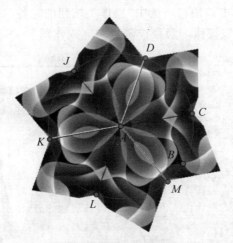

动感绚丽的万花筒

图 1-12

13. 单击"点工具"，使用快捷键"Ctrl＋A"选中绘图区的所有点，再单击"移动箭头工具"，分别在点 $A$，$B$ 处单击以释放这两个点的选定状态，然后单击圆 $A$，使用快捷键"Ctrl＋H"将其隐藏. 类似地，单击"线段直尺工具"中的"线段工具"，使用快捷键"Ctrl＋A"选中绘图区的所有半径，使用快捷键"Ctrl＋H"将其隐藏. 分别选定点 $A$，$B$，选中"显示/颜色/浅蓝色"（图 1-13），设置这两个点的颜色为浅蓝色，示意这两个点为手动控制点.

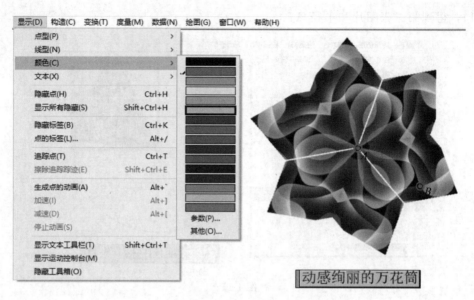

图 1-13

14. 继续分别选定点 $A$, $B$, 选择"编辑/操作类按钮"中的"隐藏/显示"选项(图 1-14), 得到"隐藏点"按钮. 右键单击该按钮, 选中"操作类按钮的标签", 将"点"修改为"控制点"得到"隐藏控制点"按钮. 单击该按钮, 隐藏控制点. 完成作图.

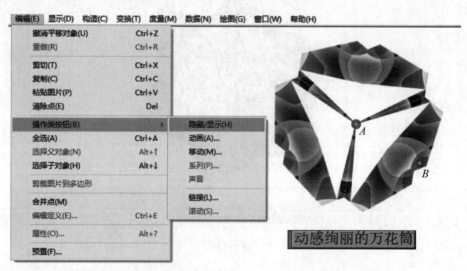

图 1-14

单击"显示控制点"按钮, 可以显示控制点 $A$, $B$, 拖动点 $A$ 或点 $B$ 可以调节万花筒图案的大小, 单击"动感绚丽的万花筒"按钮, 便可以看到变幻无穷的万花筒图案了.

【自我挑战】

你能利用几何画板来制作图 1-15 中的万花筒图案吗? 请试一试.

动感绚丽的万花筒 ｜ 显示控制点

图 1-15

★小帮手★

单击"显示控制点"按钮，显示控制点 $A$，$B$．双击点 $A$，选中全部图片，选择"变换／旋转"，将"固定角度"设定为"90"度，单击"旋转"按钮（图 1-16），将原图案绕点 $A$ 逆时针旋转 $90°$ 得到一个新图案．接下来，将所有图片作为基本图案绕点 $B$ 连续旋转 $120°$，旋转两次，再将绘图区的所有图片作为新的基本图案绕点 $B$ 连续旋转 $90°$，旋转三次即可．

动感绚丽的万花筒 ｜ 隐藏控制点

图 1-16

# 第二讲　七彩项链

只要一说起原始人，很多人不由自主就会把他们同粗野联系起来．其实不然，他们也很懂得怎样使自己变得漂亮．虽然没有珍珠玛瑙、黄金翡翠，但是他们自有一套化妆技术和别具一格的饰物．人类最原始的首饰，大概可以追溯到遥远的旧石器时代．考古发现，几万年前北京周口店龙骨山的山顶洞人就已使用兽骨、兽牙、贝壳等做成的串饰，并用染料染成红色．据推测，当时人们在与猛兽的搏斗中发现失去鲜血就等于失去生命，而猛兽的牙齿、利爪的力量很强大．于是人们通过佩戴串饰来显示自己的勇敢和力量，同时也希望由此而汲取到猛兽的力量．这些串饰后来便逐渐演变成项链．

本讲我们学习如何使用几何画板的迭代功能制作一条七彩项链．

具体操作步骤如下．

1. 新建一个几何画板文件，选中"线段工具"，按下 Shift 键，先在绘图区单击鼠标左键，然后将光标向右拖动一定距离，再次单击鼠标左键，可以得到一条水平线段 $AB$．双击点 $B$，选定点 $A$，选择"变换/旋转"，在弹出的对话框中将旋转参数中的"固定角度"修改为"18"度（图 2-1），单击"旋转"按钮，将点 $A$ 绕点 $B$ 逆时针旋转 $18°$，得到点 $A'$．

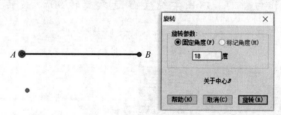

**图 2-1**

2. 分别选定点 $A'$，$B$，选择"构造/线段"，得到线段 $A'B$．选中线段 $AB$，选择"构造/中点"，得到点 $C$．分别选定点 $C$ 和线段 $AB$，选择"构造/垂线"（图 2-2）．在垂线与线段 $A'B$ 的交点处单击，得到点 $D$．

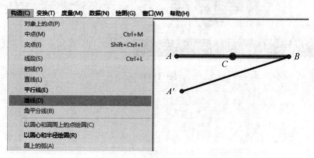

**图 2-2**

3. 选中"点工具"，将光标移动到线段 $AB$ 上，当线段 $AB$ 的颜色变为红色时，单击左键，得到线段 $AB$ 上的一个半自由点 $E$. 分别选定点 $E$，$B$，选择"变换/标记向量"（图 2-3），选定点 $D$，选择"变换/平移"，在弹出的对话框中单击"平移"按钮，将点 $D$ 按所标记的向量 $\overrightarrow{EB}$ 进行平移，得到点 $D'$. 选中"文本工具"，双击点 $D'$，在弹出的对话框中将该点的标签修改为"$F$".

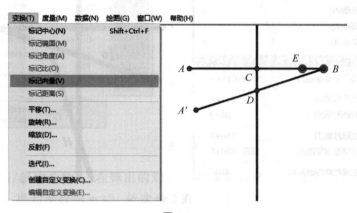

图 2-3

4. 类似地，分别选定点 $B$，$E$，选择"变换/标记向量"，选定点 $D$，选择"变换/平移"（图 2-4），将点 $D$ 按所标记的向量 $\overrightarrow{BE}$ 进行平移，得到点 $G$.

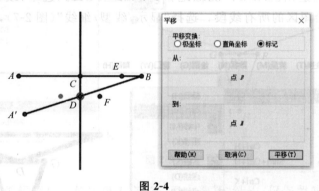

图 2-4

5. 双击点 $F$，选定点 $G$，选择"变换/旋转"，在弹出的对话框中将旋转参数中的固定角度修改为"72"度，单击"旋转"按钮，将点 $G$ 绕点 $F$ 逆时针旋转 $72°$，得到点 $G'$. 依次选定点 $F$，$G'$，选择"构造/射线"（图 2-5），得到射线 $FG'$. 在线段 $AB$ 的中垂线与射线 $FG'$ 的交点处单击，得到点 $H$.

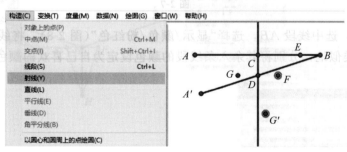

图 2-5

11. 接下来，选择"结构/添加新的映射"，依次单击点 $D$，$B$，得到第二个映射，即"映射♯2" $A{\to}D$，$B{\to}B$. 类似地，选择"结构/添加新的映射"，依次单击点 $G$，$H$，得到第三个映射，即"映射♯3" $A{\to}G$，$B{\to}H$. 继续进行下去，分别得到"映射♯4" $A{\to}H$，$B{\to}F$，"映射♯5" $A{\to}G$，$B{\to}F$，"映射♯6" $A{\to}F$，$B{\to}G$（图 2-11），单击"迭代"按钮.

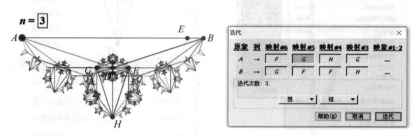

图 2-11

12. 选中"线段工具"，使用快捷键"Ctrl＋A"选中绘图区的所有线段，再选中"移动箭头工具"，分别单击点 $D$，$F$，$G$，$H$，选择"显示/隐藏对象"（图 2-12），将不再需要的点和线予以隐藏.

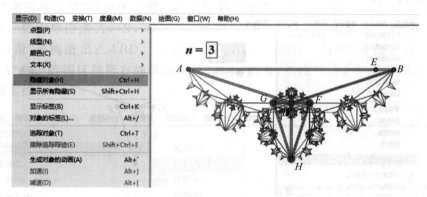

图 2-12

13. 分别选定点 $A$，$B$，$E$，先选择"显示/颜色/浅蓝色"，示意这几个点可以手动控制，再选择"编辑/操作类按钮"中的"隐藏/显示"（图 2-13），得到选中对象的显隐按钮"隐藏点". 拖动点 $A$ 或点 $B$，调节图案的大小，通过拖动点 $E$ 或改变参数"$n$"的值，改变图案的形状，直到得到满意的七彩项链. 最后单击"隐藏点"按钮，完成作图.

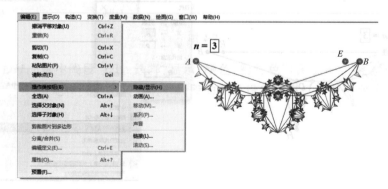

图 2-13

**【自我挑战】**

你能制作出一棵如图 2-14 所示的茂密的毕达哥拉斯树（勾股树）吗？请试一试.

图 2-14

**★小帮手★**

如图 2-15 所示，作线段 $AB$，以 $AB$ 为边画一个正方形 $ABCD$，然后选中线段 $CD$，选择"构造/中点". 依次选定点 $E$，$C$，$D$，选择"构造/圆上的弧"，构造出 $\overset{\frown}{CD}$. 在弧上任取一点 $F$，连接 $FD$ 和 $CF$，分别以 $FD$ 和 $CF$ 为边画正方形 $FDGH$ 和正方形 $FCIJ$. 构造出这三个正方形的内部，分别选中这三个正方形的内部，选择"度量/面积". 选中正方形 $ABCD$ 的内部和该正方形的面积的度量值，选择"显示/颜色/参数"，在颜色参数窗口中将颜色范围修改为"双向循环". 类似地，将其余两个正方形的内部的颜色进行设定. 选定点 $E$，$\overset{\frown}{CD}$ 和三个面积的度量值，使用快捷键"Ctrl＋H"将其隐藏.

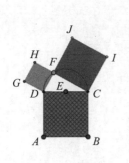

$ABCD$ 的面积 ＝ 5.06 厘米$^2$

$FDGH$ 的面积 ＝ 1.16 厘米$^2$

$FCIJ$ 的面积 ＝ 3.90 厘米$^2$

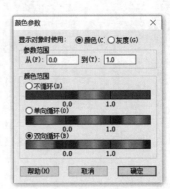

图 2-15

如图 2-16 所示，新建参数"$n=9$"，依次选定点 $A$，$B$（对于控制正方形 $ABCD$ 大小的两个自由点，初学者易忽视），最后选中参数"$n=9$"，然后按下 Shift 键，选择"变换/深度迭代"，出现迭代编辑窗口后，依次单击点 $D$，$F$，将它们分别作为点 $A$，$B$ 的映射♯1，单击"结构/添加新的映射",再依次单击点 $F$,$C$,将它们分别作为点 $A$,$B$ 的映射♯2,单击"迭代"按钮.选中"点工具",使用快捷键"Ctrl+A",选中所有的点,然后选中"移动箭头工具",单击点 $F$,使用快捷键"Ctrl+H"将除点 $F$ 之外的点隐藏.最后将点 $F$ 的颜色设定为"浅蓝色",拖动点 $F$ 到适当的位置,便可以得到一棵茂密的毕达哥拉斯树(勾股树)了.

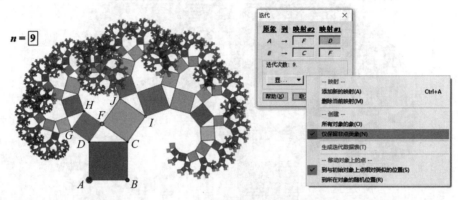

图 2-16

# 第三讲　蛋形九巧板

　　九巧板是巧板类益智玩具的杰出代表之一，是五巧板、七巧板的变形和延伸，在七巧板的基础上添加了一些柔和的设计，因此拼出的图案更加栩栩如生．九巧板的外形有蛋形、长方形、心形和圆形，其中最常见的是蛋形九巧板和心形九巧板（图 3-1）．单单一种蛋形九巧板就能排出一百多种飞禽图形，可以说是变化无穷、极富趣味，因此也被称为"百鸟朝凤"拼板．

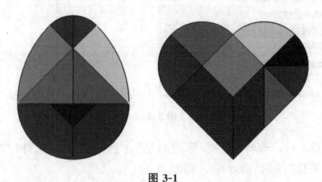

图 3-1

　　本讲我们学习如何利用几何画板制作蛋形九巧板，从而去拼接千姿百态的图案．

　　具体操作步骤如下．

　　1. 新建一个几何画板文件，选中"线段直尺工具"中的"线段工具"，按住 Shift 键，单击左键，将光标拖动一定的距离，再次单击左键，得到一条水平线段 $AB$．选中线段 $AB$，选择"构造/中点"，得到点 $C$．双击点 $C$，选中线段 $AB$ 及其两个端点，选择"变换/旋转"，在弹出的对话框中将"固定角度"修改为"90"度（图 3-2），单击"旋转"按钮，将线段 $AB$ 及其两个端点绕点 $C$ 逆时针旋转 $90°$，得到线段 $DE$ 及其两个端点．

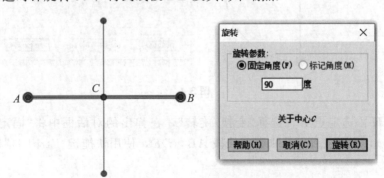

图 3-2

2. 类似地，将点 $B$ 绕点 $A$ 逆时针旋转 $45°$，得到点 $F$，将点 $F$ 绕点 $D$ 逆时针旋转 $45°$，得到点 $G$. 依次选定点 $C$，$E$，$B$，选择"构造/圆上的弧"（图 3-3），得到 $\overset{\frown}{EB}$. 依次选定点 $A$，$B$，$F$，选择"构造/圆上的弧"（图 3-3），得到 $\overset{\frown}{BF}$. 依次选定点 $D$，$F$，$G$，选择"构造/圆上的弧"，得到 $\overset{\frown}{FG}$.

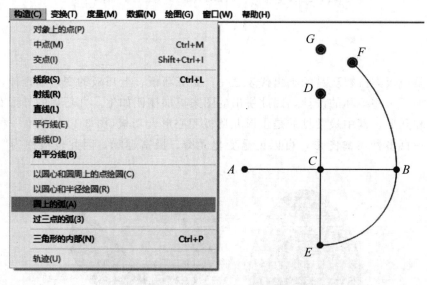

图 3-3

3. 依次选定点 $D$，$G$，选择"变换/标记向量"，选定点 $E$，选择"变换/平移"，在弹出的对话框中，单击"平移"按钮（图 3-4），得到点 $H$.

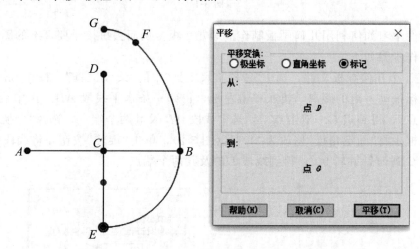

图 3-4

4. 双击点 $H$，选定点 $E$，选择"变换/旋转"，在弹出的对话框中将"固定角度"修改为"135"度（图 3-5），得到点 $I$. 分别选中线段 $AB$，$DE$，使用快捷键"Ctrl＋H"将其隐藏.

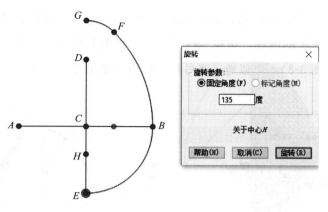

**图 3-5**

5. 选中"线段直尺工具"中的"线段工具"，分别连接 $CD$，$EH$，$HI$，$IB$，$BD$，$DF$，$DG$。双击 $CD$，先框选线段 $CD$ 的右侧，再选中"移动箭头工具"，在点 $B$ 处单击，去掉点 $B$ 的选中状态，选择"变换/反射"（图 3-6），得到选中对象关于线段 $CD$ 的对称图形。

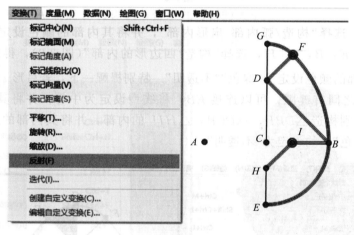

**图 3-6**

6. 连接 $II'$。分别选中 $\overset{\frown}{EB}$ 和 $\overset{\frown}{BF}$，选择"构造/弧内部/弓形内部"（图 3-7）。

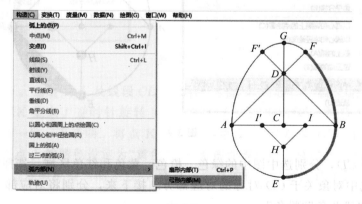

**图 3-7**

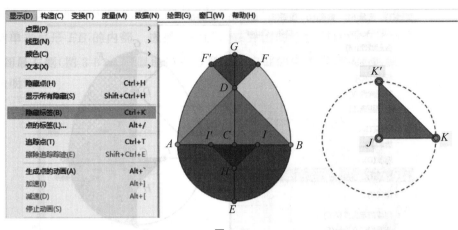

图 3-12

12. 仿照第 11 步，可以作出△$ACD$ 和△$HII'$所对应的三角形，注意该三角形的填充颜色应与蛋形九巧板中所对应的三角形的颜色保持一致，并将用于移动三角形的点设定为"黄色"，用于旋转该三角形的点设定为"浅蓝色"．选中两个不再需要的圆，选择"显示/隐藏圆"（图 3-13）．

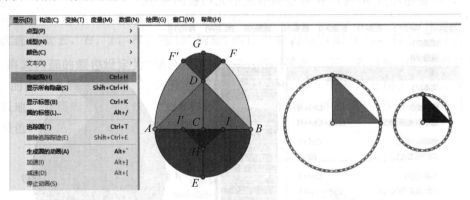

图 3-13

13. 任取一点 $L$，选定点 $L$ 及线段 $DF$，选择"构造/以圆心和半径绘圆"，取圆上一点 $M$，连接 $LM$，将 $LM$ 绕点 $L$ 逆时针旋转 $45°$得到点 $M'$．依次选定点 $L$，$M$，$M'$，选择"构造/圆上的弧"，得到 $\overset{\frown}{MM'}$．选中该弧，选择"构造/弧内部/扇形内部"，其余要求同第 11 步．类似地，构造出另一个小扇形（图 3-14），完成后将两个小圆和 $L$，$M$，$M'$ 三个点的标签隐藏．

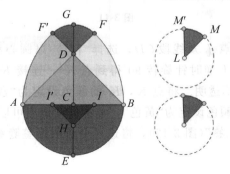

图 3-14

14. 选择"数据/计算"，在弹出的计算编辑窗口中选择"函数/sqrt"，依次输入"2"")""+""1"，单击"确定"按钮，得到$\sqrt{2}+1$的计算值. 右键单击该计算值，选择"标记比". 任取一点$N$，选定点$N$及线段$DF$，选择"构造/以圆心和半径绘圆"，取圆上一点$O$. 双击点$N$，选定点$O$，选择"变换/缩放"，在弹出的对话框中单击"缩放"按钮（图 3-15），得到点$O'$.

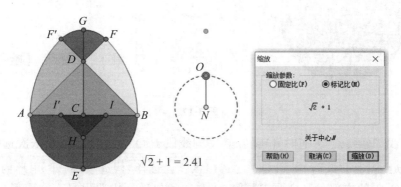

$$\sqrt{2}+1=2.41$$

图 3-15

15. 将点$O'$绕点$N$逆时针旋转$90°$得到点$O''$，再将点$O''$绕点$N$逆时针旋转$90°$得到点$O'''$. 连接$NO''$，依次选定点$O'''$，$O'$，$O''$，选择"构造/圆上的弧"，得到$\overset{\frown}{OO'}$. 选中该弧，选择"构造/弧内部/扇形内部"，然后构造$\triangle NOO''$的内部，其余要求同第 11 步. 类似地，构造出另一个图形（图 3-16），完成后将不再需要的计算值、点、圆的标签隐藏.

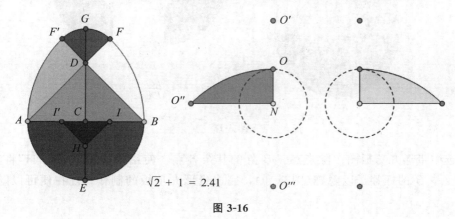

$$\sqrt{2}+1=2.41$$

图 3-16

16. 依次选定点$I'$，$A$，$C$，选择"度量/比"，得到$\dfrac{I'C}{I'A}$的度量值. 右键单击该度量值，选择"标记比". 任取一点$P$，选定点$P$及线段$I'A$，选择"构造/以圆心和半径绘圆"，取圆上一点$Q$，连接$PQ$. 双击点$P$，选定点$Q$，选择"变换/缩放"，在弹出的对话框中单击"缩放"按钮（图 3-17），得到点$Q'$.

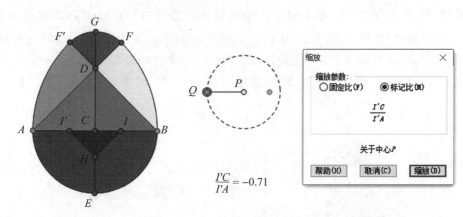

$$\frac{I'C}{I'A} = -0.71$$

图 3-17

17. 将线段 $PQ$ 绕点 $Q'$ 逆时针旋转 $90°$ 得到线段 $P'Q'$，连接 $PP'$. 依次选定点 $Q'$，$Q$，$Q''$，选择"构造/圆上的弧"，得到 $\overset{\frown}{QQ''}$. 选中该弧，选择"构造/弧内部/扇形内部"，然后构造四边形 $PQQ''P'$ 的内部，其余要求同第 11 步. 类似地，构造出另一个图形（图 3-18），完成后将不再需要的度量值、点、圆的标签隐藏.

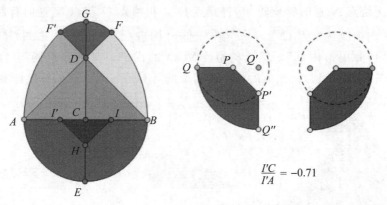

$$\frac{I'C}{I'A} = -0.71$$

图 3-18

18. 选中蛋形九巧板图中除点 $A$，$B$ 外的其余各点，使用快捷键"Ctrl＋H"将其隐藏，然后将点 $A$，$B$ 的标签予以隐藏（图 3-19），完成蛋形九巧板的制作，现在便可以随心所欲地拼图了.

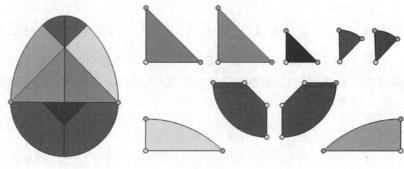

图 3-19

**【小贴士】**

（1）利用几何画板作出的九个色块，每一个色块中拖动浅蓝点可以旋转，拖动黄点或色块的内部可以移动，拖动蛋形九巧板左右两边的浅蓝色的点可以按比例改变所有色块的大小．

（2）拼接时，若需要某个色块的轴对称图形，只需要双击对称轴所在的边，选中该色块整体，选择"变换/反射"，作出该色块的轴对称图形，然后选中原色块，选择"显示/隐藏对象"即可．

（3）图案拼接完成后，先选中"点工具"，再使用快捷键"Ctrl＋A"选中图中所有的点，使用"Ctrl＋H"将这些控制点予以隐藏或者选择"编辑/操作类按钮"中的"隐藏/显示"，得到一个显隐按钮，单击该按钮，将控制点隐藏．

图 3-20 是笔者给出的一些图案，相信各位读者会创造出更杰出的作品．

**图 3-20**

**【自我挑战】**

图 3-21 是心形九巧板以及利用这个九巧板所拼成的美丽图案，你会利用几何画板制作心形九巧板吗？请你试一试．

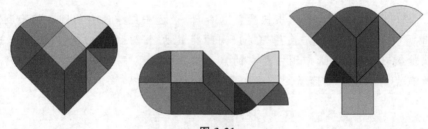

**图 3-21**

**★小帮手★**

如图 3-22(1)，任作一条水平线段 $AB$，取该线段的中点 $C$，将点 $A$，$B$ 绕点 $C$ 逆时针旋转 90°，得到点 $D$，$E$．使用"无芯有边框"工具构造正方形 $ADBE$，分别选中线段 $DB$，$BE$，$EA$，选择"构造/中点"，得到点 $F$，$G$，$H$，将点 $B$ 绕点 $G$ 分别逆时针旋转 45°，90°，得到点 $I$，$J$，将点 $E$ 绕点 $H$ 逆时针旋转 90°，得到点 $K$．依次选定点 $G$，$B$，$I$，选择"构造/圆上的弧"，得到 $\overarc{BI}$．类似地，分别构造出 $\overarc{IJ}$，$\overarc{JE}$，$\overarc{EK}$，$\overarc{KA}$．对比图形，连接图中的所有线段，选中线段 $AB$，使用快捷键"Ctrl＋H"将其隐藏．对照图 3-22(2)，分别构造每个扇形内部及多边形内部，颜色可以根据自己喜好来设定，透明度可以选择"默认半透明"，也可以设定为"不透明"．

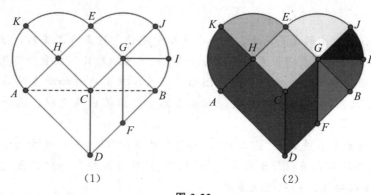

（1）　　　　　　　　　　（2）

**图 3-22**

如图 3-23，在绘图区任取九个点，选中这九个点和线段 $EG$，选择"构造/以圆心和半径绘圆"，仿照第 11～13 步，构造出前六个色块．对于最后三个色块的制作方法简述如下．

第七个色块制作方法：在圆 $L$ 上任取一点 $M$，将点 $M$ 绕点 $L$ 逆时针旋转 $90°$，得到点 $M'$，将点 $L$ 绕点 $M$ 顺时针旋转 $90°$（固定角度设定为"$-90$"度），得到点 $L'$，使用"有芯无边框"工具构造正方形 $LML'M'$ 及其内部，其余要求同第 11 步．

第八个色块制作方法：在圆 $N$ 上任取一点 $O$，将点 $O$ 绕点 $N$ 顺时针旋转 $90°$，得到点 $O'$，将点 $N$ 绕点 $O'$ 顺时针旋转 $90°$，得到点 $N'$，依次选定点 $N$，$O'$，选择"变换/标记向量"，选定点 $O'$，选择"变换/平移"，将点 $O'$ 关于所标记的向量 $\overrightarrow{NO'}$ 进行平移，得到点 $O''$，构造直角梯形 $NO''N'O$ 及其内部，其余要求同第 11 步．

第九个色块制作方法：在圆 $P$ 上任取一点 $Q$，将点 $Q$ 绕点 $P$ 顺时针旋转 $90°$，得到点 $Q'$，标记向量 $\overrightarrow{QQ'}$，将点 $P$ 关于所标记的向量进行平移，得到点 $P'$，构造平行四边形 $PP'Q'Q$ 及其内部，其余要求同第 11 步．

最后，先选中"圆工具"，再使用快捷键"Ctrl＋A"选中图中所有的圆，切换到"移动箭头工具"，单击点 $O'$，选中该点，使用"Ctrl＋H"将这九个圆和点 $O'$ 予以隐藏．选中"点工具"，使用快捷键"Ctrl＋A"选中图中所有的点，选择"显示/显示标签"，再选择"显示/隐藏标签"，将所有点的标签予以隐藏．完成心形九巧板的制作．

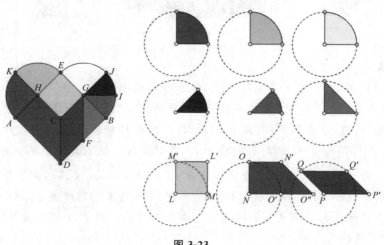

**图 3-23**

# 第四讲　神奇的视觉暂留现象

我们日常使用的日光灯每秒大约熄灭 40 次，但我们基本感觉不到日光灯的闪动．这是因为视觉暂留的作用．那么，什么是视觉暂留呢？

人眼观看物体时，成像于视网膜上，并由视神经输入人脑，感觉到物体的像，但当移去物体时，视神经对物体的印象不会立即消失，而要延续 0.1～0.4 秒的时间，这种现象被称为视觉暂留现象．视觉暂留现象即视觉暂停现象，又称"余晖效应"．1824 年由英国伦敦大学教授彼得·马克·罗杰特(Peter Mark Roget)在他的研究报告《移动物体的视觉暂留现象》中最先提出"视觉暂留现象"．普拉多根据此原理于 1832 年发明了费纳奇镜（又译作诡盘）．费纳奇镜巧妙地利用了人眼的视觉暂留，用连续的静止图像创造了运动画面的错觉．它的出现，标志着电影的发明进入了科学实验阶段．1917 年，德国实验心理学家对"视觉暂留现象"这种生理现象进行了深度的心理学解释，阐述了"似动现象"，为人类的运动视觉感知提供了心理学解释．

本讲我们学习如何利用几何画板体验神奇的视觉暂留现象．

具体操作步骤如下．

1. 新建一个几何画板文件，任取一点 $A$，选定点 $A$，选择"变换/平移"，将"固定距离"修改为"2.858"厘米，将"固定角度"修改为"0"°(图 4-1)，单击"平移"按钮，得到点 $A'$．选中"文本工具"，双击点 $A'$，在弹出的对话框中，将点 $A'$ 的标签修改为"$B$"．

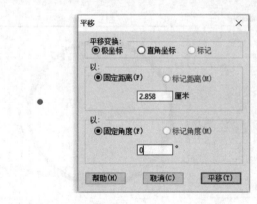

图 4-1

2. 选中"线段直尺工具"中的"线段工具"，依次单击点 $A$，$B$，得到线段 $AB$．选中线段 $AB$，选择"构造/线段上的点"(图 4-2)，得到点 $C$．

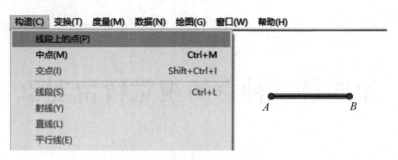

图 4-2

3. 选定点 $C$，选择"度量/点的值"（图 4-3），得到"$C$ 在 $\overline{AB}$ 上"的度量值.

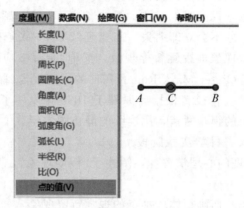

图 4-3

4. 选中"圆工具"，在空白处单击左键，将圆的控制点拖动到适当的距离再次单击，得到圆 $D$. 其中，点 $E$ 是改变圆 $D$ 大小的控制点. 分别选中圆 $D$ 和"$C$ 在 $\overline{AB}$ 上"的度量值，选择"绘图/在圆上绘制点"（图 4-4），得到点 $F$.

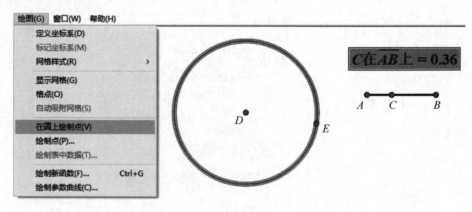

$C$在$\overline{AB}$上 = 0.36

图 4-4

5. 双击点 $D$，选定点 $F$，选择"变换/旋转"，将"固定角度"修改为"90.0"度（图 4-5），单击"旋转"，将点 $F$ 关于点 $D$ 逆时针旋转 $90°$，得到点 $G$. 类似地，将点 $G$ 关于点 $D$ 逆时针旋转 $90°$，得到点 $H$.

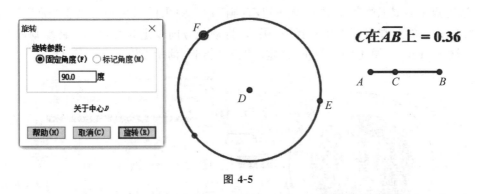

图 4-5

6. 在下一步操作前，需要事先准备好一张圆形图片(图 4-6)。该图片可以通过网络搜索图片关键词"费纳奇镜"或"诡盘"获得，也可以使用绘图软件仿照图 4-6 制作完成。选中该图片可以发现，这里的圆形图片实际上是一张背景色为透明(或白色)的正方形图片，在绘制时，需要先绘制一个背景色为透明的正方形，构造其内切圆，并将该内切圆十等分，然后在每个扇形格子里画上你想要的小动画的帧(最简单的画法是画同一个物体，让它的每一帧向外移动一些位置)即可。

图 4-6

7. 将准备好的图片拖进几何画板的绘图区。选中该图片，选择"编辑/复制"。依次选定点 $G$，$H$，$F$，选择"编辑/粘贴图片"(图 4-7)。选中圆 $D$ 外的图片，使用 Delete 键将其删除。拖动点 $C$，可以发现，粘贴在圆 $D$ 中的图片可以转动起来。拖动点 $E$，可以放大或缩小该图片。

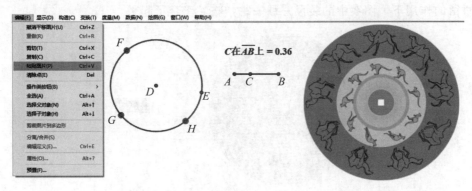

图 4-7

8. 选定点 $C$，选择"编辑/操作类按钮/动画"，在弹出的对话框中选择"标签"，将标签设定为"演示"，然后在对话框中选择"动画"，将动画方向设定为"向后"，将动画速度设定为"其他"，输入"10/3"（图 4-8），单击"确定"按钮，得到"演示"按钮.

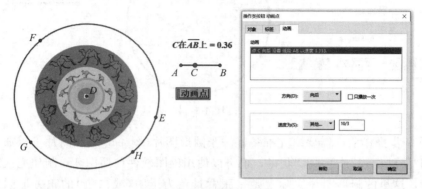

**图 4-8**

9. 右键单击点 $E$，选择"显示/颜色/浅蓝色"，示意该点可以手动控制. 选择"编辑/全选"，将绘图区的所有对象全部选中，再单击图片、点 $E$ 和"演示"按钮左侧的彩条，取消其选中状态，选择"显示/隐藏对象"（图 4-9），将选中的对象隐藏. 完成作图.

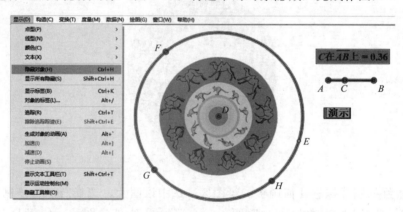

**图 4-9**

如图 4-10 所示，拖动点 $E$，改变图片的大小，单击"演示"按钮，神奇的一幕出现了. 在视觉暂留的作用下，图案中的袋鼠一蹦一跳，骆驼飞奔了起来.

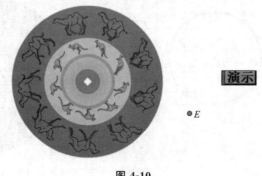

**图 4-10**

**【自我挑战】**

如何利用几何画板制作如图 4-11 中所示的图形, 并且可以实现箭头好像从圆心 $D$ 源源不断地飞出来的神奇的视觉暂留效果呢? 请你试一试.

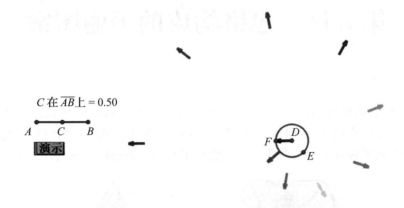

图 4-11

**★小帮手★**

先重复前 4 步的操作, 再仿照第 8 步, 设置点 $C$ 的动画方向和速度, 得到"演示"按钮. 接下来, 依次选定点 $D$, $F$, 选择"变换/标记向量", 再选择"自定义工具/箭头工具/空心箭头 $A$", 依次单击点 $D$, $F$, 框选该箭头, 选择"显示/线型/粗线". 继续框选该箭头, 选择"变换/平移", 得到第二个箭头. 继续选择"变换/平移", 得到第三个箭头. 类似地, 不断进行下去, 得到其余的七个箭头. 双击点 $D$, 框选第二个箭头, 选择"变换/旋转", 将"固定角度"设定为"40"度, 单击"旋转"按钮, 得到一个旋转后的箭头, 再框选得到的箭头, 选择"显示/颜色/红色". 类似地, 框选第三个箭头, 选择"变换/旋转", 将"固定角度"设定为"80"度, 单击"旋转"按钮, 得到第二个旋转后的箭头, 并将新得到的箭头的颜色设定为"橙色"……框选第九个箭头, 选择"变换/旋转", 将"固定角度"设定为"320"度(图 4-12), 单击"旋转"按钮, 得到第八个旋转后的箭头, 将新得到的箭头和第十个箭头的颜色分别设定为"淡紫色"和"紫色"即可.

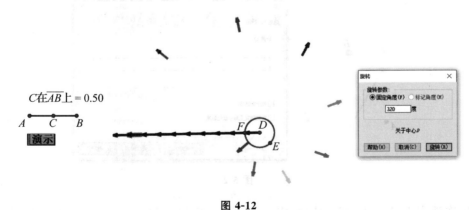

图 4-12

一步深度迭代的迭代次数.

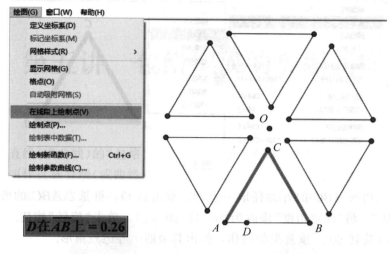

图 5-6

6. 依次选定点 $A$，$B$ 和参数"$n = 22$"，按住 Shift 键，选择"变换/深度迭代"（图 5-7）.

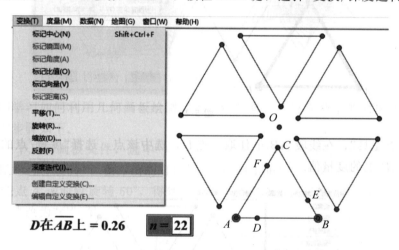

图 5-7

7. 在弹出迭代对话框后，依次单击点 $D$，$E$（迭代效果会在图中即时呈现），然后在对话框的右侧选择"结构/仅保留非点类象"，去掉"生成迭代数据表"前面的勾选（图 5-8），单击"迭代"按钮.

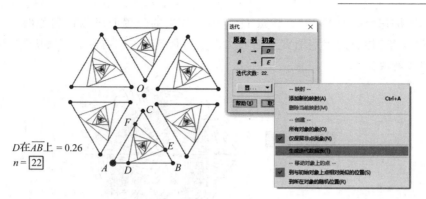

图 5-8

8. 依次选定点 $O$，$C$，选择"编辑/操作类按钮/移动"（图 5-9），得到移动按钮"移动 $O \rightarrow$ $C$"．选中"点工具"，使用快捷键"Ctrl＋A"选中绘图区的所有点，选中"移动箭头工具"，分别单击点 $O$，$A$，$B$，$D$，去掉这四个点的选中状态，使用快捷键"Ctrl＋H"将其余选中的点隐藏．

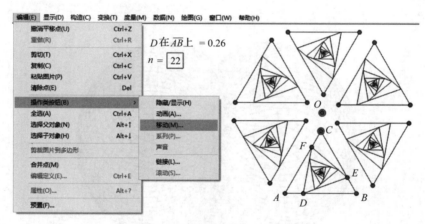

图 5-9

9. 分别选定点 $O$，$A$，$B$，$D$，选择"显示/颜色/浅蓝色"（图 5-10），将这四个点的颜色设定为"浅蓝色"，示意拖动这些控制点可以改变所作图案的大小或形状．完成作图．

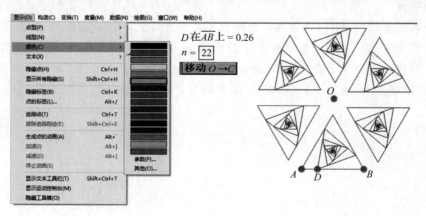

图 5-10

单击移动按钮"移动 $O \to C$",将点 $D$ 拖动到适当的位置便可以得到如图 5-11 所示的由一族线段的"包络"构成的美丽图案了. 那么,如何得到图 5-1 右侧的图案呢?我把这个问题留给读者们去解决.

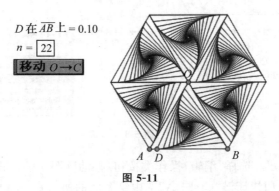

图 5-11

**【自我挑战】**

图 5-12 是由一族曲线的"包络"构成的美丽图案,你会利用几何画板来制作它吗?请你试一试.

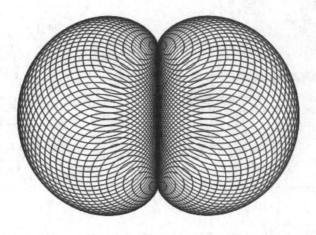

图 5-12

**★小帮手★**

任作一条竖直线段 $AB$,取该线段的中点 $C$,选中"圆工具",依次单击点 $C$,$A$,得到圆 $C$. 在圆 $C$ 上任取一点 $D$,依次选定点 $D$ 和直径 $AB$,选择"构造/垂线",在垂足处单击,得到点 $E$. 分别选定点 $D$,$E$,选择"构造/以圆心和圆周上的点绘圆",得到圆 $D$. 右键单击圆 $D$,选择"颜色/红色". 分别选定点 $D$ 和圆 $D$,选择"构造/轨迹"(图 5-13).

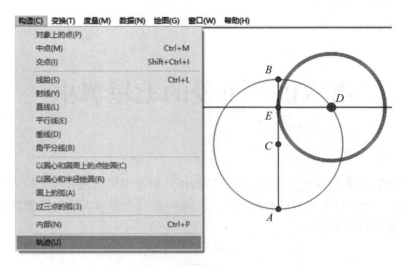

图 5-13

右键单击所构造的轨迹，选择"属性"，在属性对话框中选择"绘图"，将采样数量修改为"100"（图 5-14），单击"确定"按钮，将不需要的信息隐藏即可.

图 5-14

# 第六讲　可爱的七星瓢虫

谜语主要指暗射事物或文字等供人猜测的隐语，也可引申为蕴含奥秘的事物．中国的谜语源自古代民间，历经数千年的演变和发展．它是中国古代劳动人民集体智慧创造的文化产物．请你猜一猜下面这个谜语：

> 两根天线头上顶，
> 七颗星星背上缝．
> 棉花地里捉蚜虫，
> 飞来飞去忙不停．
> （打一昆虫）

谜底是七星瓢虫．你猜对了吗？

七星瓢虫的特点是身体像半个圆球，头黑黑的，长着一对翅膀，触角很短，因鞘翅上有7个黑点、体形像葫芦瓢而得名．它主要以蚜虫、粉虱、叶螨等害虫为食，可大大减轻树木、瓜果及各种农作物遭受害虫的损害，被人们称为"活农药".

本讲我们学习如何利用几何画板制作一只可爱的七星瓢虫．

具体操作步骤如下．

1. 新建一个几何画板文件，选中"线段直尺工具"，在绘图区单击左键，然后在适当的位置再次单击，得到一条线段 $AB$，选中"点工具"，在绘图区单击，得到点 $C$．分别选定点 $C$ 和线段 $AB$，选择"构造/以圆心和半径绘圆"（图 6-1），得到圆 $C$．

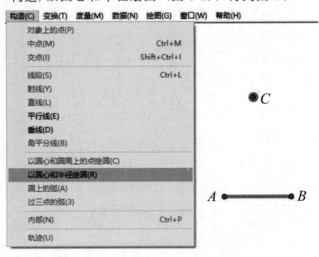

图 6-1

2. 选中"点工具"，将光标移动到圆 $C$ 上时单击左键，得到点 $D$. 双击点 $C$，选定点 $D$，选择"变换/旋转"，在弹出的对话框中，将"固定角度"修改为"22"度（图 6-2），单击"旋转"按钮，将点 $D$ 绕点 $C$ 逆时针旋转 $22°$（正值表示逆时针旋转，负值表示顺时针旋转），得到点 $D'$，选中"文本工具"，双击点 $D'$，将标签修改为"$E$". 类似地，将点 $D$ 绕点 $C$ 顺时针旋转 $22°$，得到点 $F$.

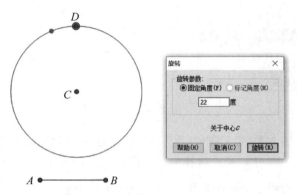

图 6-2

3. 依次选定点 $D$，$F$，$E$，选择"构造/圆上的弧"，得到 $\overset{\frown}{EF}$. 将点 $E$ 绕点 $D$ 顺时针旋转 $58°$，得到点 $G$. 双击点 $D$，选定点 $G$，选择"变换/缩放"，在弹出的对话框中，将"固定比"修改为"$\dfrac{4}{5}$"，单击"缩放"按钮，将点 $G$ 关于点 $D$ 按固定比"$\dfrac{4}{5}$"进行缩放，得到点 $H$（图 6-3）.

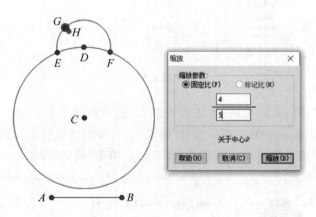

图 6-3

4. 类似地，先将点 $E$ 绕点 $H$ 顺时针旋转 $76°$，得到点 $I$，再将点 $H$ 绕点 $I$ 逆时针旋转 $125°$，得到点 $J$，将点 $J$ 关于点 $I$ 按固定比"$\dfrac{3}{5}$"进行缩放，得到点 $K$. 选中"线段直尺工具"，分别连接 $KI$，$IH$，$DC$. 双击线段 $DC$，分别选中 $KI$，$IH$ 和点 $H$，选择"变换/反射"（图 6-4），得到 $KI$，$IH$ 和点 $H$ 关于 $CD$ 的对称图形.

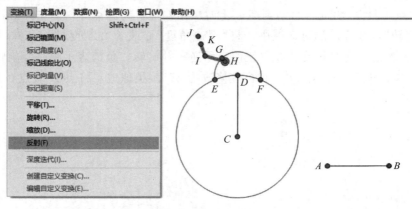

**图 6-4**

5. 右键单击点 $H$ 的对称点，选择"显示标签"，显示出该点的标签"$H'$"．分别选中不再需要的点 $E$，$F$，$G$，$I$，$J$，$K$，选择"显示/隐藏点"（图 6-5），将选中的六个点隐藏．

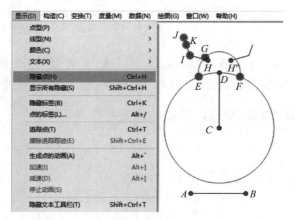

**图 6-5**

6. 选中 $\overgroup{EF}$，选择"构造/弧内部/扇形内部"，选中该扇形的内部，选择"显示/颜色/黑色"．然后，右键单击该扇形的内部，选择"属性"，在弹出的属性编辑窗口中，选择"不透明度"，输入"100.0"或将滑块拖动至最右侧（图 6-6），单击"确定"按钮．

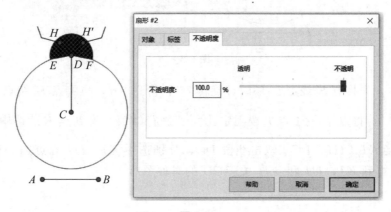

**图 6-6**

7. 分别选定点 $H$，$H'$，选择"显示/点型/最大"，然后选择"显示/颜色/其他"，将颜色选择器窗口右侧的三角形滑块拖动至顶端，或将红色、绿色、蓝色右侧的数据均修改为"255"(图 6-7)，单击"确定"按钮，将点 $H$，$H'$ 的颜色设定为"白色"。再次分别选定点 $H$，$H'$，选择"显示/隐藏标签"，将这两个点的标签隐藏。

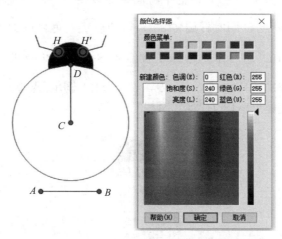

图 6-7

【小贴士】

(1)选定绘图区域中的对象(点、线、曲线、文本、按钮、标签、内部、轨迹、自定义变换图形、函数图像、迭代象等)后，选择"显示/颜色"，会出现颜色选项卡。该色卡提供了系统默认的 16 个颜色可以选择，该色卡的颜色组合也可以通过按下 Shift 键，选择"编辑/高级预置"中的"系统"进行修改。

(2)点击色卡最下方的"其他"，可以打开"颜色选择器"。在"颜色选择器"中，上边的 16 种颜色就是颜色选项卡的颜色。而"新建颜色"的两种颜色系统的数值框中，可以直接输入需要的数值。还可以在渐变彩色中，使用鼠标点取其中任意位置颜色，然后在右边的竖直滑竿中，通过调整三角形滑块的位置，对选定的颜色进行"亮度""红色""绿色""蓝色"的调整。

8. 将点 $D$ 绕点 $C$ 旋转 $180°$，得到点 $L$，再将点 $L$ 绕点 $D$ 顺时针旋转 $16°$，得到点 $M$。依次选定点 $D$，$M$，$L$，选择"构造/圆上的弧"，得到 $\overset{\frown}{ML}$，选中 $\overset{\frown}{ML}$，选择"构造/弧上的点"(图 6-8)，得到点 $N$。选定点 $L$，$M$ 和 $\overset{\frown}{ML}$，使用快捷键"Ctrl+H"将其隐藏。

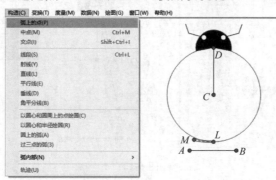

图 6-8

9. 连接 $DN$，构造线段 $DN$ 的中点 $O$，依次选定点 $O$，$D$，$N$，选择"构造/圆上的弧"，得到 $\overset{\frown}{DN}$ 备用．先将点 $N$ 关于点 $O$ 按固定比"$\dfrac{5}{7}$"进行缩放，得到点 $P$，再分别选定点 $D$，$P$，选择"变换/缩放"，在弹出的对话框中将固定比设定为"$\dfrac{1}{2}$"，选择"缩放"，分别得到点 $D'$，$P'$．然后将点 $P'$ 绕点 $O$ 顺时针旋转 $90°$，得到点 $Q$，再将点 $P$ 绕点 $Q$ 顺时针旋转 $66°$，得到点 $R$．将点 $D$ 绕点 $D'$ 逆时针旋转 $90°$，得到点 $S$，再将点 $D$ 关于点 $D'$ 按固定比"$\dfrac{1}{2}$"进行缩放，得到点 $T$，分别选定点 $Q$，$R$，$S$，$T$，选择"显示/点型/稍小"（图6-9），选定点 $D'$，$P'$，$P$，使用快捷键"Ctrl＋H"将其隐藏．

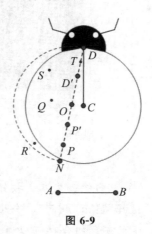

**图 6-9**

10. 分别选定点 $A$，$B$，选择"度量/距离"，度量出线段 $AB$ 的长，选择"数据/计算"，单击 $AB$ 的度量值，输入"$\div$""$12$"，计算出"$\dfrac{AB}{12}$"的值，分别选定点 $S$，$Q$，$R$ 和"$\dfrac{AB}{12}$"的计算值，选择"构造/以圆心和半径绘圆"（图6-10），构造出三个小圆．分别选中新构造出的三个小圆，选择"构造/圆内部"，然后仿照第 6 步，将圆内部的颜色设定为"黑色"，不透明度设定为"$100.0$"％．

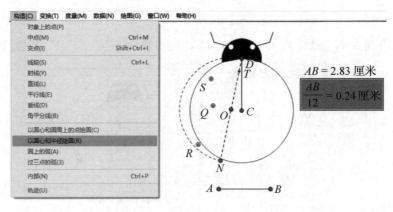

**图 6-10**

11. 类似地，先计算出"$\dfrac{AB}{7}$"的值，再选定点 $T$ 和"$\dfrac{AB}{7}$"的计算值，选择"构造/以圆心和半径绘圆"，绘制出小圆 $T$，选中小圆 $T$ 和线段 $DN$，选择"构造/交点"，得到点 $U$，$V$. 依次选定点 $T$，$U$，$V$，选择"构造/圆上的弧"，得到 $\overset{\frown}{UV}$. 选中 $\overset{\frown}{UV}$，选择"构造/弧内部/扇形内部"，选中新构造的扇形内部，仿照第 6 步，将该扇形内部的颜色设定为"黑色"，不透明度设定为"100.0"％（图 6-11）.

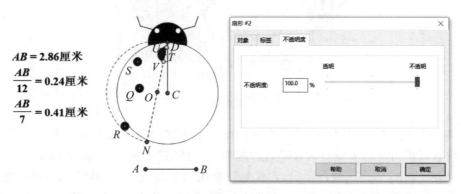

图 6-11

12. 对照图 6-12，分别选定点 $U$，$V$，三组数据，四个小圆的圆心和圆周，$\overset{\frown}{UV}$，选择"显示/隐藏对象"，将所选中的对象予以隐藏（若 $\overset{\frown}{UV}$ 不好选中，可以先隐藏其他对象，再选中 $\overset{\frown}{UV}$，使用快捷键"Ctrl＋H"将其隐藏）.

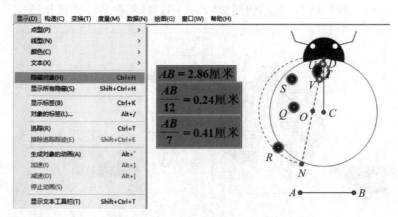

图 6-12

13. 选中 $\overset{\frown}{DN}$，选择"构造/弧内部/扇形内部"，右键单击新构造的扇形内部，选择"颜色/其他"，在弹出的颜色选择器中分别将"红色(R)""绿色(G)""蓝色(U)"的值设定为"202""50""5"（图 6-13）. 右键单击半圆 $O$ 的内部，选择"属性"，将不透明度设定为"100.0"％. 这时会发现，图 6-13 中的三个小圆内部和小半圆内部看不到了，这是由大半圆内部设置为不透明后遮挡所导致的，所以右键单击该大半圆 $O$ 的内部，选择"置于底层"即可将七星瓢虫背部的黑点显示出来.

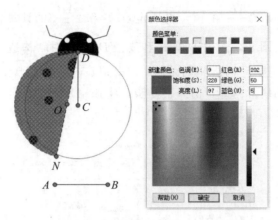

图 6-13

14. 双击线段 $CD$，分别选中三个小圆内部、小半圆内部和大半圆内部，选择"变换/反射"，然后右键单击反射后得到的大半圆的内部，选择"置于底层". 选中圆 $C$，选择"构造/圆内部"，并将圆 $C$ 的内部颜色设定为"黄色""半透明". 右键单击圆 $C$ 的内部，选择"置于底层"，右键单击七星瓢虫的头部，选择"置于底层". 分别选定点 $D$，$C$，$N$，$B$，先将其颜色设定为"浅蓝色"，再选中这四个点，选择"编辑/操作类按钮"中的"隐藏/显示"选项，得到"隐藏点"按钮. 右键单击该按钮，选中"操作类按钮的标签"，将"点"修改为"控制点"得到"隐藏控制点"按钮. 选定点 $N$，选择"编辑/操作类按钮/动画"，将对话框中的标签修改为"可爱的七星瓢虫"，动画方向设定为"随机"（图 6-14），单击"确定"按钮，完成设定. 分别选中不再需要的点、线段和弧，使用快捷键"Ctrl＋H"将其隐藏. 完成作图.

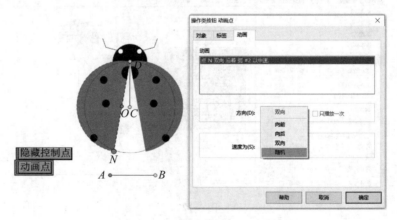

图 6-14

如图 6-15 所示，拖动点 $C$ 可以改变七星瓢虫的位置，拖动点 $D$ 可以改变七星瓢虫的朝向，拖动点 $B$ 可以调节七星瓢虫图案的大小，拖动点 $N$ 或单击"可爱的七星瓢虫"按钮，便可以看到扇动翅膀的七星瓢虫了.

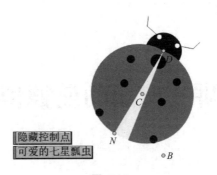

图 6-15

**【自我挑战】**

　　你能利用已经制作好的七星瓢虫(图 6-16 左)来克隆出另一只也可以扇动翅膀的七星瓢虫(图 6-16 右),并使得这一对孪生七星瓢虫在屏幕上自由移动吗?请试一试.

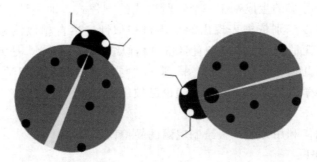

图 6-16

**★小帮手★**

　　单击"显示控制点"按钮,显示出所有控制点后删除绘图区的两个按钮.框选七星瓢虫整个图片,选择"编辑/复制",然后再选择"编辑/粘贴",拖动点 $C'$,将两个七星瓢虫图片分开一定的距离.分别选定点 $N$,$N'$,$D$,$D'$,$C$,$C'$ 六个控制点,选择"编辑/操作类按钮/动画",将对话框中的点 $N$,$N'$,$D$,$D'$ 四个控制点的动画方向均设定为"随机"(图 6-17),标签修改为"勤劳的孪生瓢虫",单击"确定"按钮.选中所有的控制点,使用快捷键"Ctrl+H"将其隐藏即可.

图 6-17

# 第七讲　瑰丽的曼德博集合

曼德博集合(Mandelbrot Set)，简称 M 集，是由数学家曼德博(B. B. Mandelbrot)提出的一类分形集．M 集的每个部分之间都是相似体，具备结构上的自相似性．也就是说，即使无限放大 M 集，也可以看到其内部的精妙细节，而这瑰丽的图案仅仅由一个简单的非线性迭代公式 $z_{n+1}=z_n^2+c$ 生成．

数学意义上一个分形的生成基于一个不断迭代的方程式，即一种基于递归的反馈系统．分形有几种类型，可以分别依据表现出的精确自相似性、半自相似性和统计自相似性来定义．简单地说，分形就是研究无限复杂且具备自相似结构的几何学，是大自然复杂表面下的内在数学秩序．分形几何学不仅让人们感悟到科学与艺术的融合、数学与艺术审美的统一，而且还有其深刻的科学方法论意义．分形理论已被广泛应用于信息技术、建筑工程、设计乃至艺术领域．

本讲我们学习如何利用几何画板绘制瑰丽的曼德博集合．

具体操作步骤如下．

1. 新建一个几何画板文件，选择"绘图/定义坐标系"，得到一个平面直角坐标系．选择"绘图/隐藏网格"，将网格隐藏以方便后续操作．选中"文本工具"，在原点处双击，在弹出的对话框中，将该点的标签修改为"$O$"，继续在单位点处双击，将单位点的标签修改为"$P$"（图 7-1）．

图 7-1

2. 选中 $y$ 轴，选择"变换/标记镜面"，将 $y$ 轴标记为对称轴．在第二象限任取一点 $A$，选定点 $A$，选择"变换/反射"，得到点 $A$ 关于 $y$ 轴的对称点 $A'$．仿照第 1 步，使用"文本工具"双击点 $A'$，将点 $A'$ 的标签修改为"$B$"．类似地，双击 $x$ 轴（这是将 $x$ 轴标记为镜面的快捷方式），分别选定点 $A$，$B$，选择"变换/反射"（图 7-2），得到点 $A'$，$B'$，将这两个点的标签分别修改为"$D$"和"$C$"．

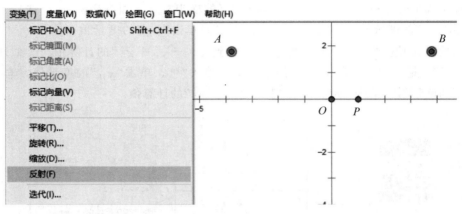

图 7-2

3. 右键单击点 $A$，选择"颜色/浅蓝色"，将点 $A$ 的颜色设定为"浅蓝色"，示意该点可以手动控制. 选中"多边形工具"中的"无芯有边框"工具，依次单击点 $A$，$B$，$C$，$D$，$A$，得到矩形 $ABCD$. 选中线段 $AD$，选择"构造/线段上的点"（图 7-3），得到点 $E$.

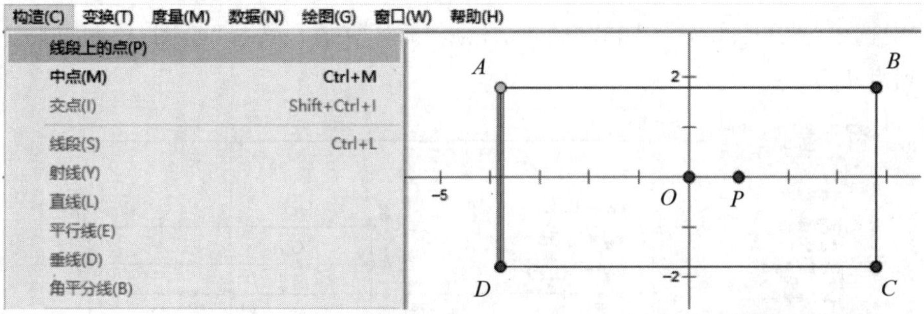

图 7-3

4. 作点 $E$ 关于 $y$ 轴的对称点 $F$，连接 $EF$，在线段 $EF$ 上任取一点 $G$. 选定点 $G$，按住 Shift 键，选择"度量/横 & 纵坐标"（图 7-4），得到点 $G$ 的横坐标 $x_G$ 和纵坐标 $y_G$.

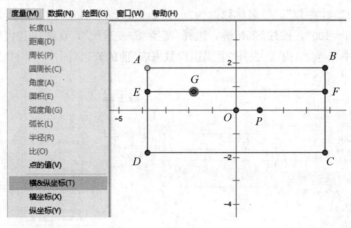

图 7-4

5. 在平面上任取一点 $H$，分别度量出该点的横坐标 $x_H$ 和纵坐标 $y_H$. 选择"数据/计算"，单击"$x_H$"的度量值，依次输入"^""2""－"，单击"$y_H$"的度量值，输入"^""2""＋"，单击"$x_G$"的度量值（图 7-5），单击"确定"，得到"$x_H^2 - y_H^2 + x_G$"的计算值. 类似地，选择"数据/计算"，输入"2"，单击"$x_H$"的度量值，输入"*"，单击"$y_H$"的度量值，输入"＋"，单击"$y_G$"的度量值，单击"确定"，得到"$2x_H y_H + y_G$"的计算值.

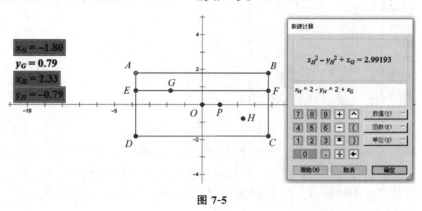

图 7-5

6. 依次选中"$x_H^2 - y_H^2 + x_G$"和"$2x_H y_H + y_G$"的计算值，选择"绘图/绘制点$(x，y)$"（图 7-6），得到点 $I$.

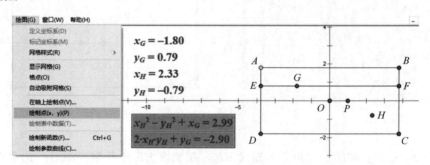

图 7-6

7. 选择"数据/新建参数"，将名称修改为"$n$"，数值修改为"100"，得到参数"$n = 100$". 依次选定点 $H$ 和参数"$n = 100$"，按住 Shift 键，选择"变换/深度迭代"，在弹出迭代编辑窗口后，单击点 $I$，在编辑窗口中选择"结构"，去掉"生成迭代数据表"前的勾选（图 7-7），单击"迭代"按钮.

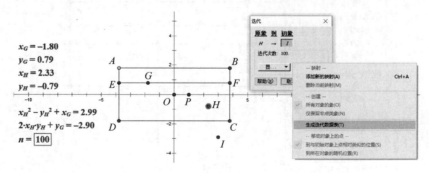

图 7-7

8. 分别拖动点 $H$，$E$，$G$，使得这三个点靠近原点 $O$，可以发现迭代象汇聚到原点附近. 选中迭代象，选择"变换/终点"(图7-8)，得到点 $J$ (该点是实体点，若点 $J$ 找不到，可以使用键盘上的方向键微调点 $G$ 或点 $H$ 使其靠近原点即可). 选定点 $J$，按住 Shift 键，选择"度量/横 & 纵坐标"，得到点 $J$ 的横坐标 $x_J$ 和纵坐标 $y_J$. 选中迭代象，使用快捷键"Ctrl＋H"将其隐藏.

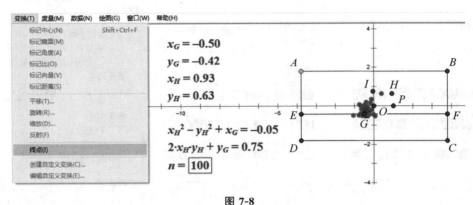

图 7-8

9. 选择"数据/计算"，仿照第 5 步，计算出"$\dfrac{x_J}{y_J}$"的值. 分别选中 $x_J$，$y_J$，$\dfrac{x_J}{y_J}$ 和点 $G$，选择"显示/颜色/参数"(图7-9)，对弹出的颜色编辑窗口不做任何修改，单击"确定"按钮，得到点 $G'$，而原位置的点 $G$ 则被自动隐藏.

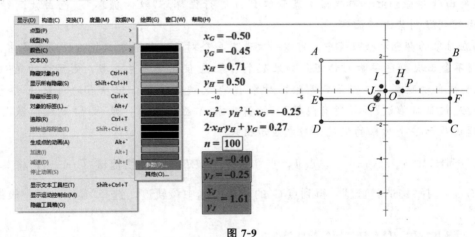

图 7-9

【小贴士】

(1) 在颜色选项卡的下方，有一个"参数"选项. 如果选定的对象是"实体"对象(迭代象、轨迹、函数图像和文本等除外)和一个参数(或度量值)，此时，点击"参数"，可以进入"颜色参数"的对话框.

(2) 如果显示对象时使用"颜色"，则参数控制颜色在紫色和红色范围内渐变(图7-10左). 如果显示对象时使用"灰度"，则参数控制颜色在黑和白范围内渐变(图7-10中). 如果选定的对象是"实体"对象(迭代象、轨迹和函数图像等不是实体)和三个参数(或度量值)，此时点击"参数"，可以进入"颜色参数"的对话框（图 7-10 右）．此时，有两种选择：一种选择是使用三个参数控制对象的红色、绿色、蓝色的 RGB 颜色系统；另一种选择是使用三个参数控制对象的色调、饱和度和值的 HSV 颜色系统．如何选择和搭配使用，就看实际需要了．

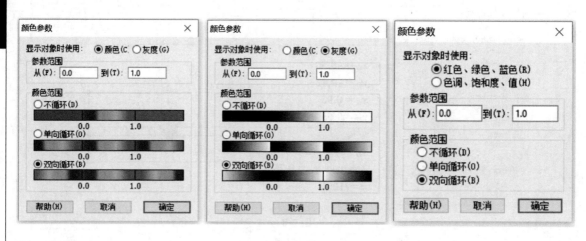

图 7-10

(3)"参数范围"是参数变化的最小周期（循环节长度）．当参数变化值有多个周期时，可以选择颜色变化是否按照由紫到绿到红的周期变化．"不循环"颜色仅变化一个周期．"单向循环"颜色由紫到绿到红，再接着由紫到绿到红进行循环．"双向循环"颜色由紫到绿到红，再接着由红到绿到紫进行循环．

(4)在对象的颜色参数设置中，可以一次选定多个对象，但一次只能选择一个或者三个参数，否则不会出现颜色参数对话框．如果某个对象 $A$ 使用了颜色参数，则显示的是对象 $B$，而对象 $A$ 被自动隐藏了．将参数删除，对象 $B$ 也就被删除了，但原有的对象 $A$ 继续被隐藏．因为通过鼠标右键"显示所有隐藏"不能将对象 $A$ 显示出来，故称为"超级隐藏"．此对象可以通过显示某个对象的父或子对象显示出来．

10. 分别选中 $x_J$，$y_J$，$\dfrac{x_J}{y_J}$，点 $I$，点 $J$ 和线段 $EF$，使用快捷键"Ctrl＋H"将其隐藏．选定点 $G'$，选择"构造/轨迹"，得到点 $G'$ 的轨迹．选中该轨迹，选择"显示/线型/极细"（图 7-11）．

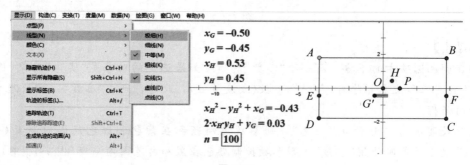

图 7-11

11. 分别选中 $x_G$，$y_G$，$x_H$，$y_H$，$x_H^2 - y_H^2 + x_G$，$2x_H y_H + y_G$，$n$ 和点 $G'$，选择"编辑/操作类按钮"中的"隐藏/显示"，得到"隐藏对象"按钮。单击该按钮，隐藏不再需要的对象。依次选定点 $H$，$O$，选择"编辑/合并点"（图 7-12）。

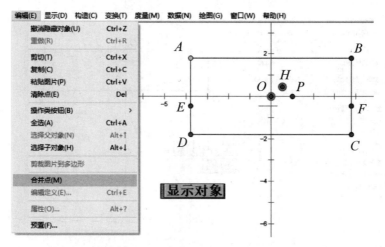

图 7-12

12. 选定点 $E$，选择"编辑/操作类按钮/动画"，在弹出的对话框中选择"标签"，将按钮的标签修改为"扫描"，选择"动画/速度为/其他"，将速度修改为"0.1"（图 7-13），单击"确定"按钮，得到一个"扫描"按钮。

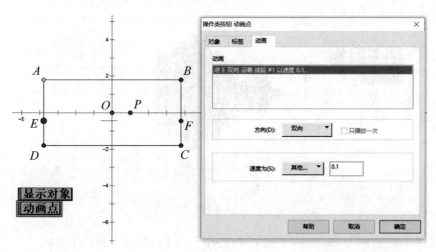

图 7-13

13. 右键单击点 $P$，选择"颜色/浅蓝色"，示意拖动该点可以调整坐标系的单位长度。选中第 10 步构造的轨迹，选择"显示/追踪轨迹"（图 7-14），连接 $EF$，完成作图。

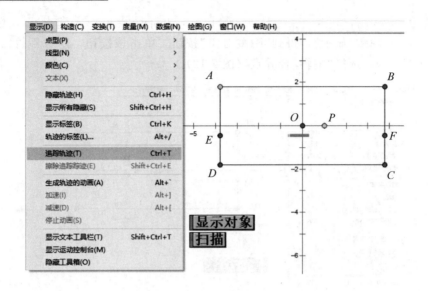

图 7-14

如图 7-15 所示，向右拖动点 $P$，增大单位长度，单击"扫描"按钮，随着线段 $EF$ 的上下移动，瑰丽的曼德博集合形成的图案便渐渐呈现在我们面前了.

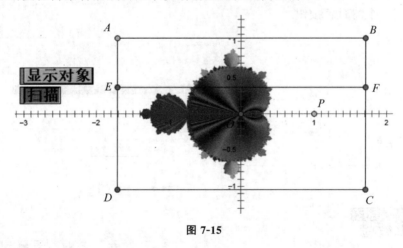

图 7-15

你知道点 $I$ 的坐标 $I(x_H^2-y_H^2+x_G,\ 2x_Hy_H+y_G)$ 是怎么得到的吗？

为了计算方便，这里不妨设 $x_H=a$，$y_H=b$，$x_G=m$，$y_G=n$，点 $H(x_H,\ y_H)$ 表示复数 $z=a+bi$，点 $G(x_G,\ y_G)$ 表示复数 $c=m+ni$，则 $f(z)=z^2+c=(a+bi)^2+(m+ni)=a^2+2abi+(bi)^2+m+ni=(a^2-b^2+m)+(2ab+n)i$（注：$i^2=-1$）. 故 $x_I=a^2-b^2+m=x_H^2-y_H^2+x_G$，$y_I=2ab+n=2x_Hy_H+y_G$.

那么，如何利用几何画板绘制广义的曼德博集合（如 $z_{n+1}=z_n^3+c$，$z_{n+1}=z_n^4+c$，$z_{n+1}=z_n^5+c$，…）呢？试试看.

这里以 $z_{n+1}=z_n^3+c$ 为例作简要提示.

根据 $f(z)=z^3+c=(a+bi)^3+(m+ni)=a^3+3a^2bi+3a(bi)^2+(bi)^3+m+ni$，即

$f(z)=(a^3-3ab^2+m)+(3a^2b-b^3+n)\mathrm{i}$，故 $x_I=a^3-3ab^2+m=x_H^3-3x_Hy_H^2+x_G$，$y_I=3a^2b-b^3+n=3x_H^2y_H-y_H^3+y_G$．只需修改点 $I$ 的坐标即可．

先打开图 7-15 所对应的页面，单击"显示对象"按钮，可以发现，在第 7 步中将点 $H$，$O$ 合并后 $x_H$，$y_H$，$x_H^2-y_H^2+x_G$，$2x_Hy_H+y_G$ 分别变化为 $x_O$，$y_O$，$x_O^2-y_O^2+x_G$，$2x_Oy_O+y_G$．将"$x_O^2-y_O^2+x_G$""$2x_Oy_O+y_G$"计算式分别修改为"$x_O^3-3x_Oy_O^2+x_G$""$3x_O^2y_O-y_O^3+y_G$"，单击"扫描"按钮（图 7-16），便可得到 $z_{n+1}=z_n^3+c$ 的图案了．

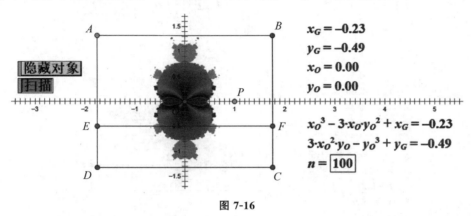

图 7-16

限于篇幅，其他情形的作图过程就不一一细述了．这里附上学生探索的部分结果（图 7-17 至图 7-19）．特别地，图 7-20 是茱莉亚（Julia）集合的图案之一，有兴趣的读者可以查阅相关资料进行深入探究．

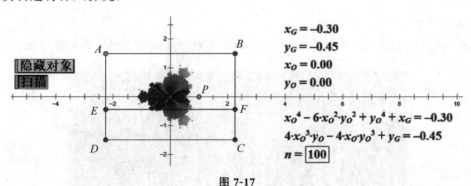

图 7-17

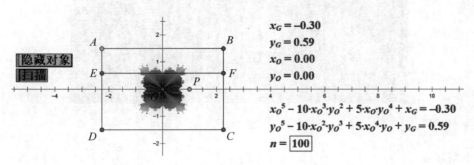

图 7-18

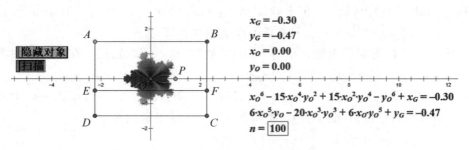

图 7-19

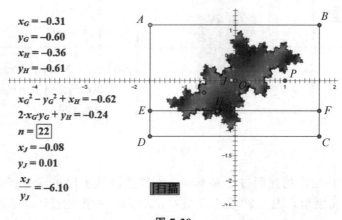

图 7-20

【自我挑战】

如何利用几何画板制作如图 7-21 中所示的彩色双曲线系图形呢？请你试一试.

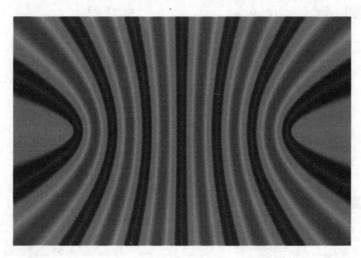

图 7-21

★小帮手★

仿照前 3 步的操作，作出矩形 $ABCD$. 在 $AD$ 上取点 $E$，在 $x$ 轴上取点 $F$，双击 $y$ 轴，分别选定点 $E$，$F$，选择"变换/反射"，得到点 $E$，$F$ 关于 $y$ 轴的对称点 $E'$，$F'$. 连接

$EE'$，在线段 $EE'$ 上任取一点 $G$，连接 $GF$ 和 $GF'$. 分别选定点 $G$，$F$，选择"度量/距离"，度量出线段 $GF$ 的长. 类似地，度量出线段 $GF'$ 的长. 选择"数据/计算"，在计算编辑窗口中，选择"函数/abs"，点击线段 $GF$ 的度量值，输入"—"，点击线段 $GF'$ 的度量值（图 7-22），单击"确定"按钮，计算出 $|GF-GF'|$ 的值. 选定点 $G$ 和 $|GF-GF'|$ 的计算值，选择"显示/颜色/参数"，对弹出的颜色编辑窗口不做任何修改，单击"确定"按钮，得到点 $G'$，原位置的点 $G$ 则被自动隐藏.

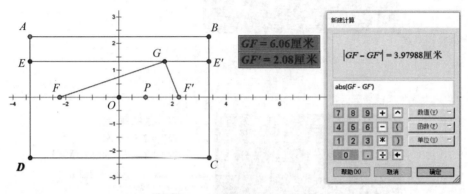

图 7-22

如图 7-23 所示，选定点 $G'$，选择"编辑/操作类按钮/动画"，在弹出的对话框中选择"标签"，将按钮的标签修改为"扫描"，选择"动画/速度为/其他"，将速度修改为"0.1"，单击"确定"按钮，得到一个"扫描"按钮. 分别选定点 $E$，$G'$，选择"构造/轨迹". 选中新构造的轨迹，将该轨迹的线型设定为"极细"，选择"显示/追踪轨迹"，完成作图. 单击"扫描"按钮，就可以得到图 7-21 所示的图形了. 你知道其中的奥秘吗？

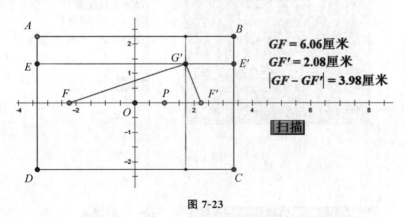

图 7-23

若双击 $|GF-GF'|$ 的计算值，将其修改为其他形式，然后单击"扫描"按钮，便可得到不同的图案. 这里附上学生探索的部分结果（图 7-24 至图 7-28），供各位读者参考.

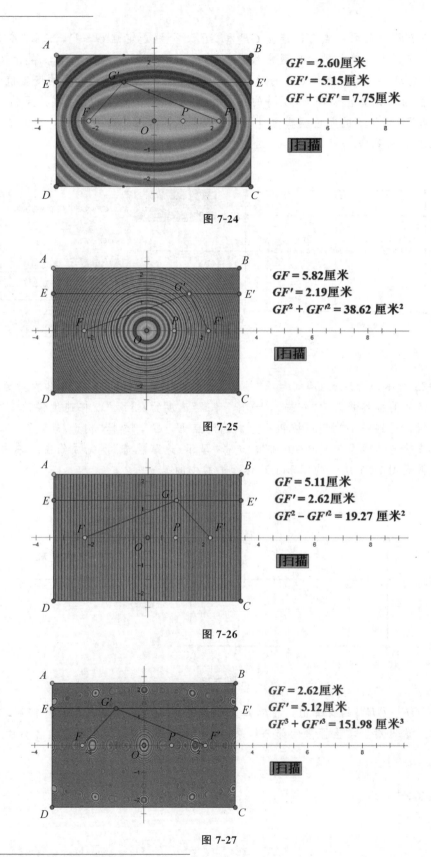

图 7-24

$GF = 2.60$厘米
$GF' = 5.15$厘米
$GF + GF' = 7.75$厘米

图 7-25

$GF = 5.82$厘米
$GF' = 2.19$厘米
$GF^2 + GF'^2 = 38.62$ 厘米$^2$

图 7-26

$GF = 5.11$厘米
$GF' = 2.62$厘米
$GF^2 - GF'^2 = 19.27$ 厘米$^2$

图 7-27

$GF = 2.62$厘米
$GF' = 5.12$厘米
$GF^3 + GF'^3 = 151.98$ 厘米$^3$

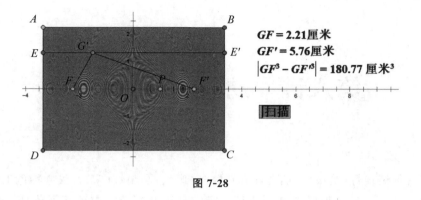

图 7-28

# 第八讲　动态立体走马灯

　　走马灯古称蟠螭灯(秦汉)、仙音烛和转鹭灯(唐)、马骑灯(宋)，汉族特色工艺品，亦是传统节日玩具之一，是一种供观赏的花灯．它常见于元宵节、中秋节等节日．灯内点上蜡烛，蜡烛产生的热力造成气流，令轮轴转动．轮轴上有剪纸，烛光将剪纸的影投射在屏上，图像便不断走动．因多在灯各个面上绘制古代武将骑马的图画，而灯转动时好像几个人你追我赶一样，故名走马灯．

　　本讲我们学习如何使用自定义工具中的立几平台制作动态立体走马灯．

　　具体操作步骤如下．

　　1. 新建一个几何画板文件，用鼠标按住"自定义工具"约 1 秒，在下一级工具选择"立几平台/立体几何平台"，将光标移动到绘图区的提示按钮的左上方单击左键，建立立体几何平台．然后选择"移动箭头工具"以释放"自定义工具"．依次单击界面上的"初始化"(有时要点两次)和"坐标系复位"按钮(图 8-1)．

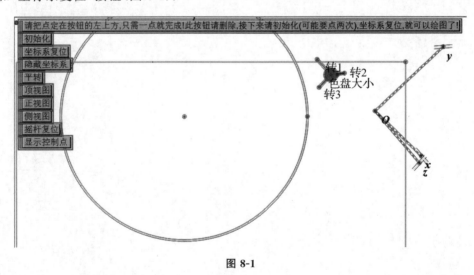

**图 8-1**

　　2. 保留图 8-2 中的四个按钮，按住 Ctrl 键，依次单击不再需要的其他按钮，选择"显示/隐藏操作类按钮"，将其隐藏．依次选中"底心"和"上"两个点，选择"构造/射线"，并在该射线上任取一点 $A$，选定点 $A$，选择"变换/平移"，将点 $A$ 水平向右移动 1 厘米得到点 $A'$(图 8-2)．作射线 $AA'$，并在射线 $AA'$ 上任取一点 $B$．依次选定点 $B$，$A'$，选择"编辑/操作类按钮/移动"，在对话框中将标签修改为"棱柱"．选中"文本工具"，在控制圆大小的点处双击，将该点的标签修改为"$P$".

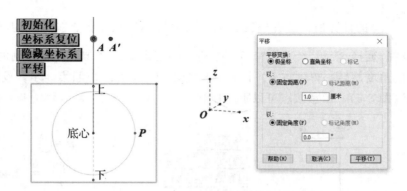

图 8-2

3. 分别选定点 $A$，$B$，$P$，选择"显示/颜色/浅蓝色"，将这三个点的颜色设置为"浅蓝色"，示意该点可以手动控制. 分别选定点 $A'$ 和两条射线，使用快捷键"Ctrl＋H"将其隐藏. 分别选中点"底心"和点 $A$，选择"构造/线段". 类似地，构造出线段 $AB$（图 8-3）.

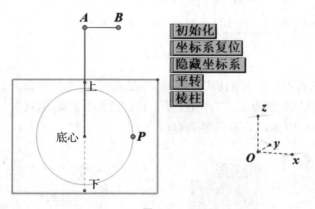

图 8-3

4. 选择"数据/新建参数"，将参数名称修改为"$n$"，数值修改为"5"，得到参数"$n＝5$". 选择"数据/计算"，输入"360"，在计算编辑窗口的右侧选择"单位/度"，输入"÷"，单击参数"$n＝5$"（图 8-4），单击"确定"按钮，得到"$\dfrac{360^\circ}{n}$"的计算值.

图 8-4

5. 选中"$\dfrac{360°}{n}$"的计算值，选择"变换/标记角度"，双击点"底心"，在圆上任取一点 $C$，选中该点，选择"变换/旋转"，单击"旋转"按钮，得到点 $D$. 类似地，将得到的点 $D$ 绕"底心"按所标记的角度旋转，得到点 $E$. 同理，构造出点 $F$，$G$. 仿照第 3 步，设置点 $C$ 的颜色为"浅蓝色"(图 8-5)，示意该点可以手动控制。

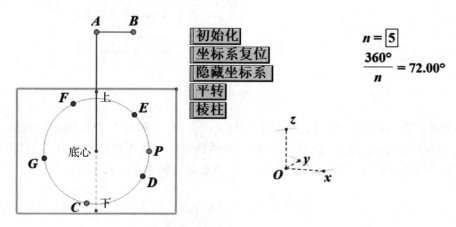

图 8-5

6. 选定点 $B$，选择"度量/点的值"，得到"$B$ 在 $\overrightarrow{AA'}$ 上"的度量值. 选中该度量值，选择"变换/标记比值"，分别选定点 $C$，$D$，$E$，$F$，$G$，选择"变换/缩放"，将这五个点关于"底心"按标记比进行缩放(图 8-6)，分别得到对应点 $C'$，$D'$，$E'$，$F'$，$G'$.

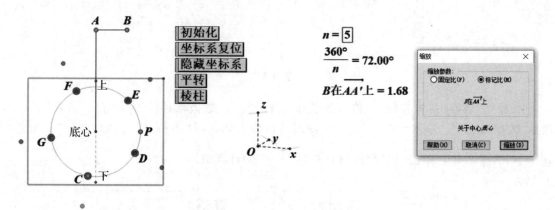

图 8-6

7. 用鼠标按住"自定义工具"约 1 秒，在下一级工具选择"立几平台/绘制空间点"(图 8-7)，依次单击点 $C$ 和"底心"(请注意所单击的点的顺序，这一步很关键)，得到点 $C$ 在空间坐标系中所对应的点，依次单击点 $D$ 和"底心"，得到点 $D$ 在空间坐标系中所对应的点. 类似地，分别得到其余三个点 $E$，$F$，$G$ 在空间坐标系中所对应的点。

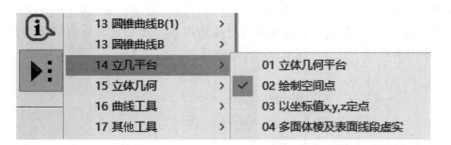

图 8-7

8. 依次选定点 $C$，$D$，$E$，$F$，$G$ 在空间坐标系中所对应的五个点，先选择"显示/点型/中等"，再选择"显示/中点的标签"．接下来，先将输入法设置为英文半角状态，然后在弹出的对话框中的起始标签中输入"$=C\{\cdots\}[1]$"（请注意，通过示例可以预览标签批量修改的效果），然后单击"确定"按钮（图 8-8），可以将这些点的标签批量修改为"$C_1$，$D_1$，$E_1$，$F_1$，$G_1$".

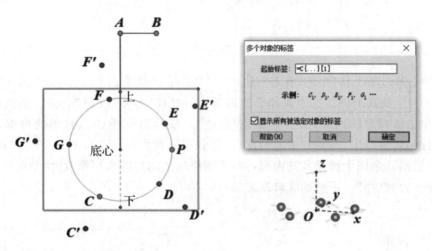

图 8-8

【小贴士】

依次选中要修改标签的对象，选择"显示/对象的标签"，此时在对话框中可以输入起始标签，根据对象选定的顺序，对象的标签会按序添加．所有对象都可以这样添加或修改标签．如果输入起始标签是字母，后边参数的标签就会从这个字母开始，按照字母表顺序递加；如果输入的是数字，就从这个数开始，递加 1，依次添加每一个对象的标签．

假设有三个点（或三条线段），若输入的是"$D[1]$"，则输入的三个标签是 $D_1$，$D_2$，$D_3$．若输入的是"$=D\{\cdots\}[1]$"，则输入的三个标签是 $D_1$，$E_1$，$F_1$．若输入的是"$=a\{\cdots\}^2$"（这里的 2 是上标，在搜狗等输入法中输入"pingfang"可以找到上标"2"），则输入的三个标签是 $a^2$，$b^2$，$c^2$．常用的上标有"′，″，°，⁰，¹，²，³"等，分别是"撇，两撇，度，0 次方，1 次方，2 次方，3 次方"等．

当然我们也可以使用几何画板中的方法添加上标，如"$=a\{\cdots\}\{^2\}$"（数字上标可以是 1，2，3，更高指数不支持）．

9. 仿照上一步，依次单击点 $C'$，$A$，得到点 $C'$ 在空间坐标系中所对应的点 $C_2$，依次单击点 $D'$，$A$，得到点 $D'$ 在空间坐标系中所对应的点 $D_2$. 类似地，分别得到点 $E'$，$F'$，$G'$ 在空间坐标系中所对应的点 $E_2$，$F_2$，$G_2$（图 8-9）.

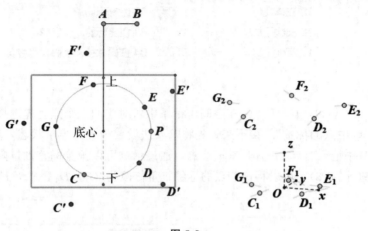

图 8-9

10. 选中"多边形工具"中的"有芯有边框"工具，依次单击点 $C_1$，$D_1$，$D_2$，$C_2$，构造出梯形 $C_1D_1D_2C_2$ 及其内部. 选中该梯形的四条边，选择"显示/线型"，将线型修改为"细虚线"，右键单击该梯形的内部，选择"颜色/红色"，继续右键单击该梯形的内部，选择"属性"，在属性编辑窗口中，选择"不透明度"，将数据修改为"8"（图 8-10），单击"确定"按钮. 类似地，构造出其余四个梯形及其内部，并将相应梯形四边的线型修改为"细虚线"，梯形内部的颜色修改为"红色"，不透明度修改为"8"%.

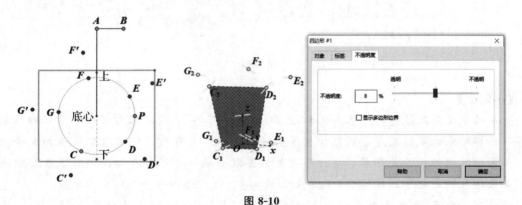

图 8-10

11. 对照图 8-11，选中不再需要的点、线和数据，使用快捷键"Ctrl＋H"将其隐藏. 若拖动点 $B$ 则可以实现棱台、棱柱和棱锥之间的自如变化（特别地，当点 $B$ 与点 $A$ 重合时，该几何体变化为五棱锥）. 单击"棱柱"按钮，这时五棱台会逐渐变化为五棱柱.

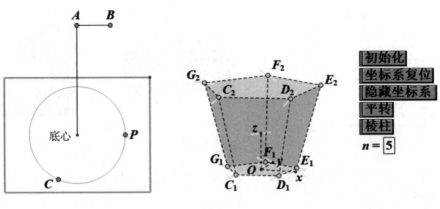

图 8-11

12. 将自己绘制或从网络上下载的五张图片拖进绘图区备用，选中其中一张图片，选择"编辑/剪切"，依次选定点 $C_1$，$D_1$，$C_2$，选择"编辑/粘贴图片"（图 8-12），则可以将剪切的图片粘贴到矩形 $C_1D_1D_2C_2$。分别拖动点 $P$，$A$，可以调节矩形 $C_1D_1D_2C_2$ 的长宽比，进而美化所粘贴的矩形图片。类似地，将其余四张图片分别粘贴在其余四个侧面上。

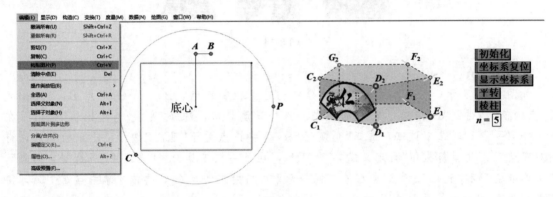

图 8-12

【小贴士】

(1) 在几何画板中执行过复制图片以后，不必再选定图片，在绘图区内选定一个点，此时"粘贴图片"的效果与合并图片到点的效果相同，图片的几何中心与点合并。若选定了绘图区内的两个点，"粘贴图片"则会将图片的对角线的两个顶点与这两个点合并。若选定绘图区内的三个点，则图片四个顶点中的三个就会与这三个点进行合并。通过对点进行移动、动画、平移、反射等动作，就能实现图片的多种变化。

(2) 当"粘贴图片"附加在三个点上时，三个点的选中顺序与图片的方向有密切关系，这三个点能确定一个平行四边形。改变三个点的位置，其效果相当于对图片进行仿射变换。

13. 选中五棱柱的十个顶点，选择"编辑/操作类按钮"中的"隐藏/显示"，得到选中对象的显隐按钮，单击该按钮，隐藏这些对象。选定点 $C$，选择"编辑/操作类按钮/动画"，将对话框中的标签修改为"动态立体走马灯"，设定不变，单击"确定"按钮，完成作图（图 8-13）。

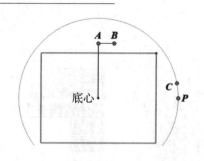

图 8-13

单击"动态立体走马灯"或"平转"按钮，便可以看到动态立体走马灯了．

**【自我挑战】**

如图 8-14 所示，你能制作出通过调节上底面圆的半径大小来实现圆台、圆柱和圆锥之间的自如变化吗？请试一试．

图 8-14

**★小帮手★**

如图 8-15 所示，仿照本讲的作法，分别构造出控制点 $A$，$B$，$C$，选定点 $B$，选择"度量/点的值"，得到"$B$ 在 $\overrightarrow{AA'}$ 上"的度量值．选中该度量值，选择"变换/标记比值"备用．在圆上任取一点 $C$，选中该点，选择"变换/缩放"，将该点关于"底心"按标记比进行缩放，得到对应点 $C'$．用鼠标按住"自定义工具"约 1 秒，在下一级工具选择"立几平台/绘制空间点"，依次单击点 $C$ 和"底心"，得到点 $C$ 在空间坐标系中所对应的点 $C_1$，再依次单击点 $C'$，$A$，得到点 $C'$ 在空间坐标系中所对应的点 $C_2$，连接 $C_1C_2$．分别选定点 $C$，$C_1$，选择"构造/轨迹"，得到下底面的圆．类似地，构造出上底面的圆和圆台的侧面（选定点 $C$ 和线段 $C_1C_2$ 构造轨迹）．依次选定点 $B$，$A'$，选择"编辑/操作类按钮/移动"，在对话框中将标签修改为"圆柱"．选定点 $A'$，$C$，$C'$，$C_1$，$C_2$ 五个点，线段 $C_1C_2$ 和两条射线，使用快捷键"Ctrl＋H"将其隐藏即可．拖动点 $B$ 可以调节上底面圆的半径大小，从而实现圆台、圆柱和圆锥之间的自如变化．

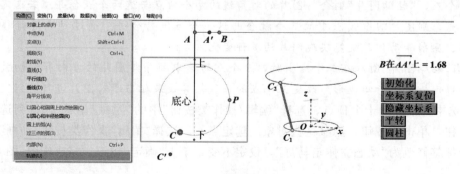

图 8-15

# 第九讲　有趣的卡丹旋轮问题

一个圆盘沿着半径为其两倍的另一个圆盘的内缘滚动时，这个圆盘上标定的一点所描出的轨迹是什么？这个有趣的问题看似平凡，其实大有来头，这是 100 个著名初等数学问题中的第 48 个问题，又称卡丹旋轮问题．

利用几何画板我们不仅可以解答上述卡丹旋轮问题，而且还可以探究当一个圆盘沿着半径为其整数倍的另一个圆盘的内缘（或外缘）滚动时，这个圆盘上标定的一点所描出的轨迹．

本讲我们学习如何利用几何画板解决有趣的卡丹旋轮问题．

具体操作步骤如下．

1. 选中"数据/新建参数"，在弹出的对话框中将"名称"修改为"$n$"，"数值"修改为"2"，得到参数"$n=2$"．选择"数据/计算"，在弹出的对话框中输入"1""÷"，单击参数"$n=2$"，单击"确定"按钮，得到"$\frac{1}{n}$"的计算值（图 9-1）．

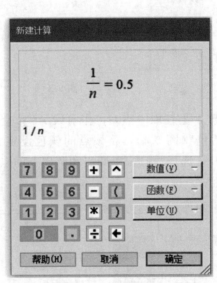

图 9-1

2. 右键选中"$\frac{1}{n}$"的计算值，选择"标记比"．选中"圆工具"，任作一个定圆 $A$（设圆的控制点为点 $B$）．双击点 $B$，选定点 $A$，选择"变换/缩放"．在弹出的对话框中单击"缩放"按钮（图 9-2），得到点 $A'$．

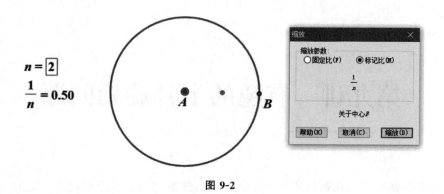

图 9-2

3. 选中"圆工具",在点 $A$ 处单击左键,将光标移动至点 $A'$ 处再次单击左键,得到过点 $A'$ 的圆 $A$. 选中该圆,选择"显示/线型/细线"(图 9-3),再次选中该圆,选择"显示/线型/虚线",将过点 $A'$ 的圆 $A$ 的线型设定为"细虚线".

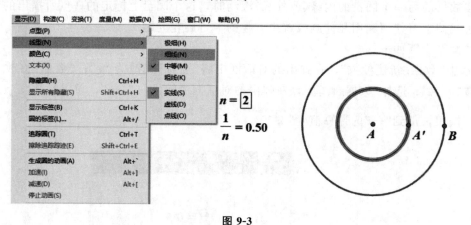

图 9-3

4. 在过点 $A'$ 的圆 $A$ 上任取一点 $C$,作射线 $AC$,交过点 $B$ 的圆 $A$ 于点 $D$. 选定点 $C$,选择"显示/颜色/浅蓝色"(图 9-4),将该点的颜色设定为"浅蓝色",示意该点可以拖动演示. 依次选定点 $C$,$D$,选择"构造/以圆心和圆周上的点绘圆". 将圆 $C$ 的线型设定为"中实线",颜色设定为"蓝色".

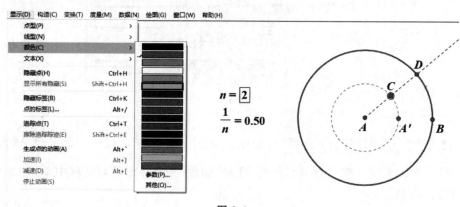

图 9-4

5. 依次选定点 $A$，$B$，$D$，选择"构造/圆上的弧"，得到劣弧 $\overset{\frown}{BD}$．选中该弧，选择"度量/弧度角"，得到 $\overset{\frown}{BD}=51.06°$（图 9-5）．请注意，这里的 $\overset{\frown}{BD}=51.06°$ 是指 $\overset{\frown}{BD}$ 所对圆心角的度数．右键单击过点 $B$ 的圆 $A$，选择"实线"．

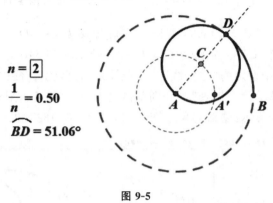

图 9-5

6. 选择"数据/计算"，在弹出的对话框中输入"－"，单击参数"$n=2$"，输入"*"，单击度量值"$\overset{\frown}{BD}=51.06°$"（图 9-6），单击"确定"按钮，计算出"$-n\cdot\overset{\frown}{BD}$"的值．右键单击该计算值，选择"标记角度"．

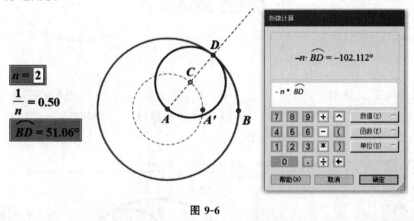

图 9-6

7. 双击点 $C$，选定点 $D$，选择"变换/旋转"，在弹出的对话框中单击"旋转"按钮（图 9-7），将点 $D$ 绕点 $C$ 按所标记角度进行旋转得点 $D'$．选中"文本工具"，双击点 $D'$，在弹出的对话框中将标签修改为"$E$"．

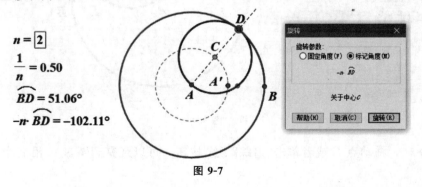

图 9-7

**【小贴士】**

动圆 $C$ 在定圆 $A$ 内无滑动滚动时，应满足 $\overset{\frown}{BD^l}=\overset{\frown}{ED^l}$，即 $\overset{\frown}{BD}\cdot R=\overset{\frown}{ED}\cdot r$（其中 $R$，$r$ 分别为定圆 $A$ 和动圆 $C$ 的半径，$\overset{\frown}{BD}$ 和 $\overset{\frown}{ED}$ 表示其所对应的弧度角），所以 $\overset{\frown}{ED}=\dfrac{\overset{\frown}{BD}\cdot R}{r}=n\cdot\overset{\frown}{BD}$．将定圆 $A$ 和动圆 $C$ 的切点 $D$ 绕点 $C$ 顺时针旋转 $n\cdot\overset{\frown}{BD}$ 即可得到点 $E$．

8. 连接 $CE$，将半径 $CE$ 分别绕点 $C$ 顺时针旋转 $120°$ 和 $240°$，得到圆 $C$ 的另外两条半径．将这三条半径的线型设定为"中实线"，颜色设定为"蓝色"．框选中绘图区的度量值和两个计算值，然后选中"移动箭头工具"，分别单击过点 $A'$ 的圆 $A$，射线 $AC$，点 $A'$ 和点 $D$ 等不再需要的对象，选择"显示/隐藏对象"（图 9-8），将所选中的对象予以隐藏．

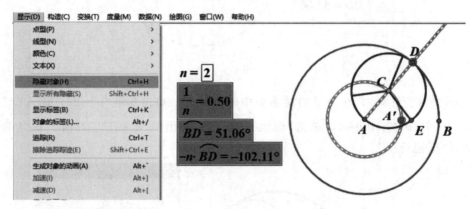

**图 9-8**

9. 在线段 $CE$ 上任取一点 $F$．选定点 $F$，选择"显示/追踪点"（图 9-9）．选定点 $C$，选择"编辑/操作类按钮/动画"，在弹出的对话框中将标签修改为"追踪踪迹"，将动画速度设定为"慢速"，勾选"只播放一次"．完成作图．

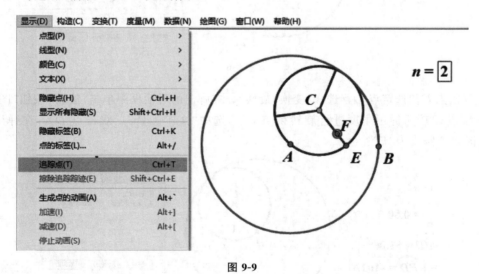

**图 9-9**

如图 9-10，拖动点 $C$ 或者单击"追踪踪迹"按钮，可以观察到圆盘 $C$ 沿着半径为其两倍

的另一个圆盘 $A$ 的内缘滚动时，这个圆盘上标定的一点 $F$ 所描出的轨迹是椭圆．那么，当一个圆盘沿着半径为其整数倍的另一个圆盘的内缘（或外缘）滚动时，这个圆盘上标定的一点所描出的轨迹是什么呢？

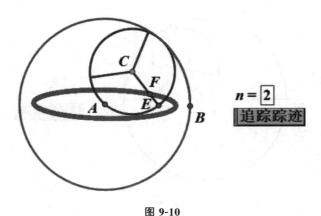

图 9-10

　　这里我们只需要依次选定点 $C$，$F$，选择"构造/轨迹"，便可以直接得到点 $F$ 的轨迹，不妨将该轨迹的颜色设定为"红色"．类似地，构造出点 $E$ 的轨迹，并将该轨迹的颜色设定为"粉色"．此时若改变参数"$n$"的值，则可以得到如图 9-11 所示的丰富多彩的旋轮线了．

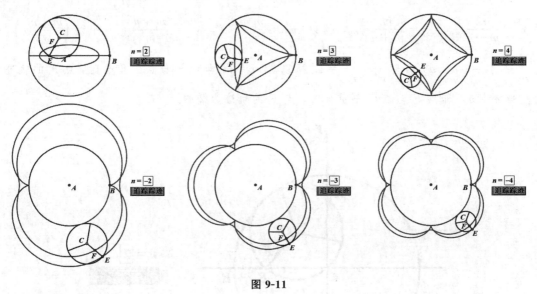

图 9-11

**【自我挑战】**

你能证明卡丹旋轮问题中的点 $F$ 所描出的轨迹是椭圆吗？请试一试．

**★小帮手★**

依次选定点 $C$，$E$，选择"构造/轨迹"，可以发现点 $E$ 的轨迹是线段 $BB'$（图 9-12）．那么，点 $E$ 的轨迹为什么是一条线段呢？

简证如下：分别连接 $AB$，$AE$，设圆 $A$ 与圆 $C$ 的公切点为 $D$．由作图可知，动圆 $C$ 在定圆 $A$ 内无滑动滚动时，$\overset{\frown}{BD^t}=\overset{\frown}{ED^t}$．因为 $AB=2CD$，所以 $\angle ECD=2\angle BAD$．因为

$CA = CE$，所以 $\angle EAC = \angle CEA$．而 $\angle ECD = \angle EAC + \angle CEA = 2\angle EAC$，所以 $\angle EAC = \dfrac{1}{2}\angle ECD = \angle BAD$，所以 $A$，$E$，$B$ 共线，即点 $E$ 的轨迹是线段 $BB'$．

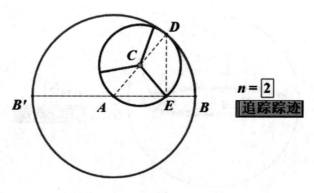

图 9-12

接下来，建立如图 9-13 所示的平面直角坐标系．设圆 $C$ 与 $y$ 轴的另一个交点为 $M$，连接 $CM$，设 $EF = m$，$FM = n$，$CE = r$，则 $EM = m + n = 2r$．设 $F(x, y)$，$E(x_0, 0)$，$M(0, y_0)$，则 $x_0^2 + y_0^2 = (m + n)^2$．由题意知，$F$ 分 $\overrightarrow{EM}$ 所成的比为 $\dfrac{m}{n}$，由定比分点公式可得 $x = \dfrac{n}{m+n}x_0$，$y = \dfrac{m}{m+n}y_0$，所以 $x_0 = \dfrac{m+n}{n}x$，$y_0 = \dfrac{m+n}{m}y$．所以 $\left(\dfrac{m+n}{n}x\right)^2 + \left(\dfrac{m+n}{m}y\right)^2 = (m+n)^2$，即 $\dfrac{x^2}{n^2} + \dfrac{y^2}{m^2} = 1$．所以当 $m = n$，即点 $F$ 与点 $C$ 重合时，点 $F$ 的轨迹为圆；当 $m \neq n$，即点 $F$ 与点 $C$ 不重合时，点 $F$ 的轨迹为椭圆．

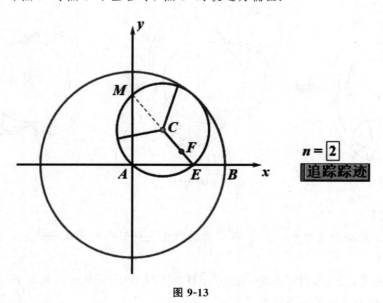

图 9-13

中篇　体悟数学之趣

# 第十讲 随机抽取的学号

在日常工作和学习中有许多情景都需要生成随机数,如互动提问、分配任务、抽奖活动、随机编班等.真正的随机数是通过物理现象产生的,如抛硬币、掷骰子、转轮、使用电子元件的噪声、核裂变等,但它们的缺点是技术要求比较高.在 Microsoft Excel,Matlab 等软件中都有其对应的随机函数,其产生的随机数有很长的周期性,因而它们不是真正的随机数,但是它们具有类似于随机数的统计特征.在几何画板中,虽然没有随机函数,但可以使用参数(或点)动画中的随机功能来产生随机数.

本讲我们学习如何利用几何画板得到随机抽取的学号.

具体操作步骤如下.

1. 新建一个几何画板文件,选择"数据/新建参数",将名称修改为"$n$",单击"确定"按钮,得到参数"$n=1.00$"(图 10-1).

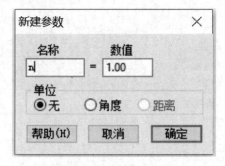

图 10-1

2. 右键单击该参数值,选择"属性",在属性对话框中选择"数值/精确度",将"精确度"修改为"单位"(图 10-2),单击"确定"按钮,得到参数"$n=1$".

图 10-2

3. 单击"文本工具"，会出现一个空心手形，在绘图区双击鼠标左键，或者按住鼠标左键直接在绘图区拖出虚线框，然后单击参数"$n$"，此时 $n$ 的值就会自动跳到文本框内．选中文本框中的数字，选择"文本工具栏"中的字体为"Times New Roman"，在字号中输入"220"，选择颜色为"红色"，并点击"B"将数字设定为"粗体"（图 10-3）．当然，各位读者也可以根据自己的喜好来修改该数字的字体、字号、颜色、粗体、斜体、下划线等．

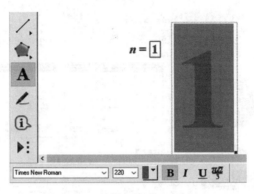

图 10-3

【小贴士】

(1)"精确度"就是数值显示的精确度，最高精度为十万分之一，最低精度值为单位值，就是 1．在几何画板实际运行过程中，计算精度远高于显示值．

(2)显示或隐藏文本工具栏的方法是：按下快捷键"Shift＋Ctrl＋T"．或选择"显示/显示（或隐藏）文本工具栏"，文本工具栏可以被拖动，在视觉窗口内移动位置还可以改变外形．

(3)文本工具栏中的字体，是自动调用电脑系统中的字体（C：\ Windows \ Fonts）．在下拉字库菜单中，如果选用了前边带有"@"的字体，显示在几何画板中文字和标签等经常横着放．建议选用合适的字体，数学中最常用的字体是"Times New Roman"．

(4)点击文本工具栏中最右侧的"符号面板"后，会弹出常用的一些"符号表示法"，在其最右边有一个下拉箭头，还可以下拉出下一级的多种符号．"符号表示法"默认调用系统的symbol 字体，当操作系统中缺少 symbol 字体时，便会出现乱码符号．

4. 选中参数"$n＝1$"，选择"编辑/操作类按钮/动画"（图 10-4），得到一个"动画参数"按钮．

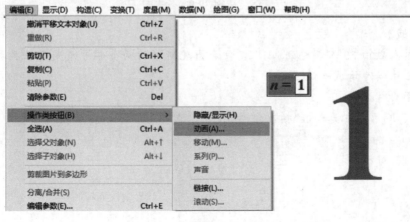

图 10-4

5. 在弹出的对话框的顶端选择"标签",将标签修改为"抽取学号". 然后在对话框的顶端选择"动画",在"方向"中选择"随机",在"改变数值"选项中的"改变一次数值每 1 秒"修改为"0.001"秒,"范围"为"1"到"39". 请注意,这里的"39"是班级总人数. 各位读者可以根据实际人数来调整. 单击"确定"按钮(图 10-5). 最后,选中参数"$n$",使用快捷键"Ctrl+H",将其隐藏. 完成作图.

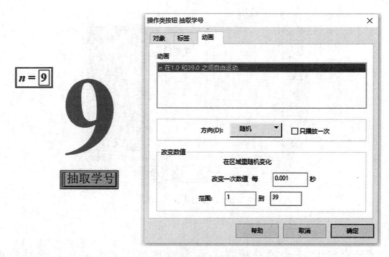

**图 10-5**

如图 10-6 所示,若单击"抽取学号"按钮,我们就可以观察到,在指定范围内的随机数便快速地滚动了起来. 若再次单击该按钮,就会得到随机抽到的学号,那么该学号所对应的学生就是被随机抽取到的幸运儿了.

**图 10-6**

**【自我挑战】**

若班级总人数由 39 人调整到 41 人,便会出现新增的两个学号总是无法被抽到的现象,你有什么好办法吗? 请试一试.

**★小帮手★**

如图 10-7 所示,右键单击"抽取学号"按钮,选择"属性",在属性对话框中修改参数范围即可.

图 10-7

下面，再给大家介绍一种利用点的随机动画实现随机抽取学号的方法.

6. 先选择"文件/文档选项"，在弹出的对话框中选择"增加页/空白页面"（图 10-8），点击后在文档中会增加新的一页.

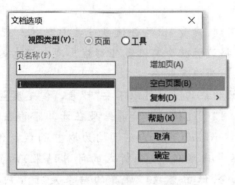

图 10-8

7. 使用"线段工具"，绘制一条线段 $AB$，选中该线段，选择"构造/线段上的点"，得到点 $C$. 选定点 $C$，选择"度量/点的值"（图 10-9），得到"$C$ 在 $\overline{AB}$ 上"的度量值.

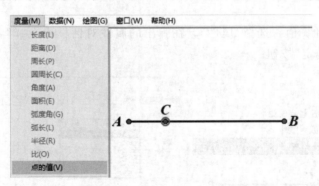

图 10-9

8. 选择"数据/新建参数"，将名称修改为"总人数"，数值修改为"39"，单击"确定"按钮，得到参数"总人数＝39". 选择"数据/计算"，在计算窗口的右侧选择"函数/round"，单击参数"总人数"，和"$C$ 在 $\overline{AB}$ 上"的度量值（图 10-10），单击"确定"按钮，得到"round(总人数*$C$ 在 $\overline{AB}$ 上)"的计算值.

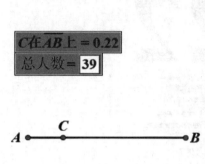

图 10-10

【小贴士】

(1)在计算的时候，会用到"度量"出的数值或一些参数值．此时，只需要用鼠标对准度量值或参数值单击一下，数据边缘就会有红色矩形框出现，那么这个数值就会跳到计算面板中，绘图区域中的数据就显示为选定状态．

(2)数字与度量值或参数相乘的时候可以不要"*"号，但是度量值与度量值或度量值与参数相乘的时候，中间必须要用"*"连接．其计算结果在计算器的上部可以预览．

(3)在几何画板中，虽然 round()和 trunc()均为取整函数，但是"round()"是四舍五入取整函数，计算的结果是括号内数值(或解析式的计算结果)的整数部分，而"trunc()"则是去尾取整函数，即截去小数保留整数，计算的结果是括号内数值(或解析式的计算结果)去掉小数的部分．比如，round(6.8106)＝7，trunc(6.8106)＝6，round(－3.5610)＝－4，trunc(－3.5610)＝－3.

(4)在计算器输入窗口中，可以输入函数的前几个字母实现快速输入这些函数，相当于记忆式键入．

9. 右键单击该计算值，选择"属性"，在弹出的属性对话框中选择"数值/精确度/单位"(图 10-11)，单击"确定"按钮．

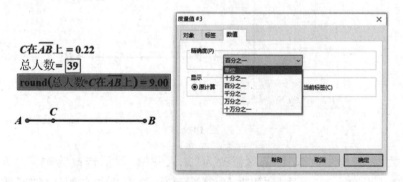

图 10-11

10. 选中"文本工具"，将光标移动到绘图区的空白处双击，得到一个文本框．再单击计算值，此时该计算值就会自动跳到文本框内，仿照第3步修改该数字的字体、字号、颜色等相关信息．选定点$C$，选择"编辑/操作类按钮/动画"，先将该动画的标签修改为"抽取学号"，再选择对话框中的"方向"，将其修改为"随机"(图10-12)，在"速度为"中选择"其他"，并在"其他"右侧的数据框内输入"100"，单击"确定"按钮．

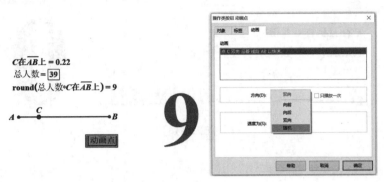

图 10-12

11. 分别选中"$C$ 在 $\overline{AB}$ 上"的度量值，"round(总人数*$C$ 在 $\overline{AB}$ 上)"的计算值．线段$AB$ 和点 $C$ 等不再需要的信息，选择"显示/隐藏对象"(图10-13)．完成作图．

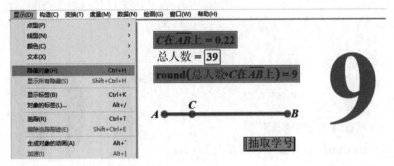

图 10-13

如图10-14所示，将光标移动到参数编辑框的数据处时，光标会变成"工"字形状，双击左键，可以选中该数据，根据需要输入新数据作为总人数．

若单击"抽取学号"按钮，我们就可以看到数字快速地滚动了起来．若再次单击该按钮，便会得到随机抽取的学号了．

图 10-14

**【自我挑战】**

在实际使用中，上述方法所随机抽取的学号有时会出现数字"0"，为什么会出现这样的情况呢？请你尝试改进此方案．

**★小帮手★**

如图 10-15 所示，选择"显示/显示所有隐藏"，向左拖动点 $C$，可以发现，当点 $C$ 与点 $A$ 重合时，"$C$ 在 $\overline{AB}$ 上"的度量值为 0，所以"round(总人数*$C$ 在 $\overline{AB}$ 上)"的计算值为 0，此时便会抽取到学号 0.

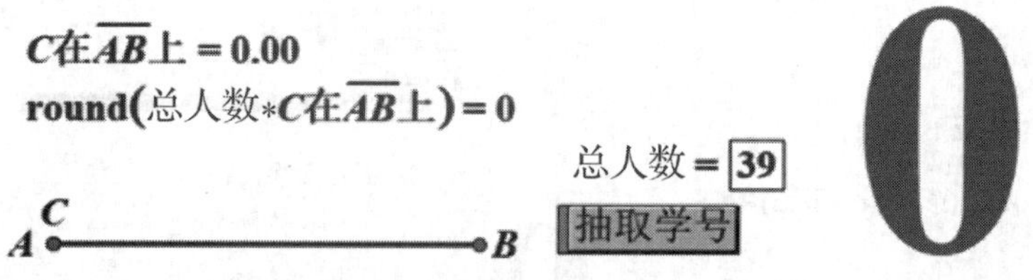

$C$在$\overline{AB}$上 = 0.00

round(总人数*$C$在$\overline{AB}$上) = 0

总人数 = 39

抽取学号

0

图 10-15

如图 10-16 所示，先新建参数"总人数＝39"，再计算出"$\dfrac{1}{总人数}$"的值，右键单击该计算值，选择"标记比值"备用. 构造线段 $AB$，双击点 $A$，选定点 $B$，选择"变换/缩放"，将点 $B$ 关于点 $A$ 按之前的标记比值进行缩放，得到点 $B'$，连接 $B'B$. 在线段 $B'B$ 上任取一点 $C$. 选定点 $C$ 和线段 $AB$，按下 Shift 键(这一步很重要，初学者易忽视)，选择"度量/点的值"，得到"$C$ 在 $\overline{AB}$ 上"的度量值，计算出"round(总人数*$C$ 在 $\overline{AB}$ 上)"的值. 其余步骤请参考第 10 步和第 11 步，这里不再赘述.

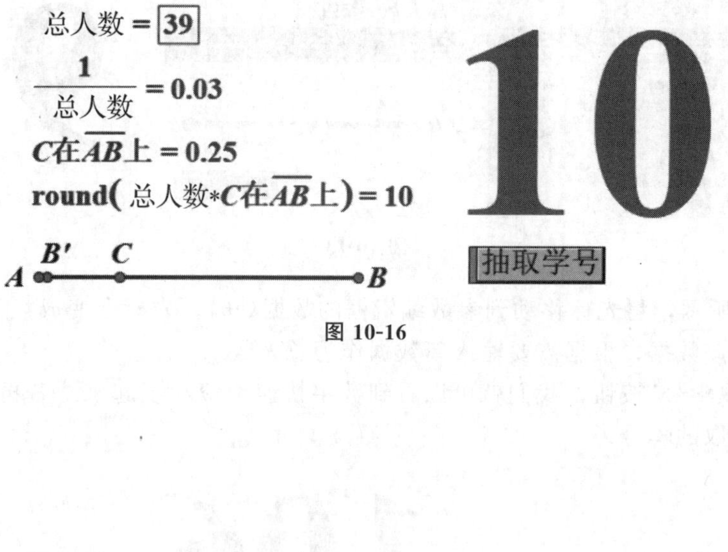

总人数 = 39

$\dfrac{1}{总人数}$ = 0.03

$C$在$\overline{AB}$上 = 0.25

round(总人数*$C$在$\overline{AB}$上) = 10

10

抽取学号

图 10-16

# 第十一讲 年份与生肖

十二生肖，又叫属相，是中国与十二地支相配以人出生年份的十二种动物，包括鼠、牛、虎、兔、龙、蛇、马、羊、猴、鸡、狗、猪. 有人认为，十二生肖起源于动物崇拜. 这是因为在原始社会中，人类的生产力水平低，猪、牛、羊等牲畜与农事活动关系密切，动物崇拜也就随之而生. 除此之外，虎、蛇等动物可能威胁到人类的自身安全，往往被视为强大的象征，人们也会因为感到恐惧而形成动物崇拜. 据湖北云梦睡虎地秦简和甘肃天水放马滩秦简可知，先秦时期即有比较完整的生肖系统存在. 最早记载与现代相同的十二生肖的传世文献是东汉王充的《论衡》. 十二生肖诗最早见于南朝诗人沈炯的《十二属诗》：

> 鼠迹生尘案，牛羊暮下来.
>
> 虎哺坐空谷，兔月向窗开.
>
> 龙隰远青翠，蛇柳近徘徊.
>
> 马兰方远摘，羊负始春栽.
>
> 猴栗羞芳果，鸡砧引清杯.
>
> 狗其怀物外，猪蠢窅悠哉.

这首诗在首字按序嵌入了十二生肖名，且突出了每种动物的生性特点，起到画龙点睛的作用，可谓别开生面，文采娱人. 现代，更多人把生肖作为春节的吉祥物，成为娱乐文化活动的象征. 生肖作为悠久的民俗文化符号，历代留下了大量描绘生肖形象和象征意义的诗歌、春联、绘画、书画和民间工艺作品. 除中国外，世界多国在春节期间发行生肖邮票，以此来表达对中国农历新年的祝福.

根据阴历干支纪年法，每年都对应一个生肖，我们可以根据出生年份来确定自己的生肖. 本讲我们学习如何利用几何画板实现年份与生肖的即时关联.

具体操作步骤如下.

1. 新建一个几何画板文件，选中"点工具"，在绘图区任取一点 $A$. 选中点 $A$，选择"变换/平移"，单击"平移"按钮，将点 $A$ 向上平移 1 厘米，得到点 $A'$. 依次选定点 $A$，$A'$，选择"构造/射线"，得到射线 $AA'$. 在射线 $AA'$ 上任取一点 $B$. 双击点 $A$，选定点 $B$，选择"变换/旋转"，在弹出的对话框中将旋转参数中的"固定角度"修改为"$-30$"度（图 11-1），单击"旋转"按钮，将点 $B$ 绕点 $A$ 顺时针旋转 $30°$，得到点 $C$.

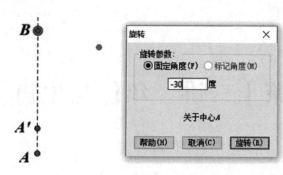

图 11-1

2. 类似地，将点 $C$ 绕点 $A$ 顺时针旋转 $30°$，得到点 $D$. 以此类推，连续旋转九次. 依次选中新得到的九个点，选择"显示/点的标签"，在弹出的对话框中，将起始标签修改为"$E$"（图 11-2），单击"确定"按钮，可以将这九个点的标签批量修改为"$E$，$F$，$G$，$H$，$I$，$J$，$K$，$L$，$M$".

图 11-2

3. 将提前准备好的生肖图片拖入绘图区. 分别选定点 $B$ 和生肖图片"鼠"，选择"编辑/合并图片到点"（图 11-3），该图片"鼠"的几何中心与点 $B$ 重合. 类似地，分别将牛、虎、兔、龙、蛇、马、羊、猴、鸡、狗、猪十一张生肖图片合并到点 $C$，$D$，$E$，$F$，$G$，$H$，$I$，$J$，$K$，$L$，$M$ 十一个相应的点处. 通过拖动点 $B$ 来调整图片的间距，使得每张生肖图片互不重叠.

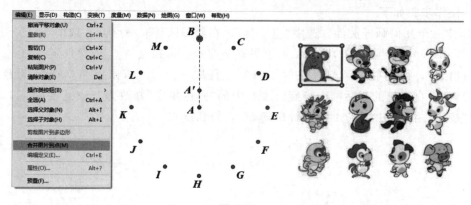

图 11-3

4. 选中"点工具"，使用快捷键"Ctrl＋A"将绘图区的所有点选中，选中"移动箭头工具"，分别单击点 $A$，$B$，去掉点 $A$，$B$ 的选中状态，选择"显示/隐藏点"(图 11-4)，将所选中的点予以隐藏. 选中所有生肖图片，选择"编辑/操作类按钮"中的"隐藏/显示"，得到"隐藏图片"按钮备用.

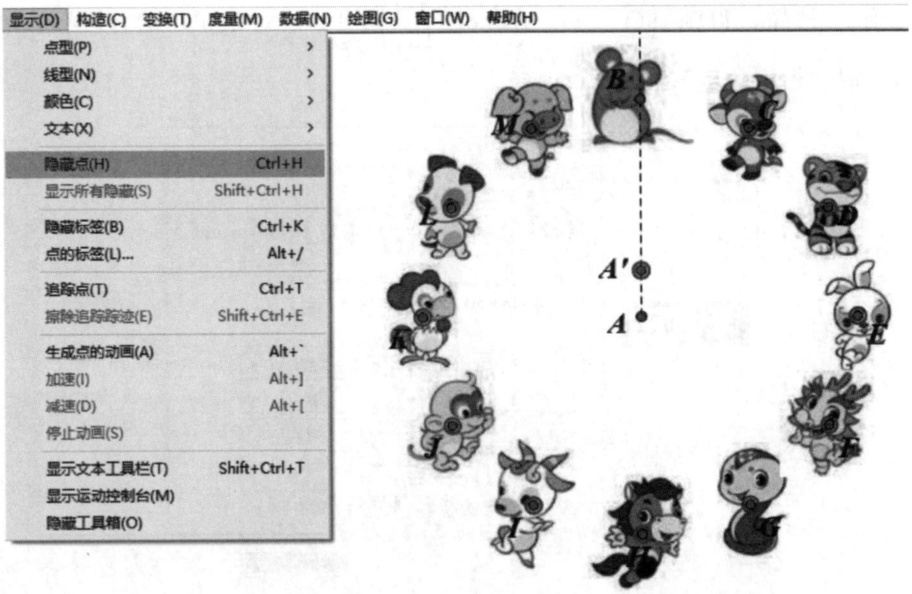

图 11-4

5. 在射线 $AB$ 上任取一点 $N$，选中"圆工具"，依次单击点 $B$，$N$，得到圆 $B$. 拖动点 $N$，使得圆 $B$ 大小以刚好覆盖生肖图片"鼠"为宜. 选中"多边形工具"中的"有芯无边框"工具，单击点 $N$，然后在圆 $B$ 上每隔较短距离取一个点，最后单击点 $N$，得到圆 $B$ 的内接多边形的内部(图 11-5). 仿照上一步，保留点 $A$，$B$，$N$，将圆 $B$ 的内接多边形除点 $N$ 之外的所有顶点隐藏.

图 11-5

6. 选择"数据/新建参数",将名称修改为"Y",在数值中输入"2022",得到参数"Y＝2022"(年份). 选择"数据/计算",在弹出的计算编辑窗口中,依次输入"(""(",单击参数"Y",依次输入"－""4"")""－",在编辑窗口的右侧选择"函数/trunc",输入"(",单击参数"Y",依次输入"－""4"")""÷""12"")""*""12"")""*""－""30",选择"单位/度"(图 11-6),单击"确定"按钮,得到"$\left((Y-4)-\text{trunc}\left(\dfrac{Y-4}{12}\right)\cdot 12\right)\cdot(-30°)$"的计算值. 右键单击该计算值,选择"标记角度"备用.

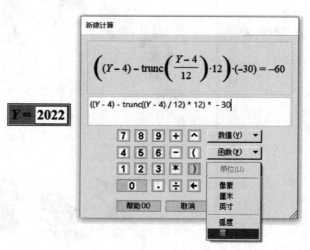

**图 11-6**

【小贴士】

(1)在整数的除法中,只有能整除与不能整除两种情况. 当不能整除时,就产生余数. 如果整数 $a$ 除以整数 $b$,所得余数为 $c$,则余数 $c$ 的计算公式是 $c=a-\text{trunc}\left(\dfrac{a}{b}\right)\cdot b$.

(2)判断年份所对应的生肖,需要先计算出(年份－4)÷12 的余数,再根据表 11-1 的对应关系进行判断即可.

**表 11-1**

| 余数 | 0 | 1 | 2 | 3 | 4 | 5 | 6 | 7 | 8 | 9 | 10 | 11 |
|------|---|---|---|---|---|---|---|---|---|---|----|----|
| 生肖 | 鼠 | 牛 | 虎 | 兔 | 龙 | 蛇 | 马 | 羊 | 猴 | 鸡 | 狗 | 猪 |

7. 双击点 $A$,选中圆 $B$ 的内接多边形的内部(阴影部分)和点 $N$,选择"变换/旋转",在弹出的对话框中单击"旋转"按钮(图 11-7),将覆盖图片"鼠"的阴影部分和点 $N$ 绕点 $A$ 按标记角度进行旋转,得到覆盖"虎"的阴影部分和点 $O$.

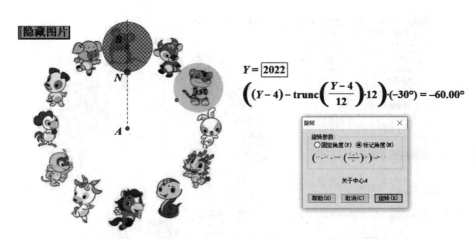

图 11-7

8. 选定点 $O$，选择"显示/点型/最大"，再次选择"显示/颜色/黄色"(图 11-8)，将点 $O$ 的点型设定为"最大"，颜色设定为"黄色". 连接 $AO$，分别选中圆 $B$，圆 $B$ 的内接多边形的内部和"$\left((Y-4)-\text{trunc}\left(\dfrac{Y-4}{12}\right)\cdot 12\right)\cdot(-30°)$"的计算值，使用快捷键"Ctrl＋H"将其隐藏.

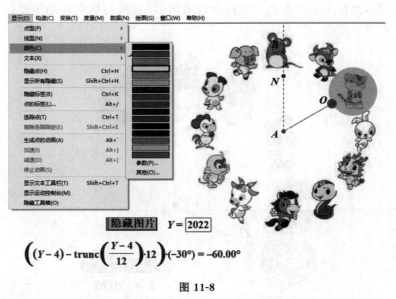

图 11-8

9. 选中"移动箭头工具"，单击覆盖"虎"的阴影部分(靠中心部位)会选中该部分，再次单击则会选中图片"虎"，然后将光标移动到二者的非重叠区域单击，可以将覆盖"虎"的阴影部分和图片"虎"一起选中(这步非常关键，二者均要被选中方可)，选择"编辑/剪裁图片到多边形"(图 11-9)，则将该图片剪裁到多边形，原来的图片会自动隐藏(改变参数"$Y$"才可以看到效果).

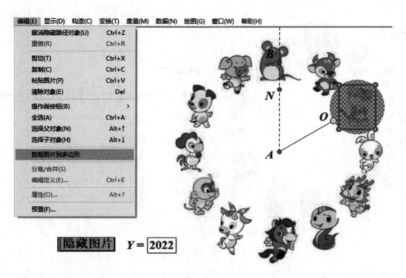

图 11-9

10. 将参数修改为"$Y=2023$",原来覆盖"虎"的阴影部分则会跳转到图片"兔"的位置,将光标移至空白处单击以去掉参数的选中状态(这一步很关键,初学者易忽视). 仿照上一步,将覆盖"兔"的阴影部分和图片"兔"一起选中,选择"编辑/剪裁图片到多边形",进而将图片"兔"剪裁到多边形. 以此类推,先将参数增加1,然后再将相应的生肖图片剪裁到多边形(图 11-10).

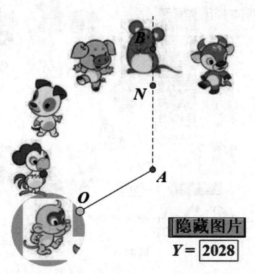

图 11-10

11. 完成所有剪裁后,"隐藏图片"按钮的标签会自动显示为"显示图片". 先将参数修改为"$Y=2022$",选中覆盖"虎"的阴影部分,选择"显示/隐藏多边形"(图 11-11),将该阴影隐藏. 单击"显示图片"按钮,将原来自动隐藏的图片重新显示出来,以方便后续操作.

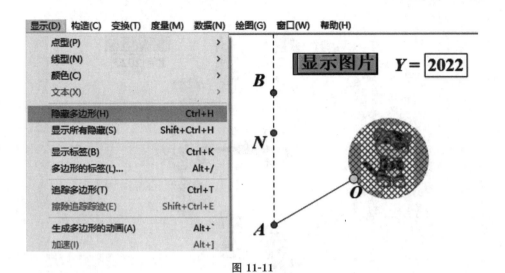

图 11-11

12. 右键单击图片"鼠",选择"属性",在属性编辑窗口中选择"不透明度",向左拖动滑块至中间位置,或直接将"不透明度"修改为"50"％(图 11-12),单击"确定"按钮,将该图片修改为"半透明". 类似地,将其余 11 张图片的透明度设定为"半透明". 特别地,由于参数"$Y$"取 2022 时,剪裁到多边形的图片"虎"会与原位置的图片"虎"重叠,不便修改透明度,可以先将参数"$Y$"增加 1,显示出原位置的图片,再修改其透明度即可.

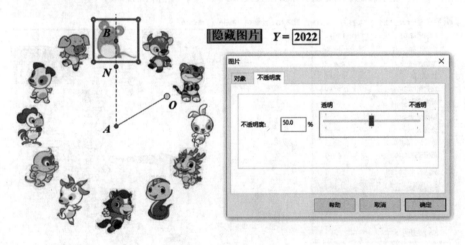

图 11-12

13. 在线段 $AO$ 上任取一点 $P$,将点 $P$ 绕点 $A$ 逆时针旋转 18°得到点 $Q$,将点 $P$ 绕点 $A$ 逆时针旋转 18°得到点 $R$. 选中"多边形工具"中的"有芯有边框"工具,依次单击点 $A$,$R$,$O$,$Q$,得到四边形 $AROQ$ 及其内部(图 11-13). 分别选定点 $B$,$N$,$P$,$Q$,$R$ 和射线 $AB$,使用快捷键"Ctrl＋H"将其隐藏.

**图 11-13**

14. 分别选定点 $A$ 和参数"$Y$"，按住 Shift 键，选择"编辑/合并文本到点"（图 11-14），则参数"$Y$"的"像"与点 $A$ 合并，原来的参数"$Y$"并没有改变. 若修改原来的参数"$Y$"中的数据，合并后的文本内容会随之发生变化. 选定点 $O$，选择"显示/隐藏标签"，隐藏点 $O$ 的标签，选定点 $A$ 和"隐藏图片"按钮，使用快捷键"Ctrl+H"将其隐藏.

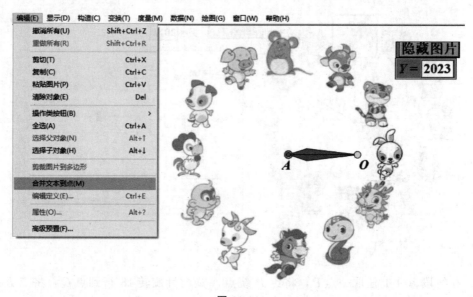

**图 11-14**

15. 右键单击参数"$Y$"，选择"参数的标签"，在弹出的对话框中将标签修改为"年份". 选择"显示/显示文本栏"，选中参数"$Y$"的"像"，利用文本工具栏将该文本的颜色设定为"红色"，字号为"72"（图 11-15）. 完成作图.

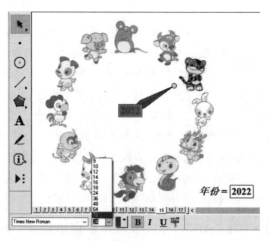

图 11-15

　　如图 11-16 所示，若想知道中国南北朝时期杰出的数学家、天文学家祖冲之(429—500)的生肖，只需将参数"年份"的数值修改为"429"，则指针就会指向该年份相应的生肖图片"蛇"，该生肖图片即时变得清晰明亮，从而实现年份与生肖的即时关联.

图 11-16

**【自我挑战】**

　　如图 11-17 所示，我们还可以将年份和生肖名称实现即时关联. 你会利用几何画板来制作它吗？请你试一试.

年份 = 1978

鼠牛虎兔龙蛇马羊猴鸡狗猪

1978

图 11-17

**★小帮手★**

如图 11-18 所示，任取一点 $A$，将点 $A$ 向右平移 1 厘米，得到点 $A'$，作射线 $AA'$. 在射线 $AA'$ 上任取一点 $B$. 依次选定点 $A$，$B$，选择"变换/标记向量"，将点 $B$ 按所标记的向量进行平移，得到点 $C$. 以此类推，连续平移 9 次，得到射线 $AB$ 上的一组等距点. 选中"文本工具"，在空白处双击，得到一个文本框，输入文本"鼠"，选中该文本和点 $A$，按住 Shift 键，选择"编辑/合并文本到点". 类似地，分别将牛、虎、兔、龙、蛇、马、羊、猴、鸡、狗、猪十一个文本合并到射线 $AB$ 上十一个相应的点处. 选中合并后的十二个文本，利用文本工具栏将文本的颜色设定为"蓝色"，字体为"迷你简胖头鱼"，字号为"72". 通过拖动点 $B$ 来调整文本的间距，使得每个文本互不重叠. 分别选定点 $A$ 和点 $B$，选择"度量/距离"，度量出线段 $AB$ 的长，新建参数"$Y = 1978$". 仿照第 6 步，计算出"$\left((Y-4)-\text{trunc}\left(\dfrac{Y-4}{12}\right)\cdot 12\right)\cdot AB$"的值. 右键单击该计算值，选择"标记距离". 选定点 $A$ 和射线 $AB$，选择"构造/垂线"，在所构造的垂线上任取一点 $D$（位于射线 $AB$ 的下方），将点 $D$ 按所标记的距离进行平移，得到点 $E$，再将点 $E$ 向下平移 1.8 厘米，得到点 $F$. 拖入一张手指图片，将该图片与点 $E$ 合并，将参数"$Y$"合并到点 $F$. 对照图 11-17，将点、线、文本、数据等不再需要的信息予以隐藏即可.

$AB = 2.51$ 厘米

$Y = \boxed{1978}$

$\left((Y-4)-\text{trunc}\left(\dfrac{Y-4}{12}\right)\cdot 12\right)\cdot AB = 15.08$ 厘米

**图 11-18**

# 第十二讲　有趣的识字小游戏

汉字是世界上最古老的文字之一，是中国文化流传千秋万载而不朽的根基．每一个汉字都是智慧的源头，它承载着我们中华民族博大的文化．识字学词，就是文化的传承、智慧的浸润．鲁迅先生说："识字，是一切探求之起步．识字是一种重要的基本能力和基本素质，以至其他一切知识的学习，都必须以识字为前提和基础．"人生聪明识字始．

本讲我们学习如何利用几何画板制作一款有趣的识字小游戏．

具体操作步骤如下．

1. 新建一个几何画板文件，选中"点工具"，在绘图区任取一点 $A$，选定点 $A$，选择"变换/平移"，在弹出的对话框中将"固定角度"修改为"0"度，单击平移得到点 $A'$．依次选定点 $A$，$A'$，选择"构造/射线"，得到射线 $AA'$（图 12-1）．

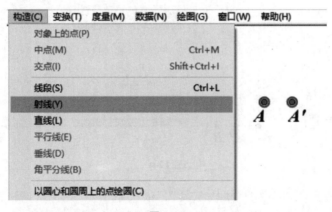

图 12-1

2. 双击点 $A$，选中射线 $AA'$，选择"变换/旋转"，将"旋转参数"的"固定角度"设定为"90.0"度（图 12-2），单击"旋转"按钮，将射线 $AA'$ 绕点 $A$ 逆时针旋转 $90°$，得到一条与 $AA'$ 垂直的射线．

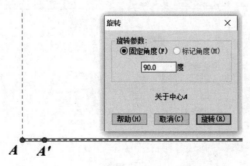

图 12-2

3. 选中"点工具"，将光标移动到射线 $AA'$ 上时单击左键，得到点 $B$. 类似地，在与 $AA'$ 垂直的射线上取点 $C$. 选择"数据/新建参数"，将"名称"修改为"$m$"，数值修改为"$6$"，得到参数"$m=6$". 类似地，新建参数"$n=5$"（图 12-3）.

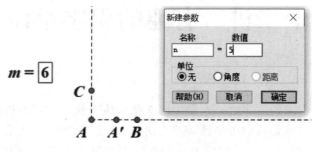

图 12-3

4. 右键单击参数 $m=6$，选择"标记比"，双击点 $A$，选定点 $B$，选择"变换/缩放"，单击"缩放"按钮，将点 $B$ 关于点 $A$ 按标记比进行缩放，得到点 $B'$. 选中"文本工具"，双击点 $B'$，将标签修改为"$D$". 类似地，将点 $C$ 关于点 $A$ 按标记比"$n=5$"进行缩放（图 12-4），得到点 $E$. 分别选中两条射线和点 $A'$，使用快捷键"Ctrl＋H"将其隐藏.

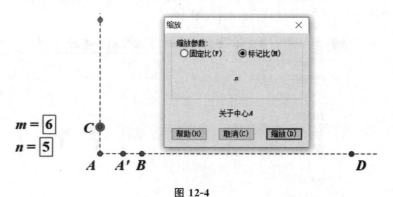

图 12-4

5. 选中"线段直尺工具"中的"线段工具"，依次单击点 $A$，$D$（请注意两个点的选择顺序），得到线段 $AD$. 类似地，依次单击点 $A$，$E$（请注意两个点的选择顺序），构造出线段 $AE$. 选中线段 $AD$，选择"编辑/操作类按钮"中的"隐藏/显示"，得到线段 $AD$ 的显隐按钮，单击该按钮，隐藏线段 $AD$. 类似地，制作出线段 $AE$ 的显隐按钮（图 12-5）.

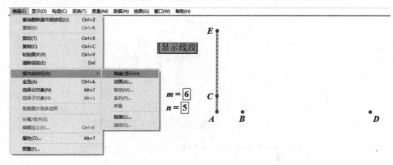

图 12-5

6. 依次选定点 $A$ 和参数"$m=6$"（请注意选择顺序，参数"$m=6$"作为迭代深度需要最后选取，初学者易忽视），按下 Shift 键，选择"变换/深度迭代"，在弹出的迭代对话窗口后先单击点 $B$，然后选择"结构/仅保留非点类象"（图 12-6），单击"迭代"按钮，得到线段 $AE$ 的迭代象.

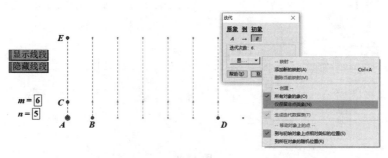

图 12-6

7. 分别单击上一步得到的两个按钮，先显示线段 $AD$，再隐藏线段 $AE$. 类似地，依次选定点 $A$ 和参数"$n=5$"，按下 Shift 键，选择"变换/深度迭代"（图 12-7），在弹出的迭代对话窗口中，单击点 $C$，然后选择"结构/仅保留非点类象"，单击"迭代"按钮，得到线段 $AD$ 的迭代象.

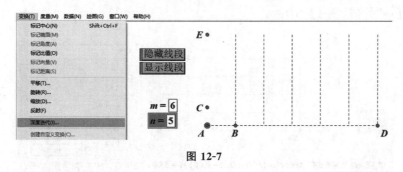

图 12-7

8. 单击第二个显隐按钮，显示出线段 $AE$，得到一个 $6 \times 5$ 的长方形网格（图 12-8）. 选中两个显隐按钮，按 Delete 键将其删除.

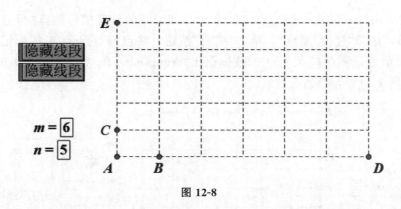

图 12-8

9. 选中"点工具"，将光标移动到线段 $AD$ 上时单击左键，得到点 $P_x$. 类似地，在线段 $AE$ 上取点 $P_y$. 分别选中新构造的点 $P_x$，$P_y$，选择"度量/点的值"（图 12-9），得到"$P_x$ 在 $\overline{AD}$ 上"和"$P_y$ 在 $\overline{AE}$ 上"的度量值.

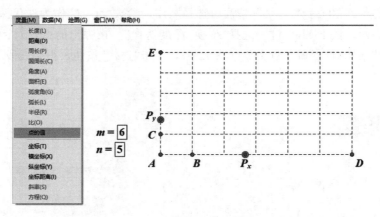

图 12-9

10. 选择"数据/计算",在计算编辑窗口的右侧选择"函数/trunc",单击参数"$m=6$",输入"*","(",再单击"$P_x$ 在 $\overline{AD}$ 上"的度量值,输入"−","0.001"")",单击"确定"按钮,计算出"$\mathrm{trunc}(m \cdot (P_x$ 在 $\overline{AD}$ 上$-0.001))$"的值. 类似地,计算出"$\mathrm{trunc}(n \cdot (P_y$ 在 $\overline{AE}$ 上$-0.001))$"的值(图 12-10).

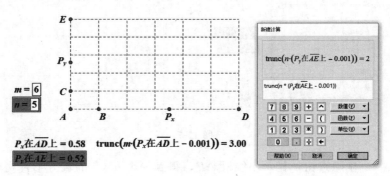

图 12-10

11. 右键单击"$\mathrm{trunc}(m \cdot (P_x$ 在 $\overline{AD}$ 上$-0.001))$"的计算值,选择"标记比",双击点 $A$,选定点 $B$,选择"变换/缩放",单击"缩放"按钮,将点 $B$ 关于点 $A$ 按标记比进行缩放,得到点 $F$. 类似地,将点 $C$ 关于点 $A$ 按标记比"$\mathrm{trunc}(n \cdot (P_y$ 在 $\overline{AE}$ 上$-0.001))$"的计算值进行缩放(图 12-11),得到点 $G$.

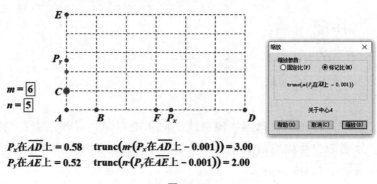

图 12-11

12. 依次选定点 $A$，$G$，选择"变换/标记向量"，选定点 $F$，选择"变换/平移"，单击"平移"按钮，将点 $F$ 按所标记的向量 $\overrightarrow{AG}$ 进行平移，得到点 $H$. 类似地，先依次选定点 $A$，$C$，选择"变换/标记向量"，然后将点 $B$ 按所标记的向量 $\overrightarrow{AC}$ 进行平移，得到点 $I$. 依次选定点 $A$，$B$，$I$，$C$，选择"构造/四边形的内部"，选中长方形 $ABIC$ 的内部，选择"变换/平移"，依次单击点 $A$，$H$（图 12-12），单击"平移"按钮，将长方形 $ABIC$ 的内部按所标记的向量 $\overrightarrow{AH}$ 进行平移，得到一个新长方形的内部，为了后续描述方便，将其记作长方形 Ⅱ.

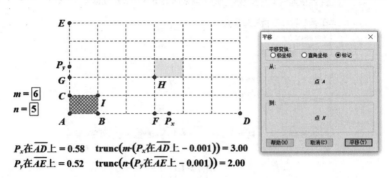

$P_x$ 在 $\overrightarrow{AD}$ 上 $= 0.58$    $\mathrm{trunc}(m \cdot (P_x$ 在 $\overrightarrow{AD}$ 上 $- 0.001)) = 3.00$
$P_y$ 在 $\overrightarrow{AE}$ 上 $= 0.52$    $\mathrm{trunc}(n \cdot (P_y$ 在 $\overrightarrow{AE}$ 上 $- 0.001)) = 2.00$

图 12-12

13. 对照图 12-13，选中暂不需要的点、数据和长方形 $ABIC$ 的内部，选择"编辑/操作类按钮"中的"隐藏/显示"，得到选中对象的显隐按钮，单击该按钮，隐藏这些对象. 分别选定点 $P_x$，$P_y$，选择"编辑/操作类按钮/动画"，将对话框中的标签修改为"识字小游戏"，分别将这两个点的动画方向设定为"随机"，并勾选"只播放一次"（图 12-13），单击"确定"按钮.

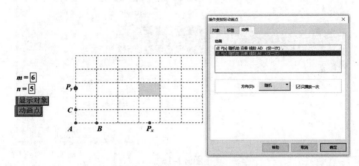

图 12-13

14. 从网络下载或利用 Word 自己制作一张识字表图片，并将该图片复制粘贴到绘图区备用. 根据识字表的横行和纵列字符的个数更改参数"$m$"和"$n$"的值，其中"$m$"对应横行字符的个数，"$n$"对应纵列字符的个数（图 12-14）.

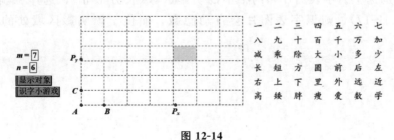

图 12-14

**【小贴士】**

利用 Word 制作一张识字表图片的方法如下.

(1)在 Word 中输入需要识别的若干个汉字,选中这些文字,选择"开始/替换",在"查找内容"和"替换为"分别填入"?"和"& ,"(请注意,填入的内容不含双引号,字符为英文字符),单击"全部替换"按钮(图 12-15),即可在这些字符间加入","。

**图 12-15**

(2)选中替换后的文字(最后一个汉字后的标点符号不要选),选择"插入/表格/将文字转换成表格",在对话框中先选择"文字分隔位置/逗号",再在"表格尺寸/行数"中填入恰当的列数(图 12-16),点击"确定"按钮,得到一个表格,该表格是一个汉字占一个格子的形式. 选中"表格工具"中的"设计/边框/无框线",去掉识字表的边框,完成识字表文档的制作.

**图 12-16**

(3)选择"文件/导出为 PDF",将该 Word 文档导出为 PDF 文件. 打开该 PDF 文件,通过截图软件进行区域截图即可得到识字表图片.

15. 拖动点 $A$ 至识字表图片的左下角,拖动点 $B$,$C$,使得图片中的汉字正好位于网格的中心. 分别选中识字表图片和网格中的阴影区域(长方形Ⅱ),选择"编辑/剪裁图片到四边形"(图 12-17),则识字表图片会自动隐藏,而位于该阴影区域处的汉字则显示出来.

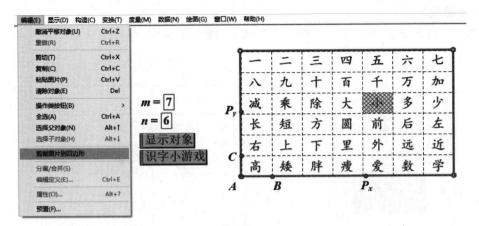

**图 12-17**

16. 分别选定点 $A$，$B$，$C$，$P_x$，$P_y$ 和阴影区域，选择"编辑/操作类按钮"中的"隐藏/显示"，得到所选对象的显隐按钮. 右键单击该按钮，选择"操作类按钮的标签"，将标签修改为"手动控制"，单击该按钮，隐藏这些对象（图 12-18）. 完成作图.

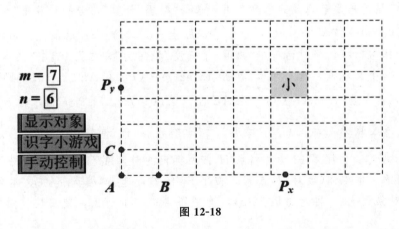

**图 12-18**

如图 12-19 所示，单击"识字小游戏"按钮，识字表中待识别的汉字便显示在绘图区. 每单击一次，可以随机显示一个待识别的汉字. 也可单击"手动控制"按钮，通过拖动点 $P_x$ 或 $P_y$ 选择需要识别的汉字.

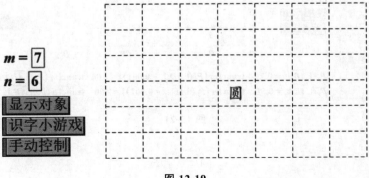

**图 12-19**

**【自我挑战】**

如图 12-20 所示，你能在网格中的随机位置（阴影区域）处即时显示出其对应的数对吗？请试一试．

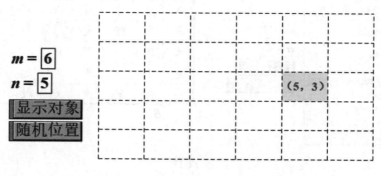

**图 12-20**

**★小帮手★**

如图 12-21 所示，仿照前 13 步，并将"识字小游戏"的标签修改为"随机位置"．单击"显示对象"按钮，显示出之前隐藏的信息备用．选择"数据/计算"，分别计算出"trunc($m \cdot (P_x$ 在 $\overline{AD}$ 上 $-0.001)) + 1$"和"trunc($n \cdot (P_y$ 在 $\overline{AE}$ 上 $-0.001)) + 1$"的值，分别右键单击这两个计算值，选择"属性"，将对话框中"数值/精确度"设定为"单位"．选中"文本工具"，在空白处单击得到一个文本框，输入"("，单击"trunc($m \cdot (P_x$ 在 $\overline{AD}$ 上 $-0.001)) + 1$"的计算值，输入"，"，再单击"trunc($n \cdot (P_y$ 在 $\overline{AE}$ 上 $-0.001)) + 1$"的计算值，输入")"，得到一组数对备用．双击点 $A$，选定点 $I$，选择"变换/缩放"，将"固定比"设定为"$\frac{1}{2}$"，单击"缩放"按钮，得到点 $J$．仿照第 12 步，将点 $H$ 按所标记的向量 $\overrightarrow{AJ}$ 进行平移，得到点 $K$．分别选中前面得到的文本整体（数对）和点 $K$，按下 Shift 键，选择"编辑/合并文本到点"．最后，先单击"显示对象"按钮，再对照图 12-21，选中不再需要的对象，使用快捷键"Ctrl＋H"将其隐藏即可．

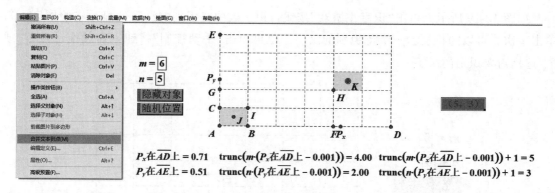

**图 12-21**

# 第十三讲 九九乘法表

　　"九九乘法表"是中华民族的优秀文化遗产，是我国古代科学家和劳动人民智慧的结晶.
几千年来，它一直是人们学习数学的基础，在日常生活和工作中作为"基础工具"，受到人们
的普遍重视. 中国使用"九九口诀"的时间较早. 早在"春秋""战国"的时候，《九九乘法歌诀》
就已经开始流行了. 最初的九九歌是从"九九八十一"起到"二二如四"止，共 36 句口诀. 发
掘出的汉朝"竹木简"以及敦煌发现的古"九九术残木简"上都是从"九九八十一"开始的. 而
"九九"之名就是取口诀开头的两个字. 公元 5～10 世纪，"九九"口诀扩充到"一一如一". 传
世文献中，最早记载四十五句"小九九"口诀的，是《孙子算经》[图 13-1(1)]. 大约在宋朝，
九九歌的顺序才变成和现代用的一样，即从"一一如一"起到"九九八十一"止. 元朝朱世杰著
的《算学启蒙》一书所载的 45 句口诀，已是从"一一"到"九九"，并称为九数法[图 13-1(2)].

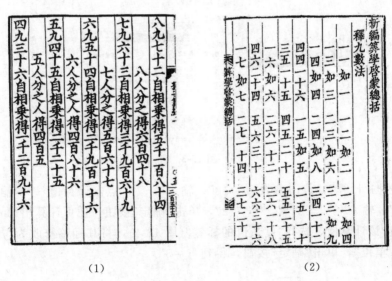

(1)　　　　　　　　　　　　　　　(2)

**图 13-1**

　　本讲我们学习如何利用几何画板制作一个 45 句的九九乘法表.

　　具体操作步骤如下.

　　1. 新建一个几何画板文件，选择"数据/新建参数"，分别将参数名称和数值修改为 $a$，
18，得到九九乘法表中的口诀编号参数"$a=18$". 选择"数据/计算"，在弹出的计算编辑器
窗口中，选择"函数/trunc"，输入 "0.5""＋"，选择"函数/sqrt"，输入"2"，单击参数"$a=$
18"，（图 13-2），单击"确定"按钮，便可计算出 $\mathrm{trunc}(0.5+\sqrt{2a})$ 的值，即第 $a$ 句口诀所在
的行(这里的 $a$ 表示组成九九乘法表的口诀从左到右、从上到下的数所对应的序数，详见小贴

士).

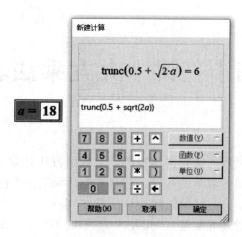

图 13-2

2. 右键单击该计算值，选择"度量值的标签"，将标签修改为"$i$"，然后选择"数值/精确度/单位"（图 13-3），单击"确定"按钮，得到"$i=6$".

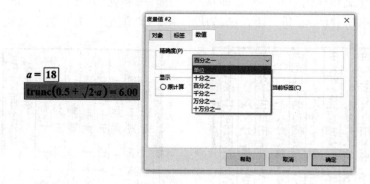

图 13-3

3. 选择"数据/计算"，点击参数"$a=18$"，输入"$-$"，点击计算值"$i$"，输入"$*$"，"（"，点击计算值"$i$"，输入"$-$""1"")"，"$\div$""2"，单击"确定"按钮，便可计算出第 $a$ 句口诀所在的列. 右键单击该计算值，选择"度量值的标签"（图 13-4），将其标签修改为"$j$"，然后选择"数值/精确度/单位"，单击"确定"按钮，得到"$j=3$".

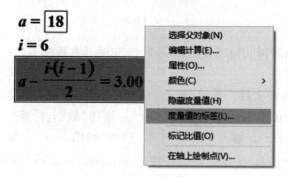

图 13-4

**【小贴士】**

（1）如图 13-5 是一个九九乘法表框图，这里用矩形框来代替九九乘法表中对应的口诀的位置，并由左至右、由上至下对这些口诀进行编号，每句口诀的编号与矩形框正中的数字相对应．比如，第 18 句口诀位于第 6 行第 3 列，第 22 句口诀位于第 7 行第 1 列等．

（2）$a$，$i$，$j$ 表示第 $a$ 句口诀在第 $i$ 行第 $j$ 列，故 $\dfrac{(i-1)\big[1+(i-1)\big]}{2}<a\leqslant\dfrac{i(i+1)}{2}$，即 $\dfrac{i(i-1)}{2}<a\leqslant\dfrac{i(i+1)}{2}$，解得 $i=\text{trunc}(0.5+\sqrt{2a}\,)$，因此，$j=a-\dfrac{i(i-1)}{2}$．改变 $a$ 的值，$i$，$j$ 会随之改变，从而可以立即显示出第 $a$ 句口诀在第 $i$ 行第 $j$ 列．

| 1 | | | | | | | | |
|---|---|---|---|---|---|---|---|---|
| 2 | 3 | | | | | | | |
| 4 | 5 | 6 | | | | | | |
| 7 | 8 | 9 | 10 | | | | | |
| 11 | 12 | 13 | 14 | 15 | | | | |
| 16 | 17 | 18 | 19 | 20 | 21 | | | |
| 22 | 23 | 24 | 25 | 26 | 27 | 28 | | |
| 29 | 30 | 31 | 32 | 33 | 34 | 35 | 36 | |
| 37 | 38 | 39 | 40 | 41 | 42 | 43 | 44 | 45 |

图 13-5

4. 任取一点 $A$，选定点 $A$，选择"变换/平移"，将点 $A$ 水平移动 1 厘米得点 $A'$．双击点 $A$，作射线 $AA'$ 并选中该射线，选择"变换/旋转"，在"固定角度"中输入"$-90$"度，则将射线 $AA'$ 绕点 $A$ 顺时针旋转 $90°$．在两条射线上分别取点 $B$，$C$，选中这两点，选择"显示/颜色/浅蓝色"（图 13-6），将这两个点的颜色设置为"浅蓝色"，示意拖动点 $B$，$C$ 可以分别调整列间距和行间距．

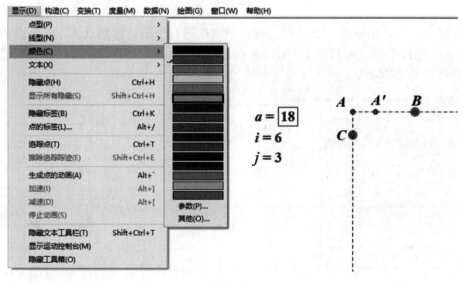

图 13-6

5. 右键单击计算值"$i=6$"，选择"标记比"，双击点 $A$，选定点 $C$，选择"变换/缩放"，在弹出的对话框中单击"缩放"按钮（图 13-7），将点 $C$ 关于点 $A$ 按标记比进行缩放，得到点 $C'$. 类似地，将点 $B$ 关于点 $A$ 按标记比"$j=3$"进行缩放，得到点 $B'$.

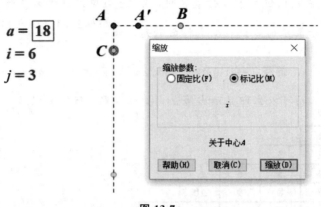

图 13-7

6. 依次选定点 $A$，$B'$，选择"变换/标记向量". 选定点 $C'$，选择"变换/平移"，在弹出的对话框中单击"平移"按钮（图 13-8），将点 $C$ 按所标记的向量 $\overrightarrow{AB'}$ 进行平移，得到点 $D$.

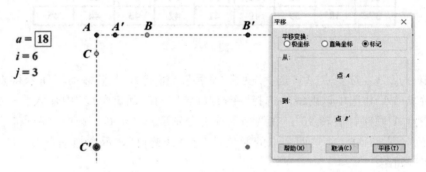

图 13-8

7. 仿照上一步，先将点 $D$ 按所标记的向量 $\overrightarrow{AB}$ 进行平移，得到点 $E$，再将点 $D$，$E$ 按标记向量 $\overrightarrow{AC}$ 进行平移，得到点 $F$，$G$. 依次选定点 $D$，$E$，$G$，$F$，选择"构造/线段"（图 13-9），得到矩形 $DEGF$.

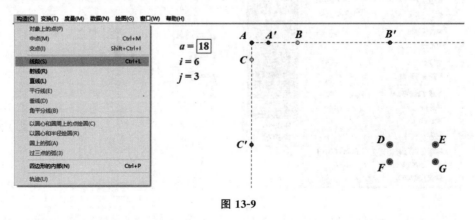

图 13-9

8. 双击点 $F$，选定点 $E$，选择"变换/缩放"，在弹出的对话框中将"缩放参数"中的"固定比"修改为 $\dfrac{1}{2}$，单击"缩放"按钮，得到点 $H$．选择"数据/计算"，单击计算值"$i=6$"，输入"*"，单击计算值"$j=3$"，单击"确定"按钮(图 13-10)，得到"$i \cdot j=18$"．右键单击该计算值，选择"属性"，在弹出的对话框中选择"数值/单位"．

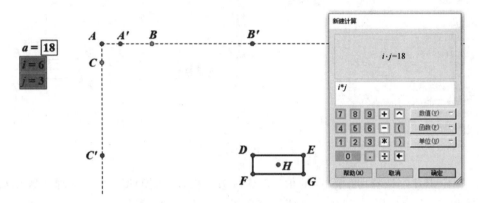

图 13-10

9. 选中"文本工具"，在空白处双击，得到一个文本框，单击计算值"$j=3$"，输入"×"，继续单击计算值"$i=6$"，输入"="，单击计算值"$i \cdot j=18$"，得到一个热文本"$3 \times 6=18$"，并将被乘数、乘数和积的颜色分别设定为"蓝色""绿色""红色"．分别选定点 $H$ 和热文本"$3 \times 6=18$"，按下 Shift 键，选择"编辑/合并文本到点"(图 13-11)．在射线 $AA'$ 上任取一点 $I$，并将该点的颜色设定为"浅蓝色"．

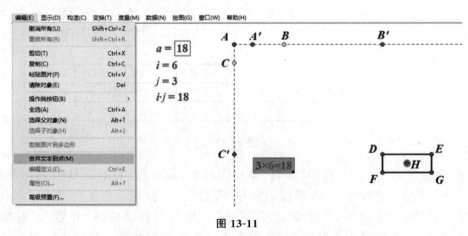

图 13-11

10. 选中"点工具"，使用快捷键"Ctrl＋A"选中绘图区所有的点，选中"移动箭头工具"，分别单击点 $A$，$B$，$C$，$I$，以去除这四个点的选中状态，继续单击 $i=6$，$j=3$，$i \cdot j=18$ 三个计算值、两条射线和热文本"$3 \times 6=18$"，选择"显示/隐藏对象"(图 13-12)，将所选中的对象予以隐藏．分别连接 $AI$，$AC$，并在线段 $AI$ 上任取一点 $J$，并将该点的颜色设定为"浅蓝色"．

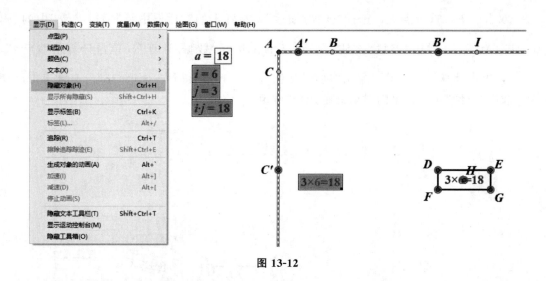

**图 13-12**

11. 选定点 $J$，选择"度量/点的值"，得到"$J$ 在 $\overline{AI}$ 上"的度量值. 选择"数据/计算"，分别计算出"$J$ 在 $\overline{AI}$ 上·45"和"$a+1$"的值备用. 依次选中参数"$a$"和"$J$ 在 $\overline{AI}$ 上·45"的计算值，按下 Shift 键，选择"变换/深度迭代"，在弹出迭代对话框后单击 $a+1$（图 13-13）. 然后选择"结构"，去掉"生成迭代数据表"前的勾选状态，单击"迭代"按钮，得到部分乘法表.

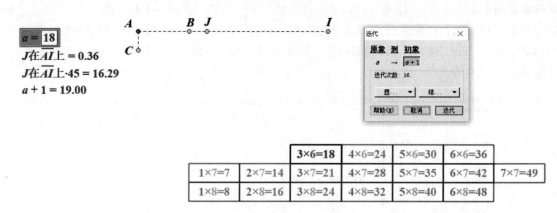

| | | 3×6=18 | 4×6=24 | 5×6=30 | 6×6=36 | |
|---|---|---|---|---|---|---|
| 1×7=7 | 2×7=14 | 3×7=21 | 4×7=28 | 5×7=35 | 6×7=42 | 7×7=49 |
| 1×8=8 | 2×8=16 | 3×8=24 | 4×8=32 | 5×8=40 | 6×8=48 | |

**图 13-13**

12. 依次选定点 $J$，$A$，选择"编辑/操作类按钮/移动"，将对话框中的标签修改为"复位"，速度设定为"高速"，得到移动按钮"复位". 类似地，依次选定点 $J$，$I$，选择"编辑/操作类按钮/移动"，速度设定为"慢速"，构造出移动按钮"开始". 对照图 13-14，先将参数"$a$"的值修改为"0"，再选中不再需要的四组数据、热文本"$0×0=0$"及其所在的矩形，选择"显示/隐藏对象"或使用快捷键"Ctrl＋H"将选中的对象隐藏. 完成作图.

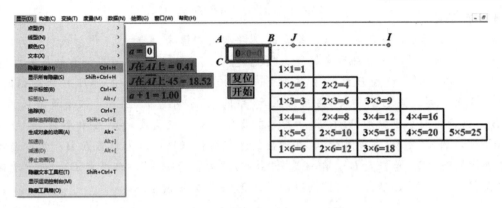

图 13-14

　　如图 13-15 所示，先单击"复位"按钮，再单击"开始"按钮（或向右拖动点 $J$）就可以逐行逐句地生成九九乘法表了，而且通过向左（或向右）拖动点 $I$ 可以加快（或减缓）该乘法表的生成速度．家长或老师就可以利用该乘法表帮助学生更快地掌握乘法口诀了．

| 1×1=1 | | | | | | | | |
|---|---|---|---|---|---|---|---|---|
| 1×2=2 | 2×2=4 | | | | | | | |
| 1×3=3 | 2×3=6 | 3×3=9 | | | | | | |
| 1×4=4 | 2×4=8 | 3×4=12 | 4×4=16 | | | | | |
| 1×5=5 | 2×5=10 | 3×5=15 | 4×5=20 | 5×5=25 | | | | |
| 1×6=6 | 2×6=12 | 3×6=18 | 4×6=24 | 5×6=30 | 6×6=36 | | | |
| 1×7=7 | 2×7=14 | 3×7=21 | 4×7=28 | 5×7=35 | 6×7=42 | 7×7=49 | | |
| 1×8=8 | 2×8=16 | 3×8=24 | 4×8=32 | 5×8=40 | 6×8=48 | 7×8=56 | 8×8=64 | |
| 1×9=9 | 2×9=18 | 3×9=27 | 4×9=36 | 5×9=45 | 6×9=54 | 7×9=63 | 8×9=72 | 9×9=81 |

图 13-15

**【自我挑战】**

　　为了考查九九乘法表的背记效果，可以制作出如图 13-16 所示的随机出题系统．要求该系统既可以实现 9 以内的整数乘法的随机生成，还能根据需要隐藏或显示正确答案，同时，在 9×9 正方形网格中可以即时呈现该算式所对应的矩形（图中的阴影部分），进而帮助学生从数形结合角度进一步理解九九乘法表．你能制作出满足上述条件的随机出题系统吗？请试一试．

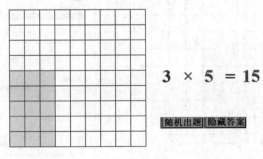

$$3 \times 5 = 15$$

图 13-16

**★小帮手★**

如图 13-17 所示，任取一点 $A$，将点 $A$ 水平移动 1 厘米得点 $A'$. 作射线 $AA'$，在该射线上任取一点 $B$，并将该点的颜色设置为"浅蓝色"，示意拖动点 $B$ 可以调整网格的大小. 隐藏点 $A'$ 和射线 $AA'$. 将点 $B$ 绕点 $A$ 逆时针旋转 $90°$，得到点 $B'$，将点 $B'$ 按所标记的向量 $\overrightarrow{AB}$ 进行平移，得到点 $B''$. 选中"多边形工具"中的"无芯有边框"工具，依次单击点 $A$，$B$，$B''$，$B'$，$A$，得到小正方形 $ABB''B'$. 新建参数"$n=8$"，依次选定点 $A$ 和参数"$n=8$"，按住 Shift 键，选择"变换/深度迭代"，在弹出的迭代对话窗口中，先单击点 $B$，然后选择"结构/添加新的映射"，单击点 $B''$，继续选择"结构/添加新的映射"，单击点 $B'$，最后选择"结构/仅保留非点类象"，单击"迭代"按钮，得到 $9\times9$ 正方形网格.

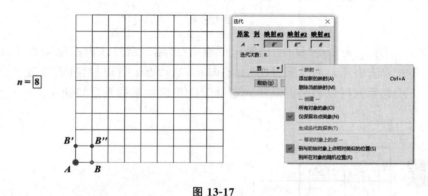

图 13-17

如图 13-18 所示，分别选定点 $A$ 和线段 $AB$，选择"绘图/定义单位长度". 新建参数"$a=3$"和"$b=5$"，选择"数据/计算"，分别计算出"round($a$)""round($b$)""round($a$)·round($b$)"的值. 选择"绘图/绘制点"，先单击"round($a$)"的计算值，再输入"0"，得到点 $C$. 类似地，绘制出点 $D(0,\text{round}(b))$ 和点 $E(\text{round}(a),\text{round}(b))$. 选中"多边形工具"中的"有芯无边框"工具，依次单击点 $A$，$C$，$E$，$D$，$A$，得到矩形 $ACED$ 的内部. 分别选中参数"$a=3$"和"$b=5$"，选择"编辑/操作类按钮/动画"，得到一个"动画参数"按钮. 在弹出的对话框的顶端选择"标签"，将标签修改为"随机出题". 然后在对话框的顶端选择"动画"，在"方向"中选择"随机"，勾选"只播放一次"，"范围"为"1"到"9". 接下来，选中"$b$ 连续地在 $-100$ 和 $100$ 之间"，在"方向"中选择"随机"，勾选"只播放一次"，"范围"为"1"到"9".

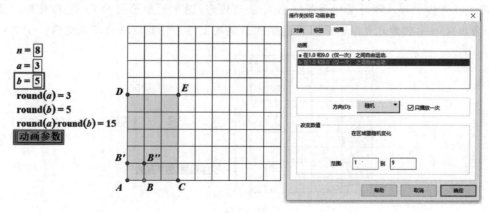

图 13-18

如图 13-19 所示，选中"文本工具"，在空白处单击，输入"×"，得到文本"×"．类似地，另构造一个文本"＝"备用．任取一点，将该点向右平移四次，每次平移 1.5 厘米，然后分别选中左边第一个点和"round($a$)"的计算值，按下 Shift 键，选择"编辑/合并文本到点"．类似地，分别将文本"×""round($b$)"的计算值、文本"＝"和"round($a$)·round($b$)"的计算值和其余四个点合并．将合并后的数据和符号的字号设定为"48"，颜色根据自己喜好来设定．选中合并在第五个点处的数据，制作一个显隐按钮，并将该显隐按钮的标签修改为"隐藏答案"．最后，对照图 13-19，将不再需要的数据、点和文本隐藏即可．

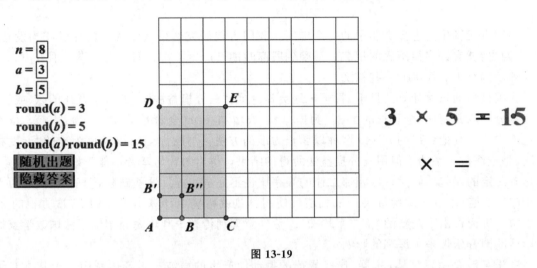

图 13-19

# 第十四讲　乐曲自动演奏系统

中国古代音乐是世界文明中的一个宝库. 我国古代研究音乐数学规律的律学相当发达,《二十四史》就有许多律历志的记载. 最晚到殷商时期已产生了宫、商、角、徵、羽五声,西周编钟已刻有十二律中的一些铭文.

我国最早的乐律计算法见于《管子·地员篇》中的"三分损益法",即将主音律的弦(或管)长三等分,取其两份(全管长的 2/3,为损一),或增加一份(全管长的 4/3,为益一),依次确定十二律中其他各律的方法. 这种以弦长为准的方法,与欧洲当时以频率为准的"五度相生法"是成倒数关系的. 但用三分损益法所得的结果,得出的音与基音不能正好是倍数关系,而是有一定的误差. 同时,各相邻二律的频率比也不完全相等. 这些缺陷,直至明代万历十二年(1584 年)才由朱载堉解决. 朱载堉仅使用算盘就精确地计算出了 2 的 12 次方根的 25 位小数,进而推出了全新的"十二平均律". 后经意大利传教士利玛窦介绍给了法国数学家梅森,给欧洲音乐带来了深刻的影响.

音乐声波是由发声体(乐器)作有规律的振动而产生的声波. 乐音体系中 7 个基本音级(Do,Re,Mi,Fa,Sol,La,Si)都是由纯音合成的. 纯音是指具有单一频率的正弦波,其数学模型是函数 $y=A\sin\omega x$. 响度、音调、音色是乐音的三个主要特征,都与正弦函数及其参数有关. 其中,响度(音量),由"振幅"A 和人离声源的距离决定,振幅越大响度越大,人和声源的距离越小,响度越大. 音调(高音、低音)由"频率"决定,频率低的声音低沉,频率高的声音尖利. 音调与声波的振动频率 $f$(Hz)是一一对应的,因为周期 $T=\dfrac{2\pi}{\omega}$,所以频率 $f=\dfrac{1}{T}=\dfrac{\omega}{2\pi}$,从而 $y=A\sin\omega x=A\sin 2\pi f x$. C 调音符与频率 $f$ 参照表如表 14-1,从而可以得到各纯音的对应函数,如高音 Sol 的函数为 $y=\sin 2\pi\cdot1568x=\sin 3136\pi x$.

**表 14-1**

| C 调音符与频率 $f$ 对照表 | | | | | | |
|---|---|---|---|---|---|---|
| 音名 | C | D | E | F | G | A | B |
| 唱名 | Do | Re | Mi | Fa | Sol | La | Si |
| 低音频率 $f$ | 262 | 294 | 330 | 349 | 392 | 440 | 494 |
| 中音频率 $f$ | 523 | 587 | 659 | 698 | 784 | 880 | 988 |
| 高音频率 $f$ | 1046 | 1175 | 1318 | 1397 | 1568 | 1760 | 1976 |

按照十二平均律系统，若以低音"Do"的频率 262 Hz 为基准频率，则低音"Re"的频率 294 Hz $\approx 2^{\frac{2}{12}} \times 262$ Hz. 类似地，低音其他唱名的频率与基准频率之间的关系为 330 Hz $\approx 2^{\frac{4}{12}} \times 262$ Hz，349 Hz $\approx 2^{\frac{5}{12}} \times 262$ Hz，392 Hz $\approx 2^{\frac{7}{12}} \times 262$ Hz，440 Hz $\approx 2^{\frac{9}{12}} \times 262$ Hz，494 Hz $\approx 2^{\frac{11}{12}} \times 262$ Hz. 从而简谱中唱名的低音频率与基准频率有如下关系：$f_1(m) \approx 2^{\frac{m}{12}} \times 262$. 因为唱名相同的高音频率是低音频率的四倍，中音频率是低音频率的二倍，所以简谱中唱名的中音频率与基准频率的关系是 $f_2(m) \approx 2^{\frac{12+m}{12}} \times 262$，唱名的高音频率与基准频率的关系是 $f_3(m) \approx 2^{\frac{24+m}{12}} \times 262$. 为方便后续操作，这里将 C 大调基本音级的频率 $f$ 与参数 $m$ 的换算关系汇总在表 14-2 中.

表 14-2

| 频率 $f$ 与参数 $m$ 换算关系表 | | | | | | | | | | | | | | | | | | | | | |
|---|---|---|---|---|---|---|---|---|---|---|---|---|---|---|---|---|---|---|---|---|---|
| 简谱 | 1̣ | 2̣ | 3̣ | 4̣ | 5̣ | 6̣ | 7̣ | 1 | 2 | 3 | 4 | 5 | 6 | 7 | 1̇ | 2̇ | 3̇ | 4̇ | 5̇ | 6̇ | 7̇ |
| 参数 $m$ | 0 | 2 | 4 | 5 | 7 | 9 | 11 | 12 | 14 | 16 | 17 | 19 | 21 | 23 | 24 | 26 | 27 | 29 | 31 | 33 | 35 |

本讲我们学习如何利用几何画板制作一个乐曲自动演奏系统.

具体操作步骤如下.

1. 新建一个几何画板文件，任取一点 $A$，选定点 $A$，选择"变换/平移"，将"固定角度"修改为"$-90.0$"（图 14-1），单击"平移"按钮，得到点 $A'$，作射线 $AA'$，并在该射线上任取一点 $B$.

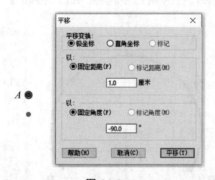

图 14-1

2. 双击点 $A$，选定点 $B$，选择"变换/旋转"，将"固定角度"修改为"60"度，单击"旋转"按钮，得到点 $B'$. 双击射线 $AA'$，选定点 $B'$，选择"变换/反射"（图 14-2），得到点 $B''$.

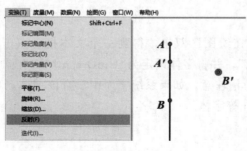

图 14-2

3. 依次选定点 $A$，$B'$，$B''$，选择"构造/圆上的弧"，得到 $\overset{\frown}{B'B''}$. 在该弧上任取一点 $C$. 选定点 $C$，选择"度量/点的值"（图 14-3），得到"$C$ 在 $\overset{\frown}{B'B''}$ 上"的度量值.

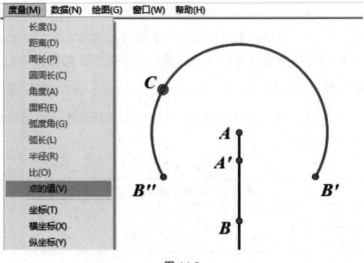

图 14-3

4. 选择"数据/计算"，输入"（""1""－"，点击度量值"$C$ 在 $\overset{\frown}{B'B''}$ 上"（此数据与点 $C$ 的位置有关），输入"）""*""100"（图 14-4），单击"确定"按钮，得到"（$1-C$ 在 $\overset{\frown}{B'B''}$ 上）·100"的值. 右键单击计算所得的结果，在对话框中选择"数值/精确度"中的"单位".

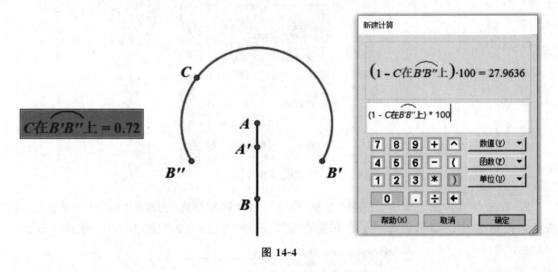

图 14-4

5. 选中"文本工具"，在绘图区双击，得到一个文本框，点击上一步所得到的计算值，将文本的颜色设置为"红色"，并将字体设定为"UniDreamLED"（图 14-5），得到文本"28"（此数据与点 $C$ 的位置有关）. 请注意，如果系统字库中没有该字体，可以通过网络下载安装或者使用 Times New Roman 等字体.

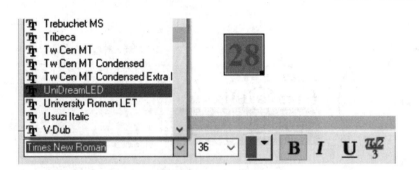

图 14-5

6. 双击点 $A$，选定点 $B$，选择"变换/缩放"，将缩放参数中的"固定比"修改为"$-\dfrac{2}{3}$"，单击"缩放"按钮，得到点 $D$. 选中文本"28"及点 $D$，按住 Shift 键，选择"编辑/合并文本到点"（图 14-6），选中之前的文本"28"，射线 $AA'$，点 $A'$和点 $D$，使用快捷键"Ctrl＋H"将其隐藏.

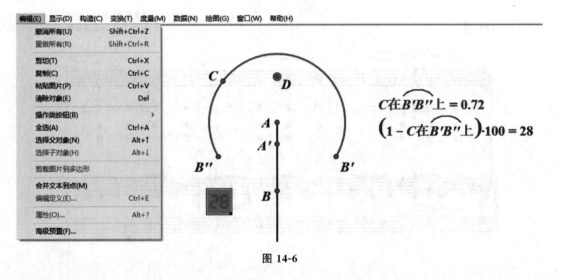

图 14-6

**【小贴士】**

在将文本与点合并时，必须按住键盘上的 Shift 键，"编辑"中"分离/合并"才会变为"合并文本到点"，并处于可选中状态.

7. 分别将点 $B'$，$B''$ 的点型设定为"最小"，点 $C$ 的点型设定为"最大". 选择"数据/计算"，点击"$(1-C$ 在 $\overset{\frown}{B'B''}$ 上)·$100$"的计算值，输入"÷""5"，右键单击该计算结果，选择"度量值的标签"，将标签修改为"$A$"（图 14-7）. 选中度量值"$C$ 在 $\overset{\frown}{B'B''}$ 上＝$0.72$"，计算值"$(1-C$ 在 $\overset{\frown}{B'B''}$ 上)·$100＝28$"等不再需要的信息，选择"显示/隐藏度量值"将其隐藏.

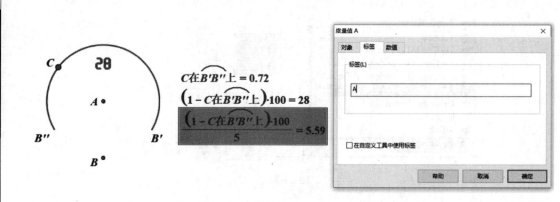

$C在\overset{\frown}{B'B''}上 = 0.72$

$(1 - C在\overset{\frown}{B'B''}上)\cdot100 = 28$

$\dfrac{(1 - C在\overset{\frown}{B'B''}上)\cdot100}{5} = 5.59$

图 14-7

8. 在下一步操作前，需要先准备一个乐曲的简谱（图 14-8），并将其参考表 14-2 进行参数转换，得到表 14-3 备用.

图 14-8

表 14-3

| 简谱 | 5 | — | 3 | 5 | $\dot{1}$ | — | — | — | 6 | — | $\dot{1}$ | — | 5 | — | — | — |
|---|---|---|---|---|---|---|---|---|---|---|---|---|---|---|---|---|
| 音符序号 | 0.5 | 1 | 1.5 | 2 | 2.5 | 3 | 3.5 | 4 | 4.5 | 5 | 5.5 | 6 | 6.5 | 7 | 7.5 | 8 |
| 参数 $m$ | 19 | 19 | 16 | 19 | 24 | 24 | 24 | 24 | 21 | 21 | 24 | 24 | 19 | 19 | 19 | 19 |
| 简谱 | 5 | — | 1 | 2 | 3 | — | 2 | 1 | 2 | — | — | — | — | — | 0 | 0 |
| 音符序号 | 8.5 | 9 | 9.5 | 10 | 10.5 | 11 | 11.5 | 12 | 12.5 | 13 | 13.5 | 14 | 14.5 | 15 | 15.5 | 16 |
| 参数 $m$ | 19 | 19 | 12 | 14 | 16 | 16 | 14 | 12 | 14 | 14 | 14 | 14 | 14 | 14 | | |

续表

| 简谱 | 5 | — | 3 | 5 | 1̇ | — | — | 6 | — | 1̇ | — | 5 | — | — | | |
|---|---|---|---|---|---|---|---|---|---|---|---|---|---|---|---|---|
| 音符序号 | 16.5 | 17 | 17.5 | 18 | 18.5 | 19 | 19.5 | 20 | 20.5 | 21 | 21.5 | 22 | 22.5 | 23 | 23.5 | 24 |
| 参数 $m$ | 19 | 19 | 16 | 19 | 24 | 24 | 24 | 23 | 21 | 21 | 24 | 24 | 19 | 19 | 19 | 19 |
| 简谱 | 5 | — | 2 | 3 | 4 | — | 7 | — | 1 | — | — | — | | | 0 | 0 |
| 音符序号 | 24.5 | 25 | 25.5 | 26 | 26.5 | 27 | 27.5 | 28 | 28.5 | 29 | 29.5 | 30 | 30.5 | 31 | 31.5 | 32 |
| 参数 $m$ | 19 | 19 | 14 | 16 | 17 | 17 | 11 | 11 | 12 | 12 | 12 | 12 | 12 | | | |
| 简谱 | 6 | — | 1̇ | — | 1̇ | — | — | 7 | — | 6 | 7 | 1̇ | — | — | | |
| 音符序号 | 32.5 | 33 | 33.5 | 34 | 34.5 | 35 | 35.5 | 36 | 36.5 | 37 | 37.5 | 38 | 38.5 | 39 | 39.5 | 40 |
| 参数 $m$ | 21 | 21 | 24 | 24 | 24 | 24 | 24 | 24 | 23 | 23 | 21 | 23 | 24 | 24 | 24 | 24 |
| 简谱 | 6 | 7 | 1̇ | 6 | 6 | 5 | 5 | 1 | 2 | — | — | — | | | 0 | 0 |
| 音符序号 | 40.5 | 41 | 41.5 | 42 | 42.5 | 43 | 43.5 | 44 | 44.5 | 45 | 45.5 | 46 | 46.5 | 47 | 47.5 | 48 |
| 参数 $m$ | 21 | 23 | 24 | 21 | 21 | 19 | 12 | 14 | 14 | 14 | 14 | | | | | |
| 简谱 | 5 | — | 3 | 1 | 1̇ | — | — | 7 | 6 | 1̇ | — | 5 | — | — | | |
| 音符序号 | 48.5 | 49 | 49.5 | 50 | 50.5 | 51 | 51.5 | 52 | 52.5 | 53 | 53.5 | 54 | 54.5 | 55 | 55.5 | 56 |
| 参数 $m$ | 19 | 19 | 16 | 12 | 24 | 24 | 24 | 23 | 21 | 21 | 24 | 24 | 19 | 19 | 19 | 19 |
| 简谱 | 5 | — | 2 | 3 | 4 | — | 7 | 1 | — | — | — | | | | 0 | 0 |
| 音符序号 | 56.5 | 57 | 57.5 | 58 | 58.5 | 59 | 59.5 | 60 | 60.5 | 61 | 61.5 | 62 | 62.5 | 63 | 63.5 | 64 |
| 参数 $m$ | 19 | 19 | 14 | 16 | 17 | 17 | 17 | 11 | 12 | 12 | 12 | 12 | 12 | 12 | | |

9. 选择"绘图/定义坐标系",并将原点的标签修改为"$O$". 选择"绘图/网格样式/矩形网格",拖动坐标系的单位点分别将横轴和纵轴的单位长度稍微缩小一些,以便于后续操作. 接下来,选择"绘图/绘制点",在弹出的对话框中依次输入 0.5,19(该点横坐标、纵坐标分别为表 14-3 中的音符序号和参数 $m$),先单击"绘制"按钮(图 14-9),再单击"完成"按钮,便得到点(0.5,19). 右键单击所绘制的点,选择"最小",将该点的点型设定为"最小".

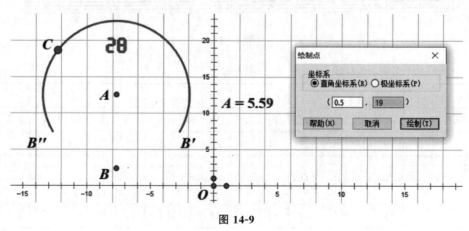

图 14-9

10. 选择"绘图/绘制点"，在弹出的对话框中依次输入 1，19，单击"绘制"按钮，得到第二个点(1，19)，继续输入 1.5，16，单击"绘制"按钮，得到第三个点(1.5，16)……如图 14-10 所示，对比表 14-3 可知，正在绘制的第 18 个点的坐标为(18，19). 类似地，根据表 14-3 可以绘制出其余各点. 特别地，对于空拍，则无须绘制相应的点.

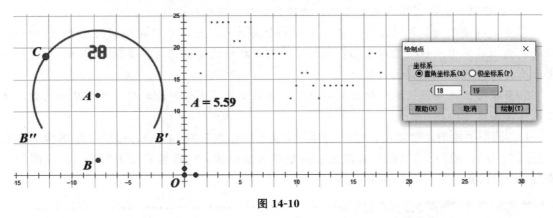

图 14-10

11. 选择"绘图/绘制点"，绘制点 $E(64，0)$，然后选择"绘图/隐藏网格". 连接 $OE$，单击"点工具"，在线段 $OE$ 上任取一点 $F$，并选中该点，选择"度量/横坐标"，然后选择"显示/颜色/浅蓝色"(图 14-11)，示意该点可以手动控制.

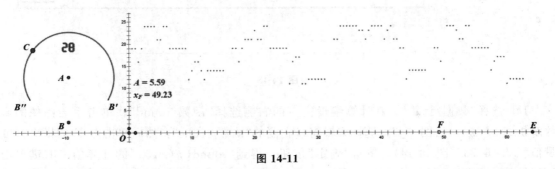

图 14-11

12. 单击"标记工具"，将鼠标移到上一步所绘制的点附近，当鼠标变为笔尖向下的笔形时，按住左键，对照乐谱，在连续的音符所对应的点之间画一条线段或在独立的音符所对应的点处顿一个点，得到一个手绘的函数图像(图 14-12). 若在手绘函数图像过程中需要进行修改，可以按住 Shift 键，这时鼠标变为○形，然后按住左键，就可以擦除正在书写的痕迹了. 但是，若已经完成手绘图，就不能再擦除了.

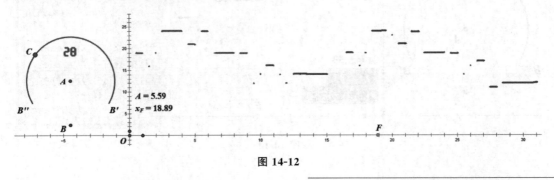

图 14-12

**【小贴士】**

(1)标记工具是用来给对象加上标记的,使得对象能够更好地被识别.标记过的对象,在热文本中能更好地显示出来.标记工具还可以变成涂鸦笔,在绘图区域中任意书写,标记笔所绘制的线条还可以作为自定义的特殊函数.

(2)当标记工具接近不同的对象时,功能鼠标有以下几种形状.

①当鼠标接近绘制的对象时,鼠标变为笔尖向上的笔形,可以对绘制的对象进行标记.用笔尖向上的笔形点住线型对象已有的标记,可以拖动改变标记的位置(路径标记).连续点击已有标记,可以改变标记的笔画.

②当鼠标远离绘图区域中的绘制对象时,鼠标变为笔尖向下的笔形,按住鼠标左键,就可以书写或者手绘图了.

13.选中手绘的函数图像,选择"数据/定义绘图函数"(图14-13),得到手绘图像的函数解析式"$f(x)$:绘图[1]"(如果修改或重新绘制过该图像,则解析式变为"$f(x)$:绘图[2]"或"$g(x)$:绘图[1]"等其他类型).

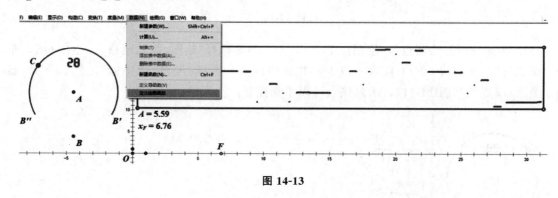

**图 14-13**

14.选择"数据/计算",在计算编辑窗口的右侧选择"函数/round",单击手绘图像的函数解析式"$f(x)$:绘图[1]",选择编辑窗口右侧的"函数/trunc",然后单击点 $F$ 的横坐标量值"$x_F=6.76$"(图14-14),单击"确定"按钮,得到"$\text{round}(f(x_F))$"的计算值.右键单击该计算值,选择"度量值的标签",输入"$m$".拖动点 $F$,可以观察到 $m$ 值的变化情况,请想一想其中的原理.

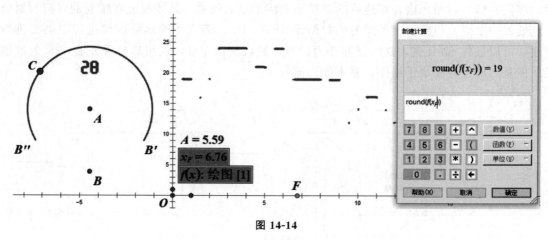

**图 14-14**

15. 选择"数据/新建函数"，在弹出函数编辑窗口后，点击度量值"$A$"，输入"$*$"，选择"函数/sin"，输入"2"，选择"数值/$\pi$"，"$*$"，输入"262""$*$""2""$\wedge$""（"，点击"$m$"，输入"$\div$""12""）""$*$""$x$"（图 14-15），单击"确定"按钮，得到函数解析式"$g(x)=A\sin\left(2\cdot\pi\cdot 262\cdot 2^{\frac{m}{12}}\cdot x\right)$".

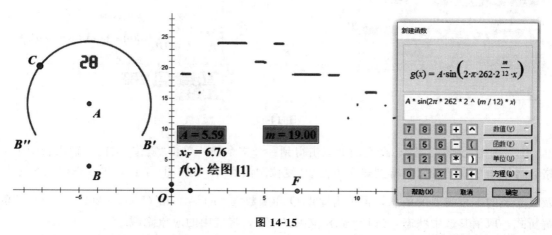

图 14-15

15. 选中函数解析式"$g(x)=A\sin\left(2\cdot\pi\cdot 262\cdot 2^{\frac{m}{12}}\cdot x\right)$"，选择"编辑/操作类按钮/声音"（图 14-16），在弹出的对话框中选择"是"，得到"听到函数 $g$"按钮.

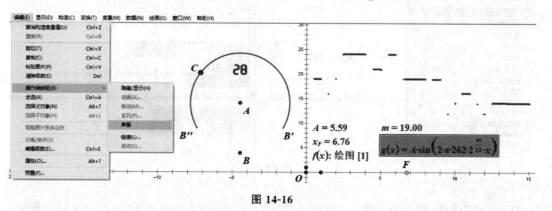

图 14-16

16. 依次选定点 $F$，$O$，选择"编辑/操作类按钮/移动"，将移动速度设定为"高速"，并将该按钮的标签修改为"复位". 选定点 $F$，选择"编辑/操作类按钮/动画"，将动画速度设定为"其他"，输入"0.26"（根据试听效果修改此值以达到更好的演奏效果）得到按钮"动画点". 依次选中按钮"动画点"和"听到函数 $g$"，选择"编辑/操作类按钮/系列"（图 14-17），将标签修改为"演奏".

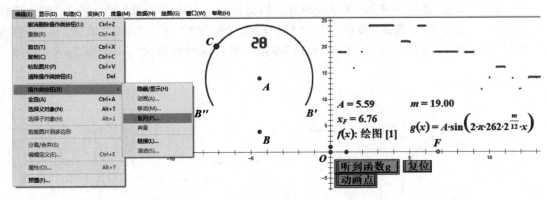

图 14-17

17. 选中"文本工具",在空白处双击得到一个文本框,单击"复位"按钮,输入若干个空格,再单击"演奏"按钮,得到热文本按钮"复位""演奏". 对照图 14-18,先框选绘图区 $y$ 轴及其右侧的不再需要的信息,再单击原点 $O$ 和函数" $g(x)=A\sin\left(2\cdot\pi\cdot262\cdot2^{\frac{m}{12}}\cdot x\right)$ "的解析式,取消其选中状态,选择"显示/隐藏对象",将选中的对象隐藏.

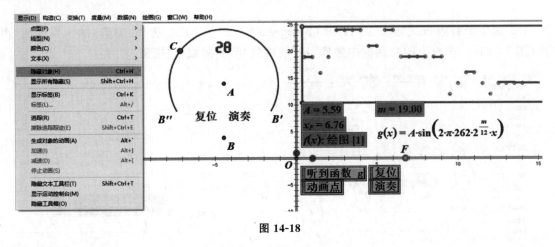

图 14-18

18. 选择"绘图/绘制新函数",单击函数" $g(x)=A\sin\left(2\cdot\pi\cdot262\cdot2^{\frac{m}{12}}\cdot x\right)$ "的解析式,输入" $x$ "" $\div$ "" $3$ ",单击"确定"按钮(图 14-19),得到函数" $h(x)=\dfrac{g(x)}{3}$ "的图像. 右键单击该函数图像,选择"属性",在弹出的对话框中选择"绘图",去掉"显示箭头和端点"前的勾选,并将取值范围设定为" $-2\leqslant x\leqslant2$ ",单击"确定"按钮(图 14-20),得到该函数的图像. 右键单击函数图像,选择"颜色/黄色",将图像的颜色设定为"黄色".

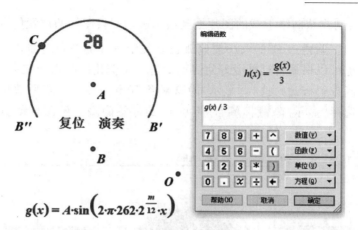

$$g(x) = A \cdot \sin\left(2 \cdot \pi \cdot 262 \cdot 2^{\frac{m}{12}} \cdot x\right)$$

图 14-19

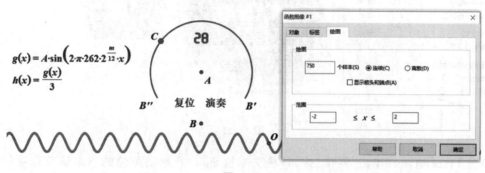

图 14-20

19. 依次选定点 $A$，$C$，$B''$，选择"构造/圆上的弧"，得到 $\overset{\frown}{CB''}$. 选中 $\overset{\frown}{CB''}$，选择"显示/线型/中等"，继续选择"显示/颜色/浅灰色"，将 $\overset{\frown}{CB''}$ 的线型设定为"中等"，颜色设定为"浅灰色". 类似地，将 $\overset{\frown}{B'B''}$ 的线型设定为"细线"，颜色为"浅灰色"，将文本按钮的颜色设定为"浅灰色"，并将点 $C$ 的颜色设定为"黄色". 依次选定点 $A$，$O$（点的选择顺序很重要，否则无法正常演奏音乐，这一点初学者易忽视），选择"编辑/合并点"（图 14-21），则点 $A$ 及其子对象快速移动至新的位置；当点 $A$，$O$ 合并后，重合后的点的标签为 $O$.

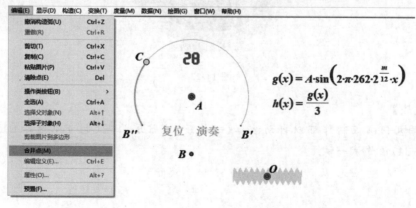

图 14-21

20. 将自己绘制或从网络下载的图片拖到绘图区，调整图片的位置使点 $O$ 位于图片的适当位置. 拖动点 $B$，调整 $\overset{\frown}{B'B''}$ 的大小使该弧正好位于图片的黑色背景内，然后将热文本拖动至适当位置，也可以根据自己的爱好对界面做进一步美化. 分别选定点 $O$，$B$，$B'$，$B''$ 和不再使用的两个函数解析式，选择"显示/隐藏对象"（图 14-22），将所选中的对象隐藏. 最后，选定点 $C$，选择"显示/隐藏标签"，将点 $C$ 的标签隐藏. 乐曲自动演奏系统就制作完成了.

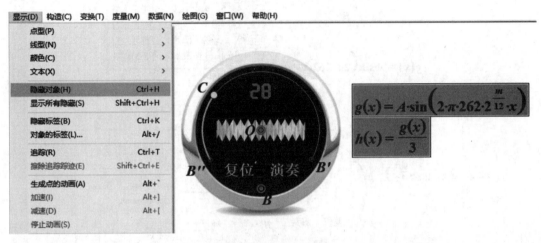

图 14-22

如图 14-23 所示，单击"复位"按钮（热文本按钮），并拖动黄色的点来调节音量的大小. 单击"演奏"按钮（热文本按钮），一首动听的乐曲（送别）便从音响中流淌出来了.

图 14-23

【自我挑战】

如何利用几何画板制作可以自动演奏《喀秋莎》这首乐曲呢（也可以选择自己喜欢的乐曲）？（图 14-24）请你试一试.

# 喀 秋 莎

伊萨科夫斯基　词
勃兰切尔　曲
塞　柏　译配

1=G 2/4
中速

6· 7· | 1·6 | 1̂176 | 7̣30 | 7·1 | 2·7̣ |
正 当 梨 花 开 遍 了 天 涯， 河 上 飘 着
姑 娘 唱 着 美 妙 的 歌 曲， 她 在 歌 唱

2 21 7̣ | 6 - ‖ 36 | 565 | 4432 |
柔 曼 的 轻 纱！ 喀 秋 沙 站 在 峻 峭 的
草 原 的 雄 鹰！ 她 在 歌 唱 心 爱 的

36 | 042 | 3·1 | 7̣31 7̣ | 6 - ‖
岸 上， 歌 卢 好 像 明 媚的春 光。
人 儿， 喀 秋 莎 爱 情 永 远 属 于 他。

图 14-24

★小帮手★

表 14-4

| 简谱 | | | | | | | | | |
|---|---|---|---|---|---|---|---|---|---|
| 音符序号 | | | | | | | | | |
| 参数 m | | | | | | | | | |
| 简谱 | | | | | | | | | |
| 音符序号 | | | | | | | | | |
| 参数 m | | | | | | | | | |
| 简谱 | | | | | | | | | |
| 音符序号 | | | | | | | | | |
| 参数 m | | | | | | | | | |
| 简谱 | | | | | | | | | |
| 音符序号 | | | | | | | | | |
| 参数 m | | | | | | | | | |

续表

| 简谱 | | | | | | | | | | | | | |
|---|---|---|---|---|---|---|---|---|---|---|---|---|---|
| 音符序号 | | | | | | | | | | | | | |
| 参数 $m$ | | | | | | | | | | | | | |
| 简谱 | | | | | | | | | | | | | |
| 音符序号 | | | | | | | | | | | | | |
| 参数 $m$ | | | | | | | | | | | | | |
| 简谱 | | | | | | | | | | | | | |
| 音符序号 | | | | | | | | | | | | | |
| 参数 $m$ | | | | | | | | | | | | | |
| 简谱 | | | | | | | | | | | | | |
| 音符序号 | | | | | | | | | | | | | |
| 参数 $m$ | | | | | | | | | | | | | |

请先根据表 14-2 将简谱(图 14-24)或自己喜欢的乐曲中所对应的信息及参数 $m$ 填写在表 14-4 中,然后仿照本讲所学内容来进行几何画板制作即可.

# 第十五讲 电子月历

中国始有历法大约在四千年前．根据甲骨文中的一页甲骨历，证明殷代的历法已具有相当的水平．真正的日历产生，大约在 1100 年前的唐顺宗永贞元年(805 年)，皇宫中就已经使用日历了．当时的日历又称皇历，不仅记录着日期，而且是编修国史的重要资料．《后汉书·礼仪志上》："礼威仪，每月朔旦，太史上其月历，有司、侍郎、尚书见读其令，奉行其政．"这说明古时的月历是指史官记载下一个月所要做的政事的书册．如今我们所说的日历、月历或年历，是一种日常使用的出版物，用于记载日期等相关信息．其最大的区别在于每页所显示信息是一日、一月或一年．有些出版物上则不再细分，将其统称为日历．

本讲我们学习如何利用几何画板制作一个可以根据所输入的年份和月份便会即时呈现的月历．

具体操作步骤如下．

1. 新建一个几何画板文件，选择"数据/新建参数"，将名称修改为"$Y$"，在数值中输入"2022"，得到参数"$Y=2022$"(年份)．类似地，新建参数"$M=6$"作为月份．选择"数据/新建函数"，在弹出的函数编辑窗口中，依次输入"1""－"，在编辑窗口的右侧选择"函数/sgn"，依次输入"$x$""－"，在编辑窗口的右侧选择"函数/trunc"，输入"$x$"(图 15-1)，单击"确定"按钮，得到函数"$f(x)=1-\mathrm{sgn}(x-\mathrm{trunc}(x))$"的解析式．

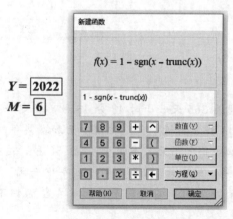

图 15-1

2. 选择"数据/计算"，在弹出的计算编辑窗口中，依次单击函数"$f(x)$"的解析式和参数"$Y$"，依次输入"$\div$""4""$*$""(""1""－"，依次单击函数"$f(x)$"的解析式和参数"$Y$"，依次输入"$\div$""100""＋"，依次单击函数"$f(x)$"的解析式和参数"$Y$"，依次输入"$\div$""400"")"

（图 15-2），单击"确定"按钮，得到 "$f\left(\dfrac{Y}{4}\right) \cdot \left(1 - f\left(\dfrac{Y}{100}\right) + f\left(\dfrac{Y}{400}\right)\right)$" 的计算值.

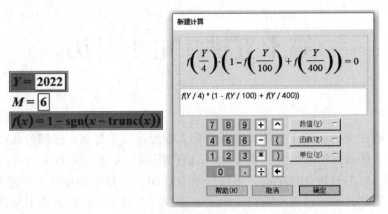

图 15-2

3. 右键单击上一步得到的计算值，选择"属性"，在属性对话框中选择"标签"，将标签修改为"闰年"，选择"数值"，将"精确度"修改为"单位"（图 15-3），单击"确定"按钮，得到计算值"闰年＝0"，说明当前输入的年份是平年（若计算值"闰年＝1"，说明当前输入的年份是闰年）.

图 15-3

【小贴士】

　　地球绕太阳一周的时间为 365 天 5 小时 48 分 46 秒，规定一年 365 天，余下的时间积累起来，4 年共 23 小时 15 分 4 秒，将近一天. 把这一天加在某年的 2 月而成 29 天，该年称为闰年，其他年份为平年. 但 4 年加 1 天又多用了 44 分 56 秒，这个数积满 400 年为 3 天. 因此 400 年中只能有 97 个闰年，这也是"四年一闰，百年少一闰，每四百年又加一闰"的道理所在. 因而判断一个年份是否为闰年的条件是：能被 4 整除但不能被 100 整除，或者能被 400 整除的年份都是闰年.

　　4. 选择"绘图/隐藏网格/矩形网格"，再选择"绘图/隐藏网格"，得到隐藏了矩形网格的平面直角坐标系. 分别选中原点和 $x$ 轴上的单位点，选择"显示/隐藏点"（图 15-4），将这两个点予以隐藏. 向下拖动 $y$ 轴上的单位点，缩小 $y$ 轴的单位长度至 $y$ 轴上的刻度"380"出现在绘图区，然后隐藏 $y$ 轴上的单位点.

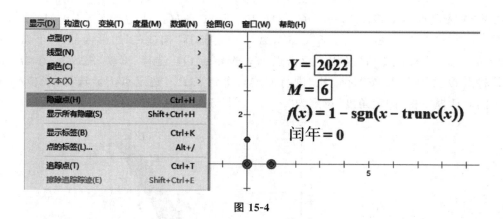

图 15-4

5. 选择"绘图/绘制点"，在横、纵坐标中依次输入"$-1$""$0$"，得到点 $N(-1，0)$. 类似地，分别绘制出 $O(0，0)$，$A(1，31)$，$B(2，59)$，$C(3，90)$，$D(4，120)$，$E(5，151)$，$F(6，181)$，$G(7，212)$，$H(8，243)$，$I(9，273)$，$J(10，304)$，$K(11，334)$，$L(12，365)$，$M(13，365)$. 在点 $O$ 的左上方靠近该点处任取一点 $O'$，类似地，依次在点 $A$ 至点 $L$ 的左上方靠近相应点处各取一个对应点，依次选中这些点，选择"显示/点的标签"，在弹出的对话框的"起始标签"中输入"$=A\{\cdots\}'$"（图 15-5），单击"确定"按钮，将这些对应点的标签批量修改为点 $A'$ 至点 $L'$.

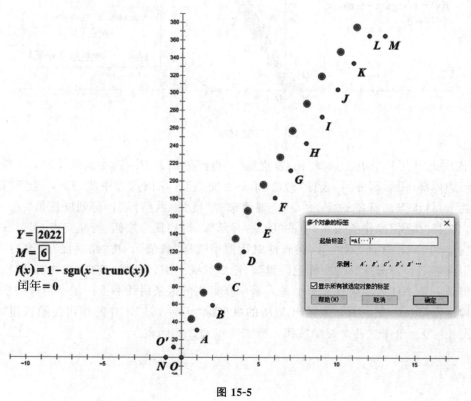

图 15-5

6. 依次选定点 $N$, $O$, $A$, $B$, $C$, $D$, $E$, $F$, $G$, $H$, $I$, $J$, $K$, $L$, $M$, $L'$, $K'$, $J'$, $I'$, $H'$, $G'$, $F'$, $E'$, $D'$, $C'$, $B'$, $A'$, $O'$, 选择"构造/多边形内部". 右键单击参数"$M=6$",选择"标记比值"备用. 双击点 $N$,选定点 $O$,选择"变换/缩放",单击"缩放"按钮,将点 $O$ 关于点 $N$ 按"标记比"进行缩放,得到点 $P$. 选定点 $P$,选择"变换/平移",在弹出的对话框中将"固定角度"设定为"$-90$"°(图 15-6),得到点 $P'$.

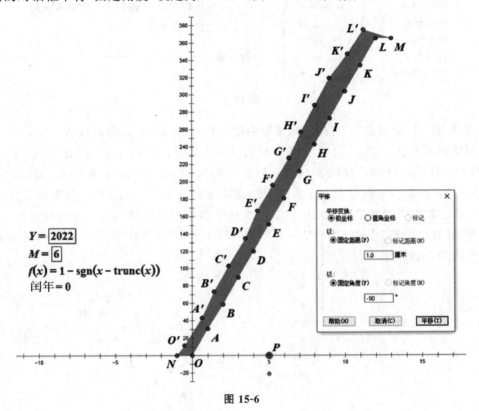

**图 15-6**

7. 依次选定点 $P'$, $P$,选择"构造/射线",得到射线 $P'P$. 选中该射线和上一步所构造的多边形的内部(阴影部分),选择"构造/第一个交点",在该点选中状态下,选择"显示/交点的标签",将该点的标签设定为"$Q$",继续选择"度量/纵坐标",得到度量值"$y_Q=151$". 接下来,选择"编辑/操作类按钮"中的"隐藏/显示",得到显隐按钮"隐藏交点 $Q$". 右键单击度量值"$y_Q=151$",选择"属性",在属性对话框中选择"数值",将"精确度"修改为"单位". 依次选定点 $N$, $O$,选择"变换/标记向量",选中射线 $P'P$,选择"变换/平移",单击"平移"按钮,得到一条平移后的射线. 类似地,选中新得到的这条射线和上一步所构造的多边形的内部,构造出第一个交点 $R$,度量出点 $R$ 的纵坐标"$y_R=181$",并制作出显隐按钮"隐藏交点 $R$"(图 15-7). 单击这两个显隐按钮,分别将点 $Q$, $R$ 隐藏.

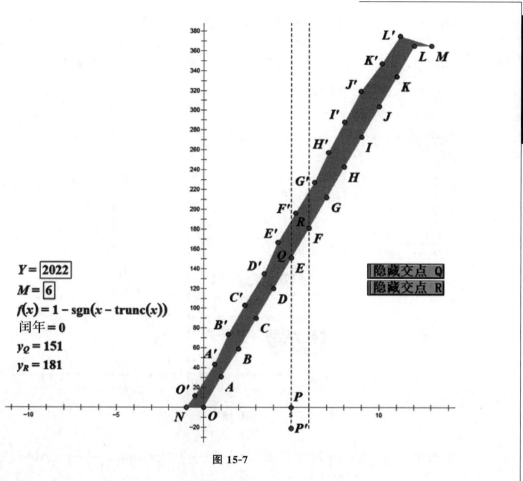

图 15-7

8. 依次选定点 $O'$，$O$（点的选中顺序很重要，初学者易忽视），选择"编辑/合并点"（图 15-8），将自由点 $O'$ 合并至点 $O$ 处．类似地，合并点 $A'$ 到点 $A$，合并点 $B'$ 到点 $B$……合并点 $L'$ 到点 $L$．

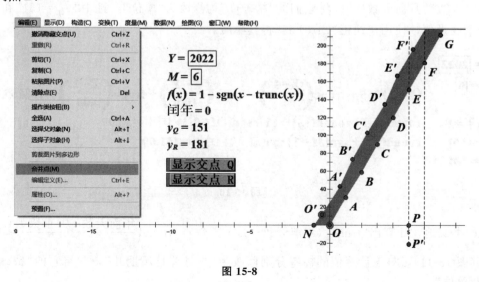

图 15-8

9. 选择"编辑/全选"，选中绘图区的所有对象，选中"移动箭头工具"，分别单击参数"$Y=2022$"和"$M=6$"，计算值"闰年$=0$"和"$y_Q=151$""$y_R=181$"两个度量值，释放这五个数据的选中状态，选择"显示/隐藏对象"（图 15-9），将其余选中的对象隐藏.

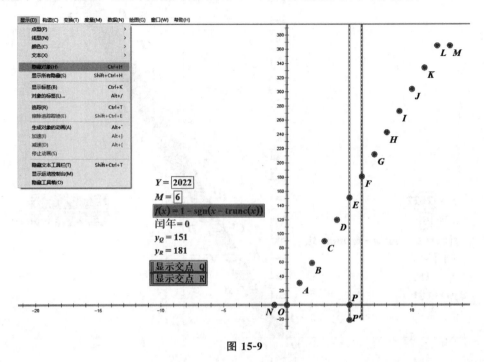

图 15-9

10. 仿照第 $2\sim3$ 步，分别计算出"$(Y-1)\cdot365+\text{trunc}\left(\dfrac{Y-1}{4}\right)-\text{trunc}\left(\dfrac{Y-1}{100}\right)+\text{trunc}\left(\dfrac{Y-1}{400}\right)$""$\text{round}(y_R)-\text{round}(y_Q)+(1-\text{sgn}(|M-2|))\cdot$ 闰年""$\text{round}(y_Q)+\text{sgn}(M-1)\cdot\text{sgn}(M-2)\cdot$ 闰年"的值（图 15-10），分别将这三个数据的标签修改为"年前天数""当月天数""月前天数"，并将它们的"精确度"均修改为"单位". 选中"$y_Q=151$"和"$y_R=181$"两个度量值，使用快捷键"Ctrl＋H"将其隐藏.

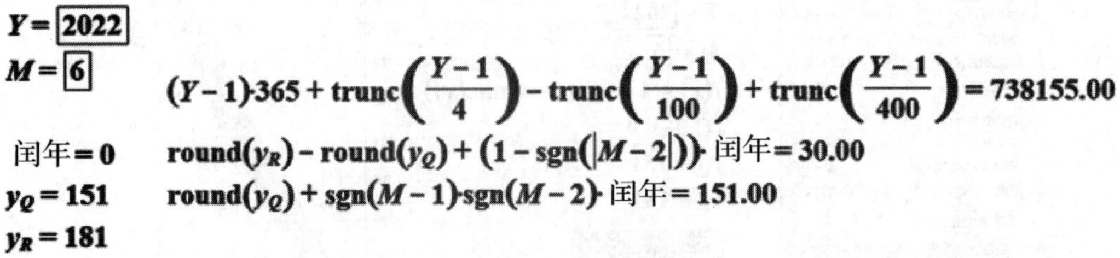

$Y=\boxed{2022}$

$M=\boxed{6}$

闰年$=0$　　$(Y-1)\cdot365+\text{trunc}\left(\dfrac{Y-1}{4}\right)-\text{trunc}\left(\dfrac{Y-1}{100}\right)+\text{trunc}\left(\dfrac{Y-1}{400}\right)=738155.00$

$y_Q=151$　　$\text{round}(y_R)-\text{round}(y_Q)+(1-\text{sgn}(|M-2|))\cdot$闰年$=30.00$

$y_R=181$　　$\text{round}(y_Q)+\text{sgn}(M-1)\cdot\text{sgn}(M-2)\cdot$闰年$=151.00$

图 15-10

11. 类似地，计算出"$\text{trunc}\Big((\text{年前天数}+\text{月前天数})-\text{trunc}\Big(\dfrac{\text{年前天数}+\text{月前天数}}{7}\Big)\cdot7\Big)+1$"的值（图 15-11），将该计算值的标签分别修改为"当月首日星期几"，并将它的"精确度"均修改为"单位".

$$Y = \boxed{2022} \qquad 年前天数 = 738155$$
$$M = \boxed{6} \qquad 当月天数 = 30$$
$$闰年 = 0 \qquad 月前天数 = 151$$

$$\text{trunc}\left((年前天数 + 月前天数) - \text{trunc}\left(\frac{年前天数 + 月前天数}{7}\right) \cdot 7\right) + 1 = 3.00$$

图 15-11

12. 新建参数"$m = 16$",计算出"$m+1$"的值,并将该计算值的"精确度"修改为"单位"备用. 分别计算出"$\text{trunc}\left(\dfrac{m + 当月首日星期几}{7}\right)$"和"$(m + 当月首日星期几) - \text{trunc}\left(\dfrac{m + 当月首日星期几}{7}\right) \cdot 7$"的值(图 15-12),分别将这两个数据的标签修改为"$p$"和"$q$",并将它们的"精确度"均修改为"单位".

$$Y = \boxed{2022} \qquad 年前天数 = 738155$$
$$M = \boxed{6} \qquad 当月天数 = 30$$
$$闰年 = 0 \qquad 月前天数 = 151$$
$$当月首日星期几 = 3$$
$$m = \boxed{15}$$
$$m + 1 = 16$$

$$\text{trunc}\left(\frac{m + 当月首日星期几}{7}\right) = 2.00$$

$$(m + 当月首日星期几) - \text{trunc}\left(\frac{m + 当月首日星期几}{7}\right) \cdot 7 = 4.00$$

图 15-12

13. 在绘图区任取一点 $S$,将点 $S$ 向右平移 1 厘米,得到点 $S'$,作射线 $SS'$. 将射线 $SS'$ 绕点 $S$ 顺时针旋转 $90°$,得到一条与射线 $SS'$ 垂直的射线. 在这两条射线上各取一点,记作 $T$ 和 $U$. 右键单击计算值"$p = 2$",选择"标记比值",双击点 $S$,选定点 $U$,选择"变换/缩放",在弹出的对话框中单击"缩放"按钮(图 15-13),将点 $U$ 关于点 $S$ 按标记比进行缩放,得到点 $U'$. 类似地,将点 $T$ 关于点 $S$ 按标记比"$q = 4$"进行缩放,得到点 $T'$.

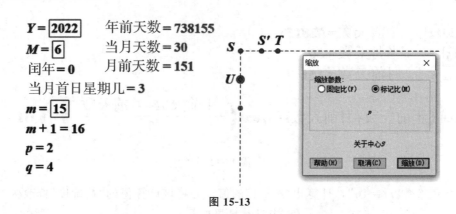

图 15-13

14. 依次选定点 $S$，$T'$，选择"变换/标记向量"，选定点 $U'$，选择"变换/平移"，在弹出的对话框中单击"平移"按钮（图 15-14），将点 $U'$ 按所标记的向量 $\overrightarrow{ST'}$ 进行平移，得到点 $U''$.

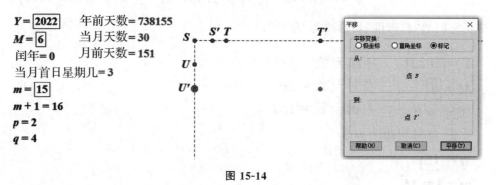

图 15-14

15. 选择"数据/计算"，单击"当月天数"，依次输入"－""1"，单击"确定"按钮，得到"当月天数－1"的计算值，并将该计算值的"精确度"修改为"单位"备用. 分别选中"$m+1$"的计算值和点 $U''$，按住 Shift 键，选择"编辑/合并文本到点". 对照图 15-15，选中不再需要的两条射线，点 $S'$，$T'$，$U'$，$U''$ 和七个数据，选择"显示/隐藏对象"，将选中的对象隐藏.

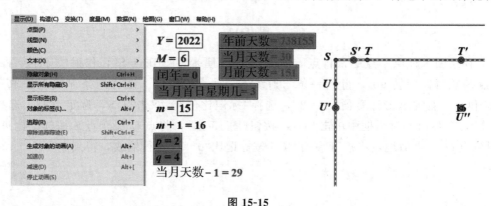

图 15-15

16. 先将参数"$m$"的值修改为"0". 再依次选中参数"$m=0$"和计算值"当月天数－1＝29"，按住 Shift 键，选择"变换/深度迭代"，在弹出的迭代对话框后，单击计算值"$m+1=1$"，在对话框中选择"结构"，去掉"生成迭代数据表"前面的勾选（图 15-16），单击"迭代"按钮，便得到一张电子月历的雏形.

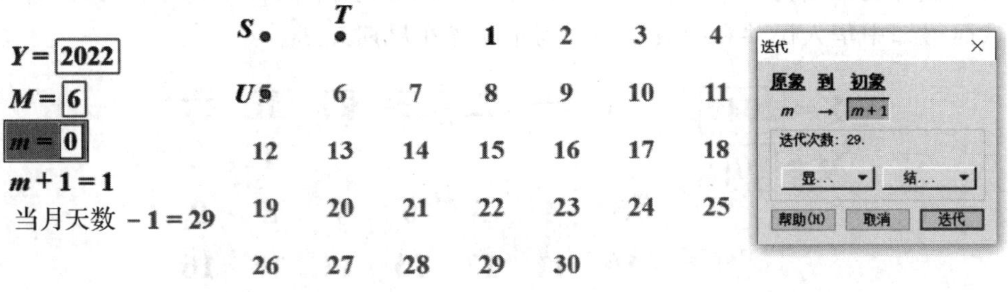

$Y = \boxed{2022}$

$M = \boxed{6}$

$m = \boxed{0}$

$m + 1 = 1$

当月天数 $-1 = 29$

|  |  | S | T | | 1 | 2 | 3 | 4 |
|---|---|---|---|---|---|---|---|---|
|  |  | U S | 6 | 7 | 8 | 9 | 10 | 11 |
|  |  | 12 | 13 | 14 | 15 | 16 | 17 | 18 |
|  |  | 19 | 20 | 21 | 22 | 23 | 24 | 25 |
|  |  | 26 | 27 | 28 | 29 | 30 | | |

迭代

原象 到 初象

$m \rightarrow \boxed{m+1}$

迭代次数: 29.

显... ▾  结... ▾

帮助(H)  取消  迭代

图 15-16

17. 仿照第 4 步，将点 $S$ 按所标记的向量 $\overrightarrow{US}$ 进行平移，得到点 $V$. 将点 $V$ 按所标记的向量 $\overrightarrow{ST}$ 进行平移，得到点 $V'$. 以此类推，连续平移 5 次，得到一组等距点（图 15-17）.

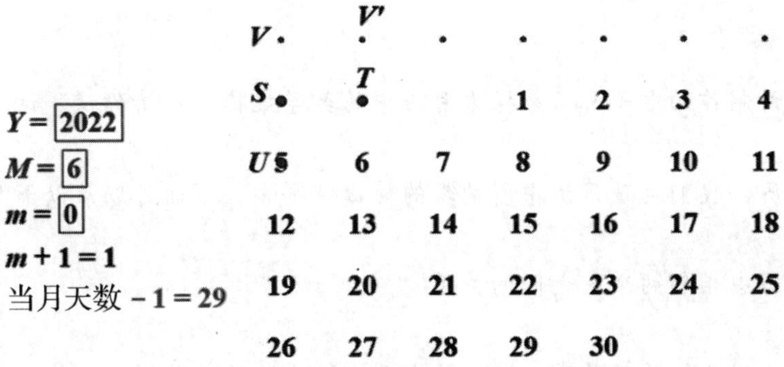

$Y = \boxed{2022}$

$M = \boxed{6}$

$m = \boxed{0}$

$m + 1 = 1$

当月天数 $-1 = 29$

|  | V | V' | | | | | |
|---|---|---|---|---|---|---|---|
|  | S | T | | 1 | 2 | 3 | 4 |
|  | U S | 6 | 7 | 8 | 9 | 10 | 11 |
|  | 12 | 13 | 14 | 15 | 16 | 17 | 18 |
|  | 19 | 20 | 21 | 22 | 23 | 24 | 25 |
|  | 26 | 27 | 28 | 29 | 30 | | |

图 15-17

18. 选中"文本工具"，在空白处双击，得到一个文本框，输入文本"日"，选中该文本和点 $V$，按住 Shift 键，选择"编辑/合并文本到点". 类似地，分别将一、二、三、四、五、六这六个文本合并到上一步平移得到的六个相应的点处. 分别选中合并后的文本"日"和"六"，利用文本工具栏将文本的颜色设定为"红色". 拖动点 $T$，$U$，调节月历表中日期的间距，美化电子月历的界面（图 15-18）. 最后，选中七个文本（保留合并在等距点处的文本）、绘图区所有的点、参数"$m$""$m+1$"和"当月天数 $-1$"的计算值，使用快捷键"Ctrl＋H"将其隐藏. 完成作图.

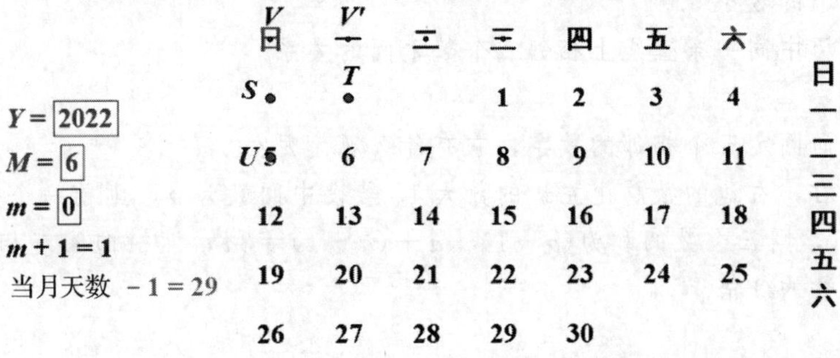

$Y = \boxed{2022}$

$M = \boxed{6}$

$m = \boxed{0}$

$m + 1 = 1$

当月天数 $-1 = 29$

| V 日 | V' 二 | 三 | 四 | 五 | 六 | | 日 |
|---|---|---|---|---|---|---|---|
| S | T | | 1 | 2 | 3 | 4 | 一 |
| U S | 6 | 7 | 8 | 9 | 10 | 11 | 二 |
| 12 | 13 | 14 | 15 | 16 | 17 | 18 | 三 四 |
| 19 | 20 | 21 | 22 | 23 | 24 | 25 | 五 |
| 26 | 27 | 28 | 29 | 30 | | | 六 |

图 15-18

若想知道中华人民共和国成立 100 周年国庆在星期几，只需将参数"$Y$"（年份）和"$M$"（月份）的数值分别修改为"2049"和"10"，则可以快速得到如图 15-19 所示的 2049 年 10 月的月历，从而得知中华人民共和国成立 100 周年国庆在星期五.

$Y = \boxed{2049}$

$M = \boxed{10}$

| 日 | 一 | 二 | 三 | 四 | 五 | 六 |
|---|---|---|---|---|---|---|
|  |  |  |  |  | 1 | 2 |
| 3 | 4 | 5 | 6 | 7 | 8 | 9 |
| 10 | 11 | 12 | 13 | 14 | 15 | 16 |
| 17 | 18 | 19 | 20 | 21 | 22 | 23 |
| 24 | 25 | 26 | 27 | 28 | 29 | 30 |
| 31 |  |  |  |  |  |  |

图 15-19

**【自我挑战】**

你能借助本讲制作的电子月历来探索月历中的数学规律吗？请你试一试.

**★小帮手★**

通过观察月历，我们发现月历中所呈现的规律特别多，下面可以从以下几个角度开展探究活动.

探究一：月历中相邻两个数之间的关系

（1）横向型.

因为横向是一列连续的正整数，所以从左到右，右边的数总比左边的数大 1.

（2）纵向型.

因为纵向是不同周次的同一天，所以从上到下，下边的数总比上边的数大 7.

（3）左上到右下型.

因为左边的数字总比右边的数字小 1，上边的数字又总比下边的数字小 1，所以从左上到右下，右下的数总比左上的数大 8.

（4）左下到右上型.

因为左边的数总比右边的数小 1，下面的数又总比上面的数大 7，所以从左下到右上，右上的数总比左下的数小 6.

探究二：月历中同一条直线上相邻三个数之间的关系

（1）横向型.

如果我们横向圈定三个相邻的数字，它有什么规律呢？

因为从左到右，右边的数总比左边的数大 1. 若设中间数为 $a$，则前一个数为 $a-1$，后面一个数为 $a+1$，则三个数的和为 $(a-1)+a+(a+1)=3a$，即横向圈定相邻的三个数字的和是中间一个数的 3 倍.

（2）纵向型.

如果我们纵向圈定三个相邻的数字，它有什么规律呢？

因为从上到下，下边的数总比上边的数大 7. 若设中间数为 $a$，则上面一个数为 $a-7$，

下面一个数为 $a+7$，则三个数的和为 $(a-7)+a+(a+7)=3a$，即纵向圈定三个相邻的数字的和是中间一个数的 3 倍.

（3）左上到右下型.

如果我们从左上到右下圈定三个相邻的数字，它有什么规律呢？

因为从左上到右下，右下的数总比左上的数大 8. 若设中间数为 $a$，则左上一个数为 $a-8$，右下一个数为 $a+8$，则三个数的和为 $(a-8)+a+(a+8)=3a$，即从左上到右下圈定三个相邻的数字的和是中间一个数的 3 倍.

（4）左下到右上型.

如果我们从左下到右上圈定三个相邻的数字，它又有什么规律呢？

从左下到右上，右上的数总比左下的数小 6. 若设中间数为 $a$，则左下一个数为 $a+6$，右上一个数为 $a-6$，则三个数的和为 $(a+6)+a+(a-6)=3a$，即从左下到右上圈定三个数字的和是中间一个数的 3 倍.

综上所述，月历中同一条直线上三个相邻的数字之和是中间数的 3 倍.

若圈定的数字是三个以上的情形，我们也可以继续仿照上面给出的方法进行如下探究.

探究三：如图 15-20 所示，根据图中给出的电子月历探索月历中的数学规律

（1）请找出图中"Z"型和"田"型区域内 4 个数之间的关系.

（2）请找出图中"X"型和"十"型区域内 5 个数之间的关系.

（3）请找出图中"H"型区域内 7 个数之间的关系.

（4）请找出图中"九宫格"型区域内 9 个数之间的关系.

（5）请用字母表示你所发现的规律.

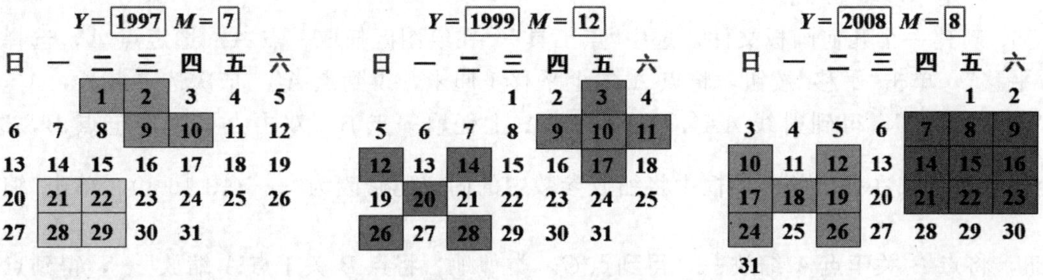

图 15-20

除以上几种类型外，常见的类型还有"L"型、"V"型、"M"型、"W"型等，有兴趣的读者可以结合本讲继续进行探索.

# 第十六讲　简易仿真时钟

时间与人类生活息息相关，对时间的测量具有极其重要的意义．计时仪器是时间测量的工具．要取得精确的时间测量值，必须依靠专门的、具有一定精度的计时仪器．人类最早使用的计时仪器是利用太阳的射影长短和方向来判断时间的，比如圭表、日晷，可以用来测量日中时间、定四季和辨方位．直立于平地上测日影的标杆和石柱，叫作表；正南正北方向平放的测定表影长度的刻板，叫作圭．根据太阳影子的方向和长度，就能读出时间．日晷，本义是指太阳的影子．《周髀算经》卷上："故冬至日晷丈三尺五寸，夏至日晷尺六寸．冬至日晷长，夏至日晷短．""一寸光阴一寸金"，就源自日晷测量光影原理．圭表是测定正午的日影长度以定节令、定回归年或阳历年．在很长一段历史时期内，中国所测定的回归年数值的准确度都居世界第一．圭表还可以作为指导汉族劳动人民农事活动的重要依据．圭表等在阴天或夜间就失去效用，为此人们又发明了漏壶、沙漏、油灯钟、蜡烛钟、更香、机械计时器等计时仪器．到了现代，计时仪器的种类则更加丰富，如钟表、手机、腕表、原子时钟等．

本讲我们学习如何利用几何画板来制作模拟时钟．

具体操作步骤如下．

1. 新建一个几何画板文件，选中"点工具"，在绘图区任取一点 $A$．选定点 $A$，选择"变换/平移"，单击"平移"按钮，将点 $A$ 向上平移 1 厘米，得到点 $A'$．依次选定点 $A$，$A'$，选择"构造/射线"，得到射线 $AA'$．在射线 $AA'$ 上任取一点 $B$．双击点 $A$，选定点 $B$，选择"变换/缩放"，在弹出的对话框中将缩放参数中的固定比修改为"$\dfrac{9}{10}$"（图 16-1），单击"缩放"按钮，将点 $B$ 关于点 $A$ 缩放 $\dfrac{9}{10}$，得到点 $C$．类似地，将点 $B$ 关于点 $A$ 缩放 $\dfrac{8.5}{10}$，得到点 $D$，将点 $B$ 关于点 $A$ 缩放 $\dfrac{8}{10}$，得到点 $E$．

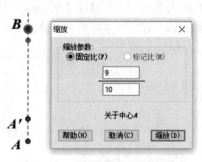

图 16-1

2. 连接 $BD$，并将线段 $BD$ 的颜色设定为"红色"，线型设定为"中实线". 双击点 $A$，分别选中线段 $BD$，点 $B$，$E$，选择"变换/旋转"，在弹出的对话框中将旋转参数中的"固定角度"修改为"−30"度(图 16-2)，单击"旋转"按钮，将线段 $BD$，点 $B$，$E$ 绕点 $A$ 顺时针旋转 $30°$，得到点 $F$，$G$ 及时钟表盘上 1 所对应的刻度线.

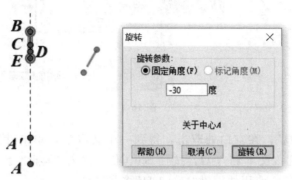

图 16-2

3. 仿照第 2 步，连接 $BC$，并将线段 $BC$ 的颜色设定为"蓝色"，线型设定为"中实线". 将线段 $BC$(不含端点)绕点 $A$ 顺时针旋转 $6°$，连续旋转四次. 分别选定点 $A'$，$D$，$E$，线段 $BC$(不含端点)，选择"显示/隐藏对象"(图 16-3)，将选中的对象隐藏.

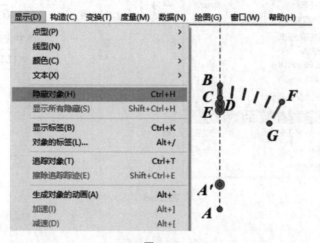

图 16-3

4. 选择"数据/新建参数"，将名称修改为"$m$"，在数值中输入"0"，得到参数"$m=0$". 选择"数据/计算"，在弹出计算编辑窗口后，单击参数"$m=0$"，依次输入"+""1"，单击"确定"按钮，得到"$m+1=1.00$". 右键单击该计算值，选择"属性"，在属性编辑窗口中，选择"数值/精确度/单位"(图 16-4)，单击"确定"按钮，得到"$m+1=1$". 类似地，新建参数"$n=11$"备用.

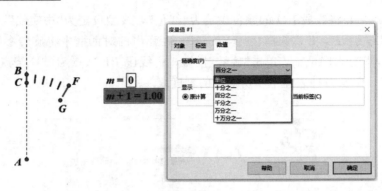

图 16-4

5. 选中"文本工具"，在空白处双击，得到一个文本框，单击计算值"$m+1=1$"，得到一个热文本"1"，框选该文本和点 $G$，按住 Shift 键，选择"编辑/合并文本到点"（图 16-5）. 选定点 $G$ 和热文本"1"，使用快捷键"Ctrl＋H"将其隐藏.

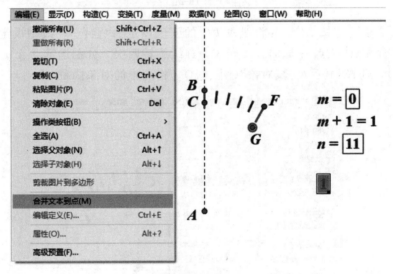

图 16-5

**【小贴士】**

(1)将文本与点合并的关键一步是选中文本和点后，必须按住 Shift 键，"编辑"菜单中才会出现"合并文本到点"选项.

(2)合并文本到点其实是将文本的"像"与点合并了，原始的文本没有改变，没有文本移向点或者点移向文本之说. 修改原始文本的内容，合并的内容作为"像"也变了. 但对于原始的文本和文本的"像"的颜色、字体、字号等可以单独进行调整. 若要将文本和点分离，直接删除文本的"像"即可. 若将原文本删除，则合并到点上的"像"也会被一并删除.

6. 依次选定点 $B$、参数"$m=0$"和"$n=11$"（作为迭代深度参数 $n$，务必最后被选中），按住键盘上的 Shift 键，选择"变换/深度迭代". 在弹出迭代对话框后，依次单击点 $F$ 和计算值"$m+1=1$"（迭代效果会在图中即时呈现），然后在对话框的右侧选择"结构/仅保留非点类象"，去掉"生成迭代数据表"前面的勾选（图 16-6），单击"迭代"按钮. 选定点 $F$ 以及两个参数和计算值这三个数据，使用快捷键"Ctrl＋H"将其隐藏.

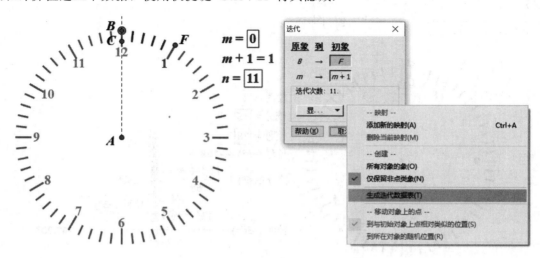

图 16-6

7. 选择"数据/新建参数"，将名称修改为"校时"，在数值中输入"2"，得到参数"校时＝2". 类似地，新建参数"校分＝15"和"校秒＝28"备用. 选择"数据/计算"，在弹出计算编辑窗口后，单击参数"校秒"，依次输入"*""（""－""6""）"，在编辑窗口的右侧选择"单位/度"（图 16-7），单击"确定"按钮，得到"校秒·（－6°）"的计算值.

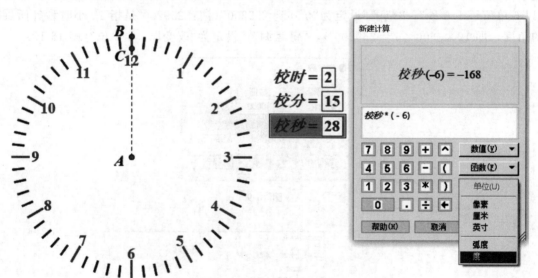

图 16-7

8. 选择"数据/计算"，单击参数"校分"，依次输入"*""（""－""6""）"，在编辑窗口的右侧选择"单位/度"，继续输入"＋"，单击计算值"校秒·（－6°）"，输入"÷""60"，单击"确定"，得到"校分·（－6°）＋$\dfrac{校秒·（－6°）}{60}$"的计算值. 类似地，计算出"校时·（－30°）＋

$$\frac{校分 \cdot (-6°) + \dfrac{校秒 \cdot (-6°)}{60}}{12}$$ ”的值（图 16-8）.

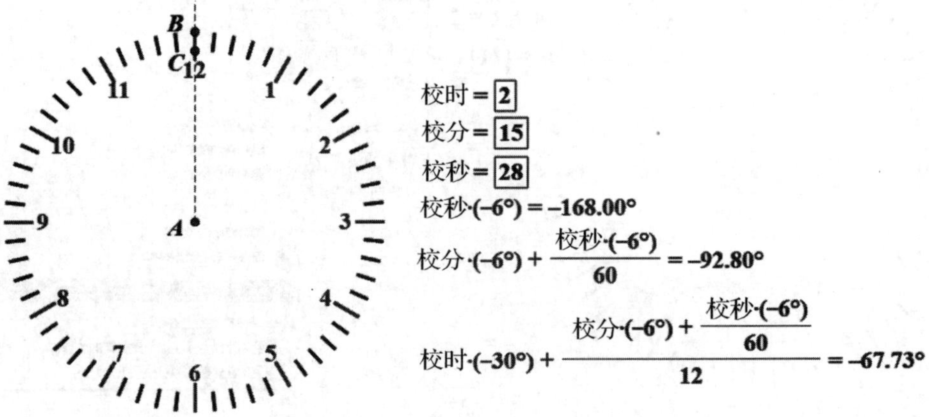

校时＝**2**

校分＝**15**

校秒＝**28**

校秒·(-6°) ＝ -168.00°

$$校分 \cdot (-6°) + \frac{校秒 \cdot (-6°)}{60} = -92.80°$$

$$校时 \cdot (-30°) + \frac{校分 \cdot (-6°) + \dfrac{校秒 \cdot (-6°)}{60}}{12} = -67.73°$$

图 16-8

9. 选择"数据/新建参数"，将名称修改为"初始化"，在数值中输入"10000"（数据设定较大便于后续的操作），将"单位"设定为"角度"（图 16-9），得到参数"初始化＝10000 度". 右键单击该参数，选择"属性"，在属性编辑窗口中选择"参数"，将新建动画的"变化"设定为"以 6 单位每 1.0 秒"，"范围"设定为"0.0 到 259200"（注：259200°是指 12 小时秒针所旋转的角度，即 $12 \times 3600 \times 6° = 259200$），"键盘调节"设定为"改变以：6 单位"（图 16-10）.

图 16-9

图 16-10

10. 选择"数据/计算",在编辑窗口的右侧选择"函数/trunc",单击参数"初始化",得到"trunc(初始化) = 10000.00°"的计算值. 仿照第 8 步,分别计算出"$\dfrac{\text{trunc(初始化)}}{60}$"和"$\dfrac{\dfrac{\text{trunc(初始化)}}{60}}{12}$"的值(图 16-11).

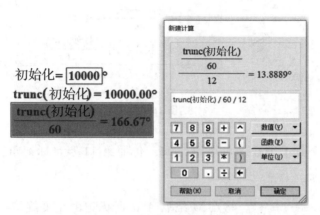

**图 16-11**

11. 右键单击"校秒·(−6)°"的计算值,选择"标记角度",双击点 $A$,选定点 $C$,选择"变换/旋转",将点 $C$ 绕点 $A$ 按所标记的角度旋转,得到点 $H$. 右键单击"trunc(初始化)"的计算值,选择"标记角度"(图 16-12),将点 $H$ 绕点 $A$ 按所标记的角度旋转,得到点 $I$.

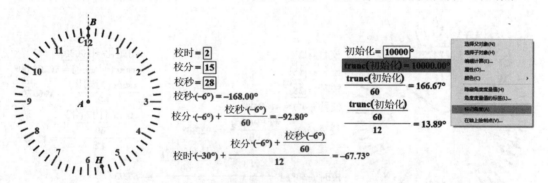

**图 16-12**

12. 连接 $AI$,将线段 $AI$ 的颜色设定为"粉色",线型设定为"细实线",示意该线段为秒针. 将点 $B$ 关于点 $A$ 缩放 $\dfrac{7}{10}$,得到点 $J$. 仿照第 11 步,标记角度"$\dfrac{\text{校分·}(-6°)+\text{校秒·}(-6°)}{60}$",将点 $J$ 绕点 $A$ 按所标记的角度旋转,得到点 $K$. 再标记角度"$\dfrac{\text{trunc(初始化)}}{60}$",将点 $K$ 绕点 $A$ 按所标记的角度旋转,得到点 $L$. 连接 $AL$,将线段 $AL$ 的颜色设定为"蓝色",线型设定为"中实线",示意该线段为分针(图 16-13).

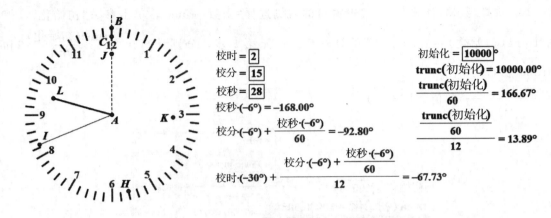

图 16-13

13. 将点 $B$ 关于点 $A$ 缩放 $\dfrac{1}{2}$，得到点 $M$．仿照第 11 步，标记角度"校时 $\cdot(-30°)+$

校分 $\cdot(-6°)+\dfrac{\text{校秒}\cdot(-6°)}{60}$ ÷ 12"，将点 $M$ 绕点 $A$ 按所标记的角度旋转，得到点 $N$．再标记

角度"$\dfrac{\dfrac{\text{trunc(初始化)}}{60}}{12}$"，将点 $N$ 绕点 $A$ 按所标记的角度旋转，得到点 $O$．连接 $AO$，将线段

$AO$ 的颜色设定为"红色"，线型设定为"粗实线"，示意该线段为时针（图 16-14）．

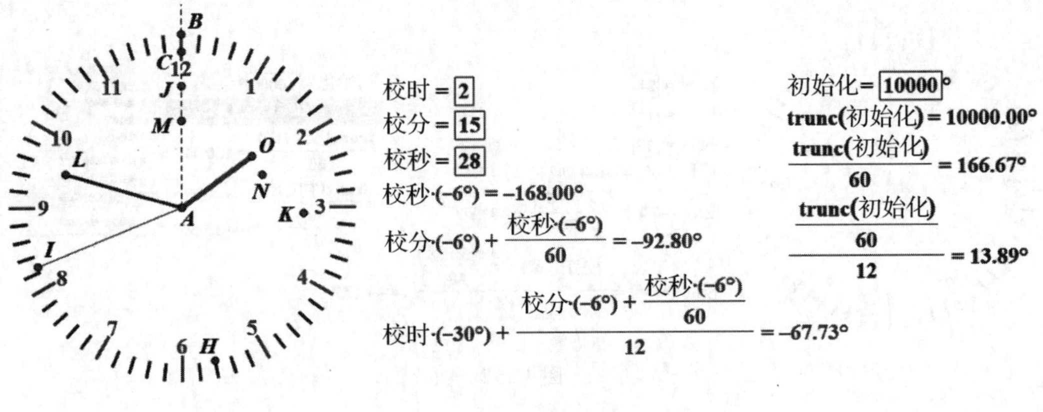

图 16-14

14. 保留"校时""校分""校秒""初始化"四个参数，选中其他不再需要的计算值，使用快捷键"Ctrl＋H"将其隐藏．选中"圆工具"，依次单击点 $A$，$B$，得到圆 $A$，并将圆 $A$ 的颜色设定为"绿色"，线型设定为"中实线"．选择一张自己喜欢的图片，将其拖入绘图区，选中该图片和点 $M$，选择"编辑/合并图片到点"（图 16-15），则该图片的几何中心与点 $M$ 重合．

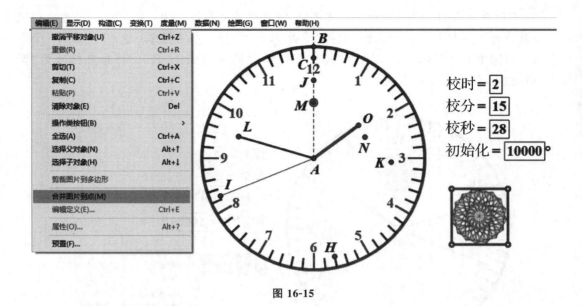

图 16-15

【小贴士】

（1）合并图片到点的操作不同于合并文本到点，合并的结果是图片移动到点的位置，且图片的几何中心与该点重合.

（2）若要将合并后的图片与点分离，则只选中合并后的图片（注意不要选点），选择"编辑/从点中分离图片"即可.

15. 将点 $A$ 的颜色设定为"黄色"，点型设定为"最大"．选中"点工具"，使用快捷键"Ctrl＋A"将绘图区的所有点选中，选中"移动箭头工具"，分别单击点 $A$，$B$ 和射线 $AB$，去掉点 $A$，$B$ 的选中状态并选中射线 $AB$，选择"显示/隐藏对象"（图 16-16），将所选中的点和射线隐藏.

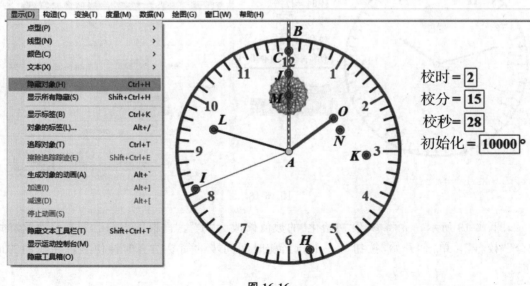

图 16-16

16. 右键单击点 $B$，选择"颜色/浅蓝色"，将该点的颜色设定为"浅蓝色"，示意拖动该点可以调节时钟的大小. 选定点 $B$，选择"编辑/操作类按钮"中的"隐藏/显示"，得到一个显隐按钮，右键单击该显隐按钮，选择"操作类按钮的标签"（图 16-17），将标签修改为"调节". 单击该按钮，隐藏点 $B$.

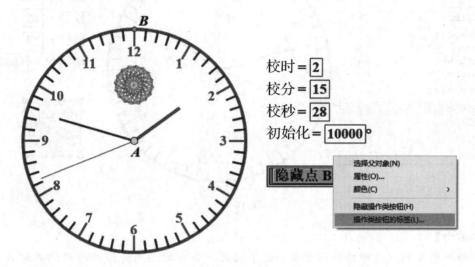

图 16-17

17. 选中"文本工具"，单击点 $A$，将点 $A$ 的标签隐藏. 选中参数"初始化"，选择"编辑/操作类按钮/动画"，在弹出的对话框中选择"标签"，将原标签修改为"开始"，继续选择"动画"，将"方向"修改为"减少"（图 16-18），单击"确定"按钮，完成作图.

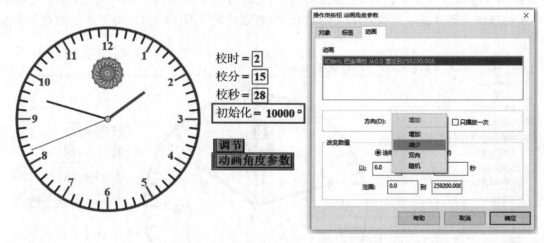

图 16-18

如图 16-19 所示，先将参数"初始化"的数值修改为"0°"，再根据当前时刻来修改"校时""校分""校秒"，单击"开始"按钮，一个与当前时间同步的简易仿真时钟便展现在我们的面前了.

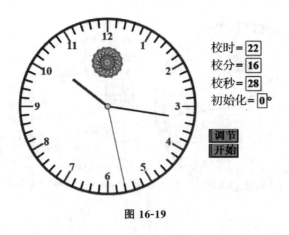

校时＝ 22
校分＝ 16
校秒＝ 28
初始化＝ 0°

调节
开始

图 16-19

**【自我挑战】**

如图 16-20 所示，我们还可以将指针式钟表中的时刻以数字式钟表即时显示. 你会利用几何画板来制作它吗? 请你试一试.

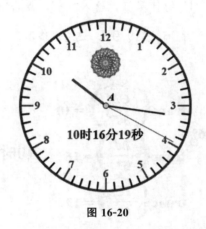

10时16分19秒

图 16-20

**★小帮手★**

如图 16-21 所示，先根据本讲内容制作一个指针式钟表，注意在第 16 步中保留点 $O$，$M$，$L$，$J$，$I$，$C$，$A$. 依次选定点 $A$，$O$，$M$，选择"构造/圆上的弧"，得到 $\overset{\frown}{OM}$. 选中该弧，选择"度量/弧度角"，度量出 $\overset{\frown}{OM}$ 所对应的弧度角. 选择"数据/计算"，在编辑窗口的右侧选择"函数/trunc"，单击 $\overset{\frown}{OM}$ 所对应的弧度角的度量值，依次输入"÷""30"，在编辑窗口的右侧选择"单位/度"，得到"$\mathrm{trunc}\left(\dfrac{\overset{\frown}{OM}}{30°}\right)$"的计算值. 类似地，分别构造 $\overset{\frown}{LJ}$ 和 $\overset{\frown}{IC}$，并度量出这两段弧所对应的弧度角，然后分别计算出 $\mathrm{trunc}\left(\dfrac{\overset{\frown}{LJ}}{6°}\right)$ 和 $\mathrm{trunc}\left(\dfrac{\overset{\frown}{IC}}{6°}\right)$ 的值.

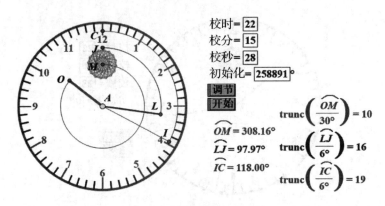

图 16-21

　　如图 16-22 所示，选中"文本工具"，在绘图区的空白处双击，点击"$\text{trunc}\left(\dfrac{\overset{\frown}{OM}}{30°}\right)$"的计算值，输入"时"，点击"$\text{trunc}\left(\dfrac{\overset{\frown}{LJ}}{6°}\right)$"的计算值，输入"分"，点击"$\text{trunc}\left(\dfrac{\overset{\frown}{IC}}{6°}\right)$"的计算值，输入"秒"，从而得到一个热文本"10 时 16 分 19 秒"．选中"移动箭头工具"，框选该文本，将其移动到指针式钟表的适当位置即可．

$$\overset{\frown}{OM}=308.16° \qquad \text{trunc}\left(\dfrac{\overset{\frown}{OM}}{30°}\right)=10$$

$$\overset{\frown}{LJ}=97.97° \qquad \text{trunc}\left(\dfrac{\overset{\frown}{LJ}}{6°}\right)=16 \qquad \text{10时16分19秒}$$

$$\overset{\frown}{IC}=118.00° \qquad \text{trunc}\left(\dfrac{\overset{\frown}{IC}}{6°}\right)=19$$

图 16-22

# 第十七讲　自动开合的油纸伞

　　伞，是中国劳动人民的智慧结晶．据《史记》"舜以伞自杆"之说，伞在我国至少已有四千年的历史了．但关于伞的来历却一直众说纷纭．一说：春秋末年，巧匠鲁班之妻云氏为丈夫送饭，因不堪日晒雨淋，便巧手修竹，劈成细条，用丝相连，再将兽皮蒙于其上，这样便收拢如棍，张开如盖，遂称之为伞．二说：黄帝与蚩尤在涿鹿大战，黄帝的战车上有五彩云气像盖子一样笼罩，遮挡了敌人的水火烟毒，人们得到启发而发明了伞．另外，还有丽人游春，荷叶遮阳之说；樵夫行路，蒲叶挡雨之说等．

　　一把油纸伞承载着中国的千年文化传统，寄托着人们对美好生活的向往．可以说"伞"是中国象形文字的杰出代表，字形像一把撑开的油纸伞，简洁而美观．"油纸"谐音"有子"，寄托着中国人传统的多子多福的理念；而伞的繁体字"傘"，五个"人"字寓意五子登科；竹做的伞柄象征节节高升；圆形的伞面则象征团圆平安．

　　初期的伞多以羽毛、兽皮等物料制作．油纸伞的使用要到东汉蔡伦发明造纸术之后，这时候桐油已经开始使用，油纸伞便发展开来，约于唐朝传至日本、朝鲜．宋代广泛使用"绿油伞"，颜色以绿色为主，在《清明上河图》中，热闹的集市上人们用的就是这种"绿油伞"．到了元代，由于棉布的发明，出现了棉布上油的油布伞．据说意大利人马可波罗回国时，带去了中国的油布伞，经过欧洲人改进，进而发展成了现代意义的折叠伞．元代以后，油布伞一直是我国民间主要的遮雨工具．明代宋应星所著的《天工开物》中记载："凡糊雨伞与油扇，皆用小皮纸．"沈括所著的《梦溪笔谈》也有："以新赤油伞，日中覆之．"至清朝末年，雨伞基本都是仅仅从改变伞面材料（油纸、油布）或者是伞杆的材质，来增强雨伞的质量，来延长它的使用寿命．

　　本讲我们学习如何使用几何画板制作一把可以自动开合的油纸伞．

　　具体操作步骤如下．

　　1. 新建一个几何画板文件，选中"线段直尺工具"中的"线段工具"，按下 Shift 键，单击左键，将光标向上方拖动一定的距离，再次单击左键，在绘图区画一条竖直的线段 $AB$．双击点 $A$，选定点 $B$，选择"变换/缩放"，在弹出的对话框中将"缩放参数"的"固定的"设定为"$\frac{1}{7}$"，单击"缩放"按钮，将点 $B$ 关于点 $A$ 按固定比"$\frac{1}{7}$"进行缩放，得到点 $C$．类似地，将点 $B$ 关于点 $A$ 分别按固定比"$\frac{20}{21}$""$\frac{6}{7}$"（图 17-1）进行缩放，得到点 $D$，$E$．

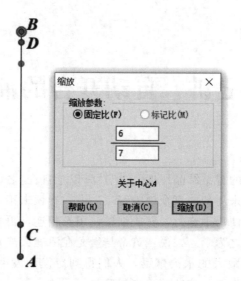

**图 17-1**

2. 依次选定点 $E$，$C$，选择"以圆心和圆周上的点绘圆"，得到圆 $E$. 分别连接 $BE$ 和 $CA$，选中线段 $BE$，选择"显示/线型/中等"，然后继续选择"显示/颜色/蓝色"，再选中线段 $CA$，选择"显示/线型/粗线"，然后继续选择"显示/颜色/棕色". 选中线段 $AB$ 和点 $C$，选择"显示/隐藏对象"（图 17-2），将其隐藏.

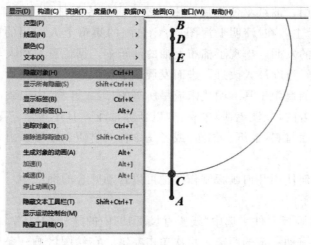

**图 17-2**

3. 仿照第 1 步，将点 $B$ 关于点 $A$ 分别按固定比"$\dfrac{3}{20}$"进行缩放，得到点 $F$. 连接 $EF$，选中线段 $EF$，选择"构造/线段上的点"，得到点 $G$. 将点 $G$ 的颜色设定为"浅蓝色"，示意该点可以手动控制. 分别选定点 $E$，$G$ 和线段 $EF$，选择"构造/垂线"（图 17-3），将新构造的两条垂线的线型设定为"细虚线"，并在两条垂线与圆 $E$ 位于线段 $EF$ 同侧的交点处单击，分别得到点 $H$，$I$.

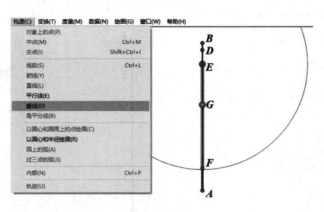

图 17-3

4. 选中圆 $E$，选择"构造/圆上的点"，得到点 $J$．仿照上一步，过点 $J$ 作出直线 $EH$ 的垂线，在垂足处单击，得到点 $K$（图 17-4）．分别选中 $JK$，$EH$，$GI$ 三条直线，使用快捷键"Ctrl＋H"将其隐藏.

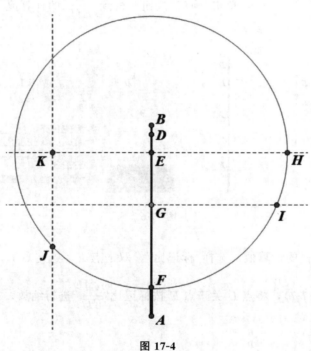

图 17-4

5. 连接 $KJ$，并在线段 $KJ$ 上任取一点 $L$，连接 $EL$．分别选定点 $G$，$I$，选择"度量/距离"（图 17-5），得到线段 $GI$ 的度量值．类似地，度量出线段 $EH$ 的长度备用.

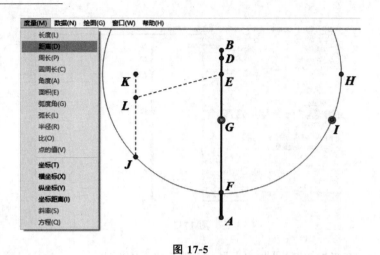

图 17-5

6. 选择"数据/计算"，在弹出计算编辑窗口后，单击线段 $GI$ 的度量值，输入"÷"，单击线段 $EH$ 的度量值（图 17-6），单击"确定"按钮，得到"$\dfrac{GI}{EH}$"的计算值.

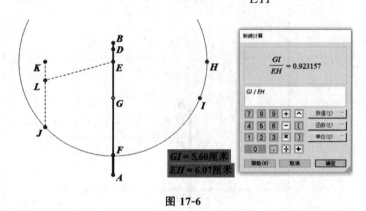

图 17-6

7. 右键单击"$\dfrac{GI}{EH}$"的计算值，选择"标记比"，双击点 $E$，选定点 $L$，选择"变换/缩放"，单击"缩放"按钮（图 17-7），将点 $L$ 关于点 $E$ 按标记比"$\dfrac{GI}{EH}$"进行缩放，得到点 $M$.

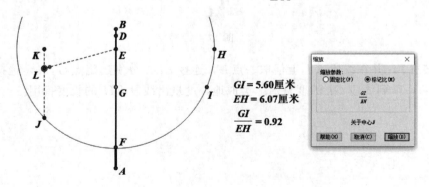

图 17-7

8. 依次选定点 $E$, $G$, 选择"变换/标记向量", 选定点 $M$, 选择"变换/平移", 单击"平移"按钮, 将点 $M$ 按所标记的向量 $\overrightarrow{EG}$ 进行平移, 得到点 $N$. 分别选定点 $J$, $N$, 选择"构造/轨迹"(图 17-8), 得到点 $N$ 的轨迹.

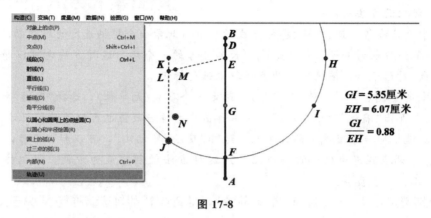

图 17-8

9. 连接 $DH$, 在线段 $DH$ 上靠近点 $D$ 处任取一点 $O$. 依次选定点 $D$, $H$, $O$, 选择"变换/标记比"(图 17-9), 得到标记比"$\dfrac{DO}{DH}$"备用(系统会自动记录, 桌面并无显示). 然后双击点 $D$, 选定点 $N$, 选择"变换/缩放", 将其按标记比"$\dfrac{DO}{DH}$"进行缩放(图 17-10), 得到其对应点 $P$.

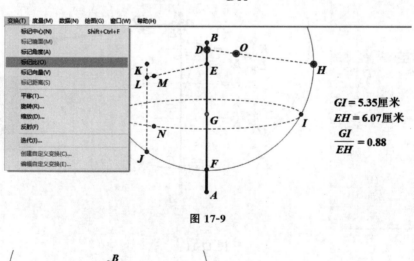

图 17-9

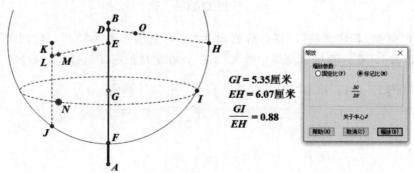

图 17-10

**【小贴士】**

缩放是指对象关于"标记中心"按"标记比"进行位似变换. 缩放的对象需要是几何画板中的实体对象，可以是点、线段、圆等.

其中标记比的方法有：

(1)选中两条线段，选择"变换/标记线段比例"(此命令会根据选定的对象而改变)，可以标记以第一条线段长为分子，第二条线段长为分母的一个比. 这种方法也可以事先不标记，在弹出"缩放"对话框后，依次单击两条线段来进行标记.

(2)选中度量或者计算的值(无单位)或选定一个参数(无单位)，选择"变换/标记比"来标记一个比. 在弹出"缩放"对话框后，单击工作区中的适当数值也可以临时标记这个比值.

(3)依次选中同一条直线上的三个点，选择"变换/标记比"，可以标记以1，3两点距离为分子，1，2两点距离为分母的一个比. 用这种方法控制比最为方便，根据方向的变化，比值可以是正、零、负等.

10. 分别选定点 $J$，$P$，选择"构造/轨迹"，得到点 $P$ 的轨迹. 将点 $N$ 关于点 $D$ 按固定比"$\frac{11}{10}$"进行缩放，得到点 $Q$，分别连接 $DQ$，$PG$，将线段 $DQ$ 的颜色设定为"蓝色"，线型设定为"细实线"，将线段 $PG$ 的颜色设定为"红色"，线型设定为"细实线". 对照图 17-11，选中不再需要的点、线段和数据，选择"显示/隐藏对象"，将其隐藏.

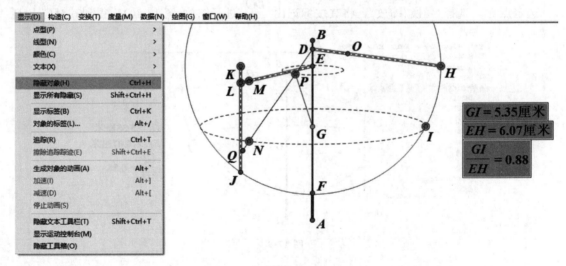

**图 17-11**

11. 选择"数据/新建参数"，将名称修改为"$n$"，数值修改为"22"，得到参数"$n=22$". 选择"数据/计算"，在计算编辑窗口中输入"360"，在窗口的右侧选择"单位/度"，输入"÷"，单击参数"$n$"(图 17-12)，单击"确定"按钮，得到 $\frac{360°}{n}$ 的计算值.

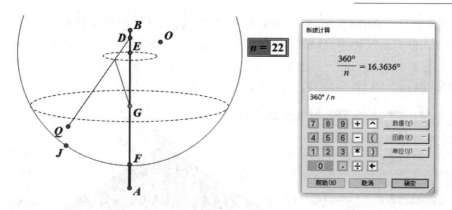

图 17-12

12. 右键单击该计算值，选择"标记角度"，双击点 $E$，选定点 $J$，选择"变换/旋转"，单击"旋转"按钮，将点 $J$ 绕点 $E$ 按所标记的角度进行旋转，得到点 $R$. 依次选定点 $J$ 和参数"$n=22$"，按下 Shift 键，选择"变换/深度迭代"，在弹出迭代编辑框后，单击点 $R$，然后单击"迭代"按钮. 再单击圆 $E$ 上点 $R$ 的迭代象，按下 Delete 键将其删除. 选定点 $Q$ 的迭代象，选择"显示/点型/最大"(图 17-13).

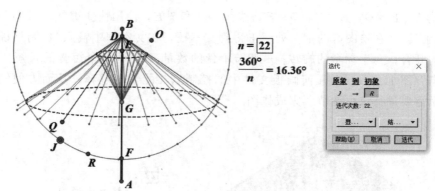

图 17-13

13. 依次选定点 $J$ 和线段 $DQ$，选择"构造/轨迹"，选中新构造的线段 $DQ$ 的轨迹，选择"显示/颜色/深灰色"(也可以选择自己喜欢的颜色). 右键单击该轨迹，选择"属性"，在属性编辑窗口中选择"绘图"，将"采样数量"修改为"365"(图 17-14).

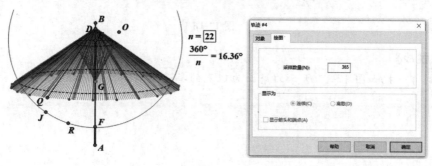

图 17-14

14. 选定点 $J$，选择"编辑/操作类按钮/动画"，将对话框中的标签修改为"旋转"．单击"确定"按钮，得到动画按钮"旋转"．依次选定点 $G$，$E$，选择"编辑/操作类按钮/移动"，将对话框中的标签修改为"开"，得到移动按钮"开"．类似地，依次选定点 $G$，$F$，选择"编辑/操作类按钮/移动"(图 17-15)，构造出移动按钮"合"．

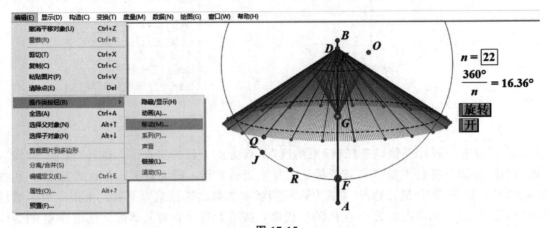

图 17-15

15. 选定点 $B$，$D$，$E$，$F$，$Q$，$R$，线段 $DQ$ 和圆 $E$，使用快捷键"Ctrl＋H"将其隐藏．选中"文本工具"，在绘图区的空白处双击得到文本框，在文本框中输入"控制点说明：$G$-手动演示伞的开合；$J$-手动伞的旋转；$n$-调节伞骨的数量；$O$-调节伞短骨的长短；$A$-改变伞大小或方向"(图 17-16)，对几何画板文件中的控制点功能予以解释，从而方便使用者操作或根据演示需要进行自由调节．完成作图．

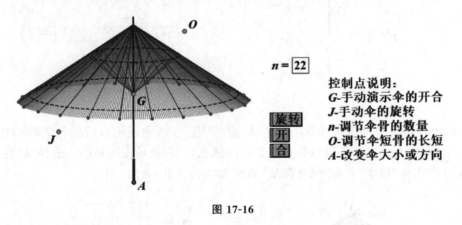

图 17-16

**【自我挑战】**

你能制作一把如图 17-17 所示的扇面为球冠的半透明伞吗？请你试一试．

**图 17-17**

★小帮手★

如图 17-18 所示，任作一条竖直的线段 $AB$，将点 $B$ 关于点 $A$ 分别按固定比 "$\frac{1}{9}$""$\frac{8}{9}$" "$\frac{1}{18}$" 进行缩放，得到点 $C$，$D$，$E$. 连接 $AC$ 和 $BD$，将点 $C$，$E$ 绕点 $A$ 分别逆时针旋转 $90°$，得到点 $C'$，$E'$. 依次选定点 $E'$，$C'$，$A$，选择"构造/圆上的弧"，将所构造的 $\overset{\frown}{C'A}$ 和线段 $AC$，$BD$ 的线型设定为"粗实线"，颜色设定为"棕色". 将点 $A$ 关于点 $D$ 分别按固定比 "$\frac{1}{2}$""$\frac{1}{4}$" 进行缩放，得到点 $F$，$G$. 依次选定点 $F$，$A$，选择"以圆心和圆周上的点绘圆"，得到圆 $F$. 连接 $GF$，在 $GF$ 上任取一点 $H$，分别过点 $F$，$H$ 作线段 $AB$ 的垂线，与圆 $F$ 交于 $AB$ 同侧的两点 $I$，$J$. 度量线段 $HJ$ 和 $FI$ 的长度，并计算出 $\frac{HJ}{FI}$ 的值. 右键单击该计算值，选择"标记比"备用. 在圆 $F$ 上任取一点 $K$，过点 $K$ 作直线 $FI$ 的垂线，垂直于点 $L$. 连接 $KL$，在线段 $KL$ 靠近点 $L$ 处取一点 $M$（注意是线段上取一点，初学者易忽视）. 连接 $FM$，将点 $M$ 关于点 $F$ 分别按标记比 $\frac{HJ}{FI}$ 进行缩放，得到点 $N$. 将点 $N$ 按所标记的向量 $\overrightarrow{FG}$ 进行平移，得到点 $O$. 分别选定点 $K$，$O$，选择"构造/轨迹"，得到点 $O$ 的轨迹. 对照图 17-19 将不再需要的点、线和数据隐藏，方便后续操作.

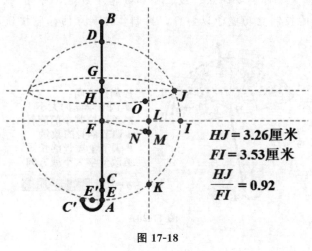

$HJ = 3.26$ 厘米

$FI = 3.53$ 厘米

$\frac{HJ}{FI} = 0.92$

**图 17-18**

如图 17-19 所示，分别连接 $HO$，$HD$，并在线段 $GD$ 上任取一点 $P$，过点 $P$ 作 $AB$ 的垂线，与圆 $F$ 交于点 $Q$，度量出线段 $PQ$ 的长度，计算出"$\dfrac{PQ}{HJ}$"的值，右键该计算值，选择"标记比"备用. 将点 $O$ 关于点 $H$ 分别按标记比"$\dfrac{PQ}{HJ}$"进行缩放，得到点 $R$. 将点 $R$ 按所标记的向量 $\overrightarrow{HP}$ 进行平移，得到点 $S$. 分别选定点 $P$，$S$，选择"构造/轨迹"，得到点 $S$ 的轨迹（经线），并将该轨迹的颜色设定为"蓝色". 新建参数"$n=10$"，计算出 $\dfrac{360°}{n}$ 的值，右键该值，选择"标记角度"备用. 将点 $K$ 绕点 $F$ 按所标记的角度进行旋转，得到点 $T$. 依次选定点 $K$ 和参数 $n$，按下 Shift 键，选择"变换/深度迭代"，在弹出迭代编辑框后，单击点 $T$，然后单击"迭代"按钮. 然后分别单击多余的迭代象，按下 Delete 键将其删除. 选定点 $O$ 的迭代象，选择"显示/点型/最大". 分别选定点 $K$ 和点 $S$，选择"构造/轨迹"，得到点 $S$ 的轨迹（纬线），并将该轨迹的颜色设定为"粉红色"，线型为"细点线". 分别选定点 $P$，$S$ 的轨迹（纬线），选择"构造/曲线系"，得到伞面.

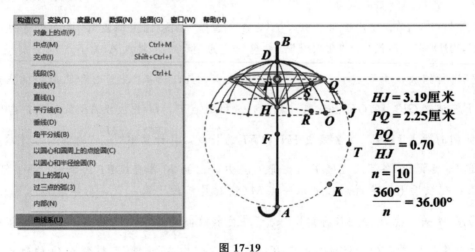

**图 17-19**

对照图 17-20，隐藏不再需要的点、线、圆和数据. 最后，先用"文本工具"输入图片中的文字对画板文件中的控制点功能予以解释，再制作控制点的显隐按钮即可.

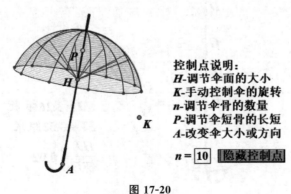

**图 17-20**

# 第十八讲　奇异的莫比乌斯带

　　将一根纸条扭转 180° 后再两头粘接起来做成一个纸带圈，可以发现它与普通纸带具有两个面（双侧曲面）不同，这样的纸带只有一个面（单侧曲面），使得一只小虫可以爬遍整个曲面而不必跨过它的边缘！这一奇异的曲面是由德国数学家莫比乌斯于 1858 年发现的，因而被称为莫比乌斯带（Möbius Strip）.

　　作为一种典型的拓扑图形，莫比乌斯带引起了许多科学家和艺术家的研究兴趣，并被广泛地应用到了建筑、艺术、工业生产等领域中．例如，车站、工厂的传送带就做成了"莫比乌斯带"状结构，这样不仅可以增大传送带磨损的面积，还可以使应力分布到"两面"，从而延长一倍的使用周期；针式打印机中的色带，为充分利用其表面，常被设计成莫比乌斯带；运用莫比乌斯带原理还可以建造立交桥和道路，以避免车辆行人的拥堵．另外，在游乐园中的过山车也是运用莫比乌斯带的特性，来使过山车在轨道两面通过．此外，莫比乌斯带也是艺术家眼中的经典造型，莫比乌斯带循环往复的几何特征，蕴含着永恒、无限的意义，因此常被用于各类标志设计，比如国际通用的循环再造标志就是一个绿色的、摆放成三角形的莫比乌斯带．在所有莫比乌斯环的艺术作品中，荷兰的图形艺术家 M. C. 埃舍尔的"莫比乌斯带"系列（图 18-1）最能表现莫比乌斯带的生动形象．

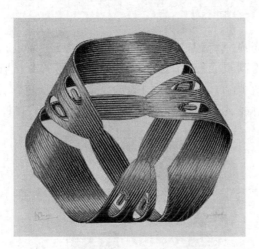

图 18-1

本讲我们学习如何利用几何画板制作一个动态的空间坐标系，进而利用参数方程

$$\begin{cases} x(u,\ v) = \left(1 + \dfrac{u}{2}\cos\dfrac{v}{2}\right)\cdot\cos v, \\[2mm] y(u,\ v) = \left(1 + \dfrac{u}{2}\cos\dfrac{v}{2}\right)\cdot\sin v,\ (-1 \leqslant u \leqslant 1,\ 0 \leqslant v \leqslant 2\pi) \text{绘制出莫比乌斯带.} \\[2mm] z(u,\ v) = \dfrac{u}{2}\sin\dfrac{v}{2}, \end{cases}$$

具体操作步骤如下.

1. 新建一个几何画板文件，选择"编辑/预置（参数选项）"，在预置对话框中选择"单位/角度/弧度"（图 18-2），继续在对话框中选择"文本"，"在自动显示标签"选项中勾选"应用于所有新建点"，将角度单位设定为"弧度"，所有新建的点自动显示其对应的标签.

图 18-2

2. 在绘图区任取一点 $A$，选择"变换/平移"，在弹出的对话框中将"固定角度"设定为"0"弧度，将点 $A$ 向右平移 1 厘米，得到点 $A'$. 作射线 $AA'$，在射线 $AA'$ 上任取一点 $B$. 右键单击点 $B$，选择"颜色/浅蓝色"（图 18-3），将点 $B$ 的颜色设定为"浅蓝色"，示意拖动该点可以调节空间坐标系的大小. 选中射线 $AA'$ 和点 $A'$，使用快捷键"Ctrl＋H"将其隐藏.

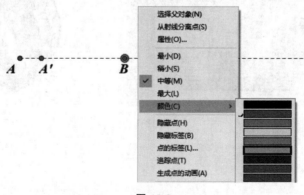

图 18-3

3. 在绘图区空白处任取一点 $C$，分别选定点 $C$ 和线段 $AB$，选择"绘图/定义单位长度"（图 18-4），得到以点 $C$ 为原点、线段 $AB$ 的长度为单位长度的平面直角坐标系. 选择"绘图/隐藏网格".

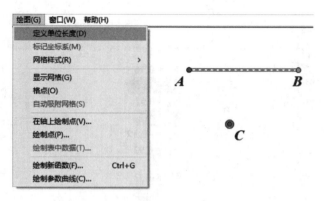

图 18-4

4. 分别选定点 $C$ 和线段 $AB$，选择"构造/以圆心和半径绘圆"，得到单位圆 $C$. 选中"点工具"，在圆 $C$ 上任取点 $D$，$E$. 双击点 $C$，选定点 $E$，选择"变换/旋转"，在弹出的对话框中将"固定角度"修改为"π/2"弧度（在英文状态下输入字母 $p$，几何画板会自动转换为字母 π），单击"旋转"按钮（图 18-5），将点 $E$ 绕点 $C$ 逆时针旋转 $\dfrac{\pi}{2}$ 弧度，得到点 $E'$.

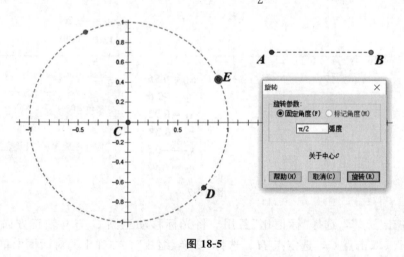

图 18-5

5. 分别选定点 $D$，$E$，$E'$，按住 Shift 键，选择"度量/横 & 纵坐标"，得到这三个点的横坐标和纵坐标. 选择"数据/计算"，在弹出计算编辑窗口后，单击点 $D$ 的纵坐标"$y_D$"，输入"*"，单击点 $E$ 的纵坐标"$y_E$"（图 18-6），单击"确定"按钮，得到"$y_D \cdot y_E$"的计算值. 类似地，计算出"$y_D \cdot y_{E'}$"的值.

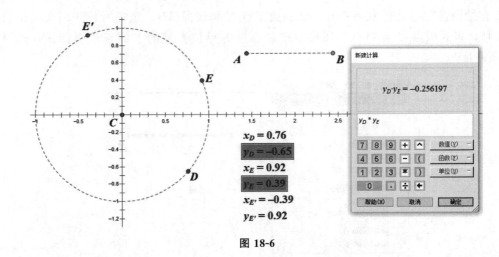

**图 18-6**

6. 选择"绘图/绘制点"，依次单击"$x_E$"和"$y_D \cdot y_E$"的计算值（图 18-7），单击"绘制"按钮，得到点 $F$. 继续依次单击"$x_{E'}$"和"$y_D \cdot y_{E'}$"的计算值，得到点 $G$. 最后单击"完成"按钮，结束点的绘制.

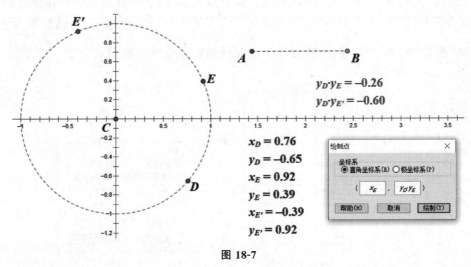

**图 18-7**

7. 右键单击"$x_D$"，选择"标记比"备用. 将光标移动至圆 $C$ 与 $y$ 轴正方向的交点处单击，得到点 $H$. 双击点 $C$，选定点 $H$，选择"变换/缩放"，在弹出的对话框中单击"缩放"按钮（图 18-8），将点 $H$ 关于点 $C$ 按所标记的比值进行缩放，得到点 $H'$. 选中绘图区的八个数据，使用快捷键"Ctrl+H"将其隐藏.

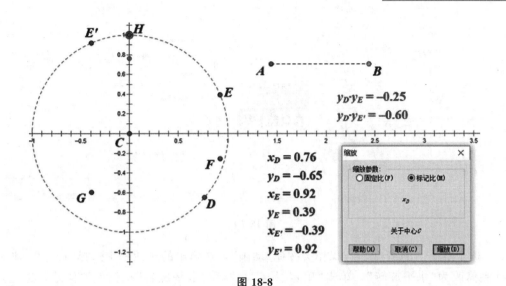

图 18-8

8. 分别连接 $CF$，$CG$，$CH'$. 将光标移动至圆 $C$ 与 $x$ 轴正方向的交点处单击，得到点 $I$. 双击点 $C$，选定点 $I$，选择"变换/旋转"，在弹出的对话框中将旋转参数中的"固定角度"修改为"$0.11\pi$"弧度，单击"旋转"按钮（图 18-9），将点 $I$ 绕点 $C$ 逆时针旋转 $0.11\pi$ 弧度，得到点 $I'$. 类似地，将点 $I$ 绕点 $C$ 顺时针旋转 $0.16\pi$ 弧度（将"固定角度"修改为"$-0.16\pi$"弧度），得到点 $I''$（系统默认的对应点的标签是"$I'$"，选择"文本工具"，双击该点，在弹出的对话框中将该标签修改为"$I''$"，以免混淆）.

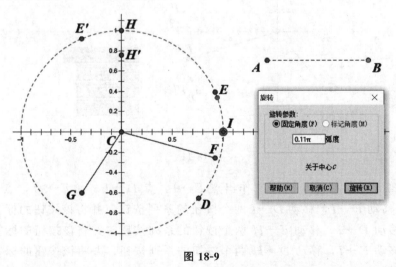

图 18-9

9. 依次选定点 $D$，$I'$，选择"编辑/操作类按钮/移动"，在弹出的对话框中选择"移动/速度/快速"，得到移动按钮"移动 $D \to I'$". 类似地，依次选定点 $E$，$I''$，制作出移动按钮"移动 $E \to I''$"，并将移动速度设定为"快速". 分别选中新构造的两个移动按钮，选择"编辑/操作类按钮/系列"，在弹出的对话框中选择"标签"，将该按钮的标签修改为"坐标系复位"，单击"确定"按钮，得到"坐标系复位"按钮（图 18-10）. 选中两个移动按钮，使用快捷键"Ctrl＋H"将其隐藏.

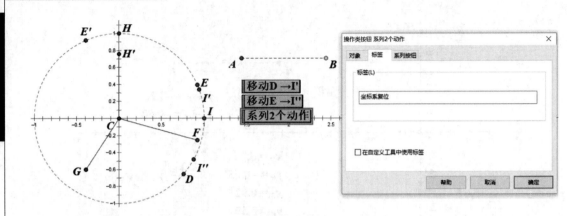

图 18-10

10. 选定点 $E$，选择"编辑/操作类按钮/动画"，在弹出的对话框中选择"标签"，将该按钮的标签修改为"水平旋转"，单击"确定"按钮，得到"水平旋转"按钮. 类似地，选定点 $D$ 制作出动画按钮，并将该按钮的标签修改为"上下滚动". 分别选中新构造的两个动画按钮，仿照上一步制作出"三维转动"按钮系列（图 18-11）.

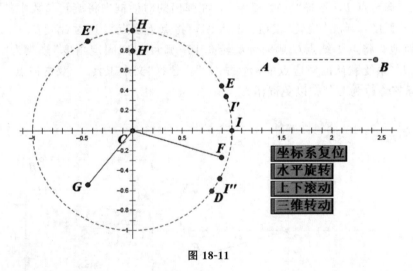

图 18-11

11. 仿照第 9、第 10 步，分别制作出点 $E \to I$，点 $D \to I$，点 $E \to H$，点 $D \to H$ 的移动按钮. 制作移动 $E \to I$，移动 $D \to I$ 两个按钮的系列按钮，并将该按钮的标签修改为"主视图"；制作移动 $D \to I$，移动 $E \to H$ 两个按钮的系列按钮，并将该按钮的标签修改为"左视图"；制作移动 $E \to I$，移动 $D \to H$ 两个按钮的系列按钮，并将该按钮的标签修改为"俯视图"（图 18-12）.

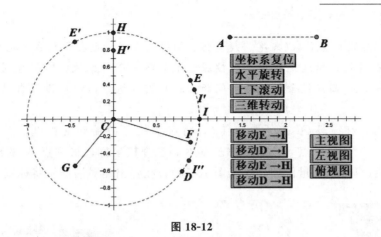

图 18-12

12. 分别选中上一步所制作的四个移动按钮、坐标轴以及点 $D$，$E$，$E'$，$H$，$I'$，$I''$，选择"显示/隐藏对象"（图 18-13），将不再需要的按钮、直线和点隐藏.

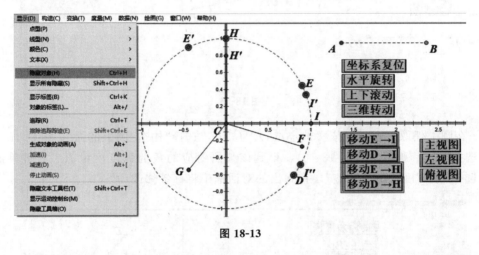

图 18-13

13. 分别选定点中 $C$，$F$，$G$，$H'$，选择"显示/点型/稍小". 将点 $C$ 的标签修改为"$O$"，并单击按钮"坐标系复位". 框选绘图区的七个按钮，依次按下 Shift、回车键，可以将选中的按钮进行左对齐（图 18-14）.

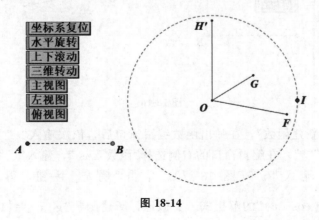

图 18-14

【小贴士】

顺序选定一组文本型对象(文字、度量值、参数、算式、函数解析式、动作按钮等),依次按下 Shift、回车键,所选定的对象会按照选定的第一个对象执行"列"左对齐,并顺序排列. 连续按下 Shift、回车键会加大对象间距. 在几何画板中,没有设置自动执行"行"对齐的功能.

14. 连接 $OI$,在线段 $OI$ 上任取一点 $J$,将点 $J$ 绕点 $O$ 旋转 π 弧度,得到点 $J'$. 连接 $JJ'$,在线段 $JJ'$ 上任取一点 $K$. 右键单击点 $K$,选择横坐标,得到点 $K$ 的横坐标 $x_K$,右键单击该度量值,选择"度量值的标签"(图 18-15),在弹出的对话框中将标签修改为"$u$".

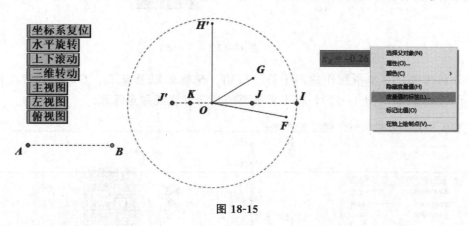

图 18-15

15. 在圆上任取一点 $L$,依次选定点 $O$,$I$,$L$,选择"构造/圆上的弧",得到 $\overset{\frown}{IL}$. 选中该弧,选择"度量/弧度角"(图 18-16),得到该弧所对应的角的弧度度量值. 右键单击该度量值,选择"角度度量值的标签",在弹出的对话框中将标签修改为"$v$".

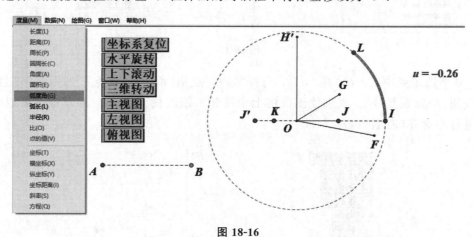

图 18-16

16. 选择"数据/新建函数",在弹出函数编辑窗口后,依次输入"(""1""+",单击度量值"$u$",输入"÷""2""*",在编辑窗口的右侧选择"函数/cos",输入"(""$x$""÷""2"")"")",选择"函数/cos",输入"$x$"(图 18-17),单击"确定"按钮,得到函数"$f(x) =$ $\left(1 + \dfrac{u}{2} \cdot \cos\left(\dfrac{x}{2}\right)\right) \cdot \cos(x)$"的解析式. 类似地,新建函数"$g(x) = \left(1 + \dfrac{u}{2} \cdot \cos\left(\dfrac{x}{2}\right)\right) \cdot$

$\sin(x)$"" $h(x)=\dfrac{u}{2}\cdot\sin\left(\dfrac{x}{2}\right)$".

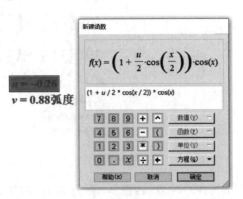

图 18-17

17. 选择"数据/计算", 在弹出计算编辑窗口后, 依次单击函数"$f(x)$"的解析式和度量值"$v$", 单击"确定"按钮, 得到"$f(v)$"的计算值. 类似地, 计算出"$g(v)$"和"$h(v)$"的值 (图 18-18) 备用.

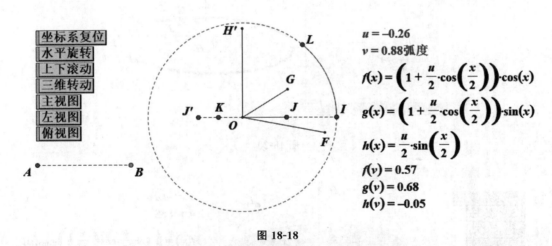

图 18-18

18. 右键单击"$f(v)$"的计算值, 选择"标记比". 双击点 $O$, 选定点 $F$, 选择"变换/缩放", 将点 $F$ 关于点 $O$ 按所标记的比值进行缩放, 得到点 $F'$. 类似地, 将点 $G$ 关于点 $O$ 按所标记的比值进行缩放, 得到点 $G'$, 将点 $H'$ 关于点 $O$ 按所标记的比值进行缩放, 得到 $H''$. 依次选定点 $O$, $G'$, 选择"变换/标记向量", 选定点 $F'$, 选择"变换/平移", 将点 $F'$ 按所标记的向量 $\overrightarrow{OG'}$ 进行平移, 得到点 $F''$. 类似地, 将点 $F''$ 按所标记的向量 $\overrightarrow{OH''}$ 进行平移, 得到 $F'''$ (图 18-19).

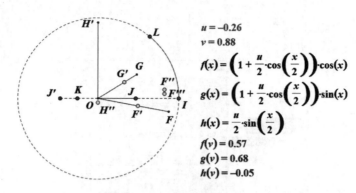

图 18-19

19. 依次选定点 $L$，$F'''$，选择"构造/轨迹"，得到点 $F'''$ 的轨迹．依次选定点 $K$ 和新构造的点 $F'''$ 的轨迹，选择"构造/曲线系"（图 18-20），便可以得到莫比乌斯带了（图 18-21）．

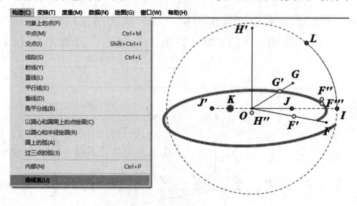

图 18-20

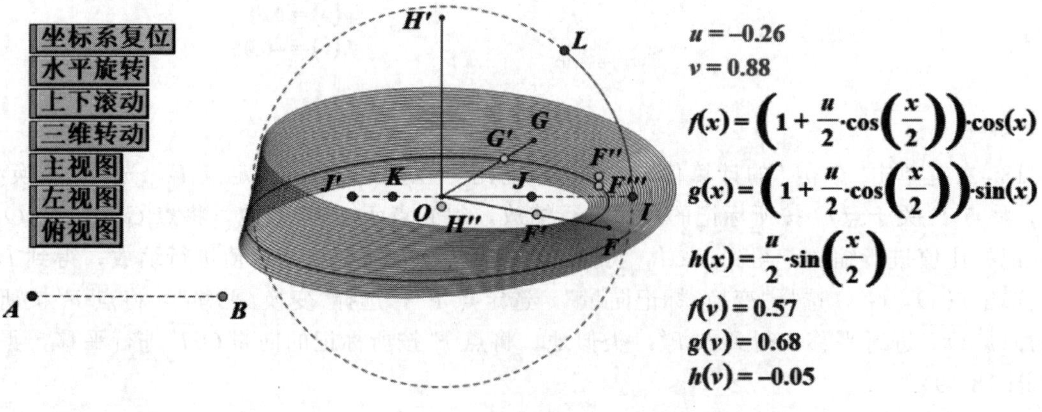

图 18-21

20. 对照图 18-22，选中不再需要的信息，使用快捷键"Ctrl＋H"将其隐藏．将点 $J$ 的颜色设定为"浅蓝色"，示意拖动该点可以调节莫比乌斯带的高度．分别选中线段 $OF$，$OG$，$OH'$，选择"显示/线型/点线"．依次选定点 $F$，$G$，$H'$，选择"显示/点的标签"，在弹出的对话框中输入"$x$"，单击"确定"按钮，将这三个点的标签批量修改为"$x$""$y$""$z$"，从而得到动态的空间直角坐标系 $O$-$xyz$，其中点 $O$，$x$，$y$ 和 $z$ 分别为空间直角坐标系 $O$-$xyz$ 的原点、$x$ 轴的单位点、$y$ 轴的单位点和 $z$ 轴的单位点.

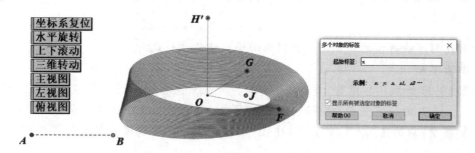

图 18-22

21. 分别选中线段 $Ox$，$Oy$，$Oz$ 和点 $O$，选择"显示/操作类按钮"中的"隐藏/显示"，得到一个显隐按钮，将其标签修改为"隐藏坐标系". 类似地，制作出点 $J$ 的显隐按钮，并将其标签修改为"隐藏控制点". 单击该按钮，将点 $J$ 隐藏，单击"水平旋转"按钮，莫比乌斯带便水平旋转起来了(图 18-23).

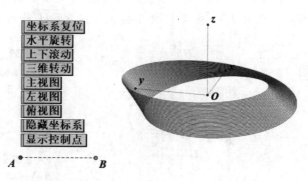

图 18-23

22. 分别单击按钮"主视图""左视图""俯视图"，还可以得到莫比乌斯带的三视图(图 18-24)，以便更好地从各个方向观察该几何体的形状.

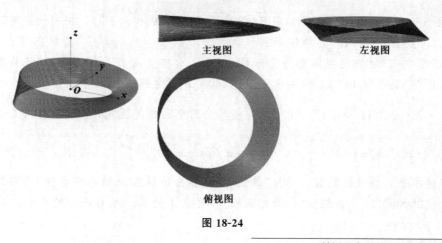

主视图

左视图

俯视图

图 18-24

**【自我挑战】**

已知蝴蝶结曲面的参数方程是
$$\begin{cases} x(u,v)=2ux\sin(180v), \\ y(u,v)=\dfrac{5}{2}ux\cos(180v), \quad (0\leqslant u\leqslant 1,\ -\pi\leqslant v\leqslant \pi). \\ z(u,v)=3ux\sin(90v), \end{cases}$$
你能借助我们本讲所学的知识制作出该曲面吗？请你试一试.

**★小帮手★**

如图 18-25 所示，仿照前 13 步，制作好空间直角坐标系. 连接 $OI$，在半径 $OI$ 上任取一点 $J$，将点 $J$ 的颜色设定为"浅蓝色"，示意拖动该点可以调节蝴蝶结曲面的大小. 选定点 $J$，选择"度量/点的值"，得到"$J$ 在 $\overline{OI}$ 上"的度量值，并将该度量值的标签修改为"$u$". 仿照第 1 步，选择"数据/新建函数"，分别得到函数 $f(x)=u\cdot\sin(180\cdot x)$，$g(x)=\dfrac{5}{4}u\cdot\cos(180\cdot x)$ 和 $h(x)=\dfrac{3}{2}\cdot u\cdot\sin(90\cdot x)$ 的解析式. 在圆 $O$ 上任取一点 $K$，依次选定点 $I$，$O$，$K$，选择"度量/角度"，得到"$\angle IOK$"的度量值，并将该度量值的标签修改为"$v$". 仿照第 17～18 步，分别计算出"$f(v)$""$g(v)$""$h(v)$"的值，将点 $F$，$G$，$H'$ 分别关于点 $O$ 按相应的标记比"$f(v)$""$g(v)$""$h(v)$"进行缩放，得到点 $F'$，$G'$，$H''$. 然后将点 $F'$ 按所标记的向量 $\overrightarrow{OG'}$ 进行平移，得到点 $F''$，将点 $F''$ 按所标记的向量 $\overrightarrow{OH''}$ 进行平移，得到点 $F'''$.

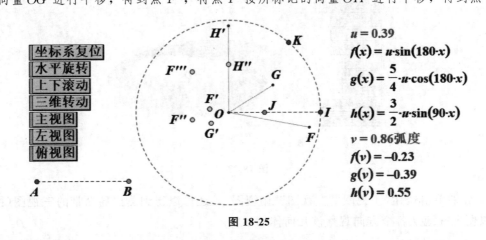

图 18-25

对照图 18-26，选中不再需要的信息(保留圆 $O$，点 $K$ 和点 $F'''$)，使用快捷键"Ctrl＋H"将其隐藏. 将点 $F$，$G$，$H'$ 的标签分别修改为 $x$，$y$，$z$，此时点 $F'''$ 的标签会自动变化为 $x'''$. 仿照第 21 步，制作出空间直角坐标系 $O$-$xyz$ 和控制点 $J$ 的显隐按钮"隐藏坐标系"和"隐藏控制点". 双击函数"$f(x)=u\cdot\sin(180\cdot x)$"的解析式，将该函数解析式修改为"$f(x)=u\cdot x\cdot\sin(180\cdot x)$". 类似地，将其余两个函数解析式分别修改为"$g(x)=\dfrac{5}{4}u\cdot x\cdot\cos(180\cdot x)$"和"$h(x)=\dfrac{3}{2}\cdot u\cdot x\cdot\sin(90\cdot x)$". 分别选定点 $K$，$x'''$，选择"构造/轨迹"，右键单击新构造的轨迹，选择"属性"，在弹出的属性对话框中选择"绘图"，将采样数量修改为"250000". 单击按钮"隐藏控制点"，将点 $J$ 隐藏. 最后，分别选中圆 $O$，点 $K$，

$F'''$，使用快捷键"Ctrl＋H"将其隐藏即可.

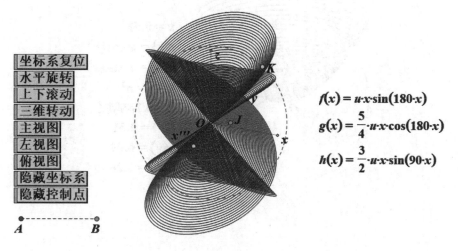

**图 18-26**

最后，笔者给出两个曲面的参数方程及完成效果图供各位读者继续探索.

(1)球面的参数方程为$\begin{cases}x(u,v)=u\cos v\sin v,\\ y(u,v)=u\sin^2 v,\\ z(u,v)=u\cos v,\end{cases}$（$0\leqslant u\leqslant 1$，$-\pi\leqslant v\leqslant\pi$），效果图如图

18-27 所示.

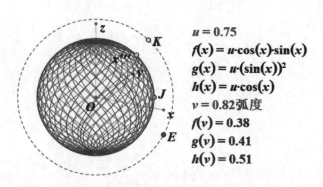

**图 18-27**

(2)抛物面的参数方程为$\begin{cases}x(u,v)=u\cos v,\\ y(u,v)=u\sin v,\\ z(u,v)=u^2,\end{cases}$（$0\leqslant u\leqslant 1$，$-\pi\leqslant v\leqslant\pi$），效果图如图18-

28 所示.

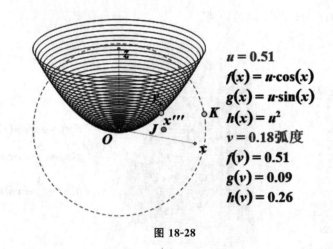

$u = 0.51$
$f(x) = u \cdot \cos(x)$
$g(x) = u \cdot \sin(x)$
$h(x) = u^2$
$v = 0.18$弧度
$f(v) = 0.51$
$g(v) = 0.09$
$h(v) = 0.26$

图 18-28

# 下篇 领悟数学之妙

# 第十九讲 局部放大函数图像

　　在研究用几何画板画的函数图像时，有时需要对图像进行局部放大，以便更加清楚、细致地观察图像的某个部位．这时利用几何画板缩放箭头工具是没有用的，而通过拖动单位点来改变单位长度进而放大函数图像的做法则比较麻烦．

　　本讲我们学习如何利用几何画板局部放大函数图像．

　　具体操作步骤如下．

　　1. 新建一个几何画板文件，选择"编辑/预置"（部分版本的"预置"汉化名称为"选项"），在弹出的预置编辑窗口中选择"文本"，勾选自动显示标签一栏中的"应用于所有新建点"（图19-1），单击"确定"按钮．

图 19-1

　　2. 选中"点工具"，在绘图区任取一点 $A$，选定点 $A$，选择"变换/平移"，在弹出的对话框中将"固定角度"修改为"0"度，将点 $A$ 水平向右平移 1 厘米，得到点 $A'$．依次选定点 $A$，$A'$，选择"构造/射线"，得到射线 $AA'$．选中射线 $AA'$，选择"构造/射线上的点"（图19-2），得到点 $B$，选中射线 $AA'$ 和点 $A'$，使用快捷键"Ctrl＋H"将其隐藏．

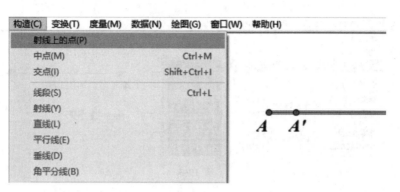

图 19-2

3. 选中"线段直尺工具"中的"射线工具"，依次单击点 $A$，$B$，得到射线 $AB$．选中"点工具"，将光标移动到射线 $AB$ 上，当该射线变成红色时，单击鼠标左键，便得到该射线上一点 $C$（图 19-3）．

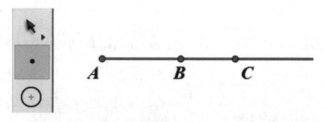

图 19-3

4. 选定点 $C$，选择"度量/点的值"，得到"$C$ 在 $\overrightarrow{AB}$ 上"的度量值，右键单击该度量值，选择"度量值的标签"（图 19-4），将标签名称修改为"$m$"．选中射线 $AB$，使用快捷键"Ctrl＋H"将其隐藏．选中"线段直尺工具"中的"线段工具"，依次单击点 $A$，$C$，得到线段 $AC$.

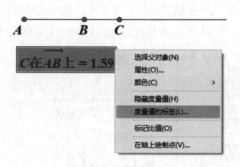

图 19-4

5. 分别选定点 $B$，$C$，选择"显示/颜色/浅蓝色"（图 19-5），将点 $B$，$C$ 的颜色设定为"浅蓝色"，示意这两个点可以手动控制．

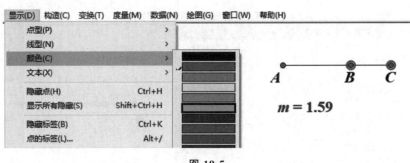

图 19-5

6. 选择"绘图/绘制新函数", 输入"$x$""^""2""*", 在函数编辑窗口的右侧选择"函数/sin", 输入"("3"÷""$x$"")", 单击"确定"按钮(图 19-6), 在弹出的对话框中选择"是", 绘制出函数 $f(x)=x^2 \cdot \sin\left(\dfrac{3}{x}\right)$ 的图像.

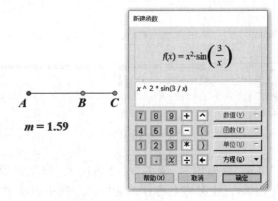

图 19-6

7. 选择"绘图/隐藏网格". 分别选定点 $A$, $B$, 选择"度量/距离"(图 19-7), 得到线段 $AB$ 的长度的即时度量值. 类似地, 度量出线段 $AC$ 的长度的即时值.

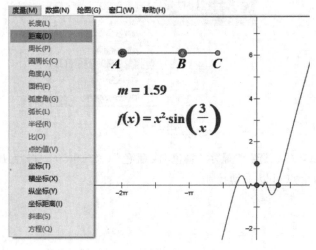

图 19-7

8. 在函数 $f(x) = x^2 \cdot \sin\left(\dfrac{3}{x}\right)$ 的图像内的空白处，任取一点 $D$，选定点 $D$ 和线段 $AB$ 的度量值，选择"构造/以圆心和半径绘圆"，得到圆 $D$。选中圆 $D$ 和函数图像，选择"构造/交点"（图 19-8），得到点 $E$，$F$。

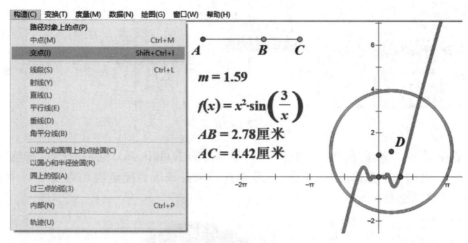

**图 19-8**

9. 分别选定点 $E$，$F$ 和 $x$ 轴，选择"构造/垂线"，分别选定点 $D$ 和 $x$ 轴，选择"构造/平行线"，选中"点工具"，在两条垂线与平行线的交点处单击，分别得到点 $G$，$H$。分别选定点 $E$，$F$ 和新构造的三条直线，选择"显示/隐藏对象"（图 19-9），将这三条直线隐藏。

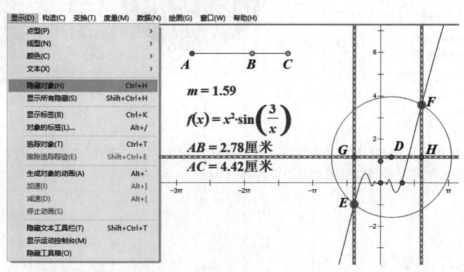

**图 19-9**

10. 连接 $GH$，在线段 $GH$ 上任取一点 $I$，选定点 $I$ 和线段 $GH$，选择"构造/垂线"，在垂线与图像的交点处单击，得到点 $J$。在空白处任取一点 $K$，选定点 $K$ 和线段 $AC$ 的度量值，选择"构造/以圆心和半径绘圆"（图 19-10），得到圆 $K$。

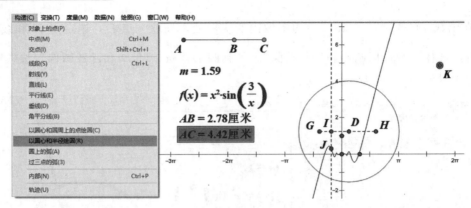

图 19-10

11. 选中圆 $K$，选择"构造/圆内部"，右键单击圆 $K$ 的内部，选择"颜色/黄色"（图 19-11），将圆 $K$ 内部的颜色修改为"黄色"。分别选中两条线段的度量值和直线 $IJ$，使用快捷键"Ctrl＋H"将其隐藏。

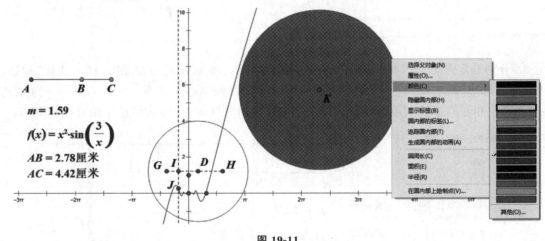

图 19-11

12. 依次选定点 $E$，$K$，选择"变换/标记向量"，选定点 $J$，选择"变换/平移"，在弹出的对话框中单击"平移"按钮（图 19-12），得到点 $J'$。

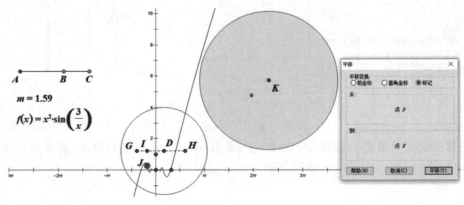

图 19-12

13. 右键单击度量值 $m = 1.59$，选择"标记比"，双击点 $K$（标记点 $K$ 为缩放中心），选定点 $J'$，选择"变换/缩放"（图 19-13），在弹出的对话框中单击"缩放"按钮，将点 $J'$ 关于点 $K$ 按所标记的比值（$m = 1.59$）进行缩放，得到点 $J''$.

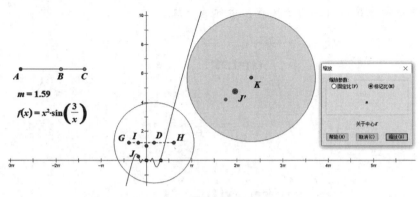

图 19-13

14. 分别选定点 $I$，$J''$，选择"构造/轨迹"，在圆 $K$ 中出现圆 $D$ 内的函数图像部分的放大 1.59 倍后的图像. 右键单击放大后的图像，选择"属性"，在属性对话框中选择"绘图"，去掉"显示箭头和端点"前的勾选（图 19-14），单击"确定"按钮. 选中"点工具"，使用快捷键"Ctrl＋A"选中绘图区的所有点，再单击线段 $GH$. 接下来，选中"移动箭头工具"，分别单击点 $A$，$B$，$C$，去掉这三个点的选中状态，使用快捷键"Ctrl＋H"将选中的点和线段隐藏. 完成作图.

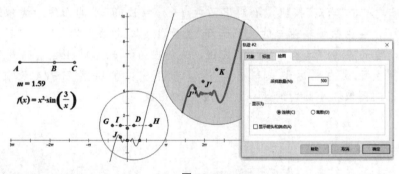

图 19-14

如图 19-15 所示，先拖动点 $B$ 和小圆，调节需要放大的部位和区域，然后拖动点 $C$ 可以调节放大倍数（放大倍数为 $m$），大圆内的图像即局部放大后的效果图.

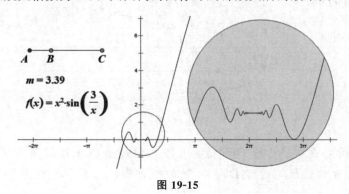

图 19-15

**【自我挑战】**

如图 19-16 所示，在探究函数 $f(x)=1.98^{x-1}$ 与 $g(x)=\log_{1.98}(x+1)$ 图像的交点个数时，通过观察很难看出这两个函数图像的交点有两个，如何利用几何画板将小圆内的部分放大 5 倍，以便清晰地显示出这两个交点？请你试一试.

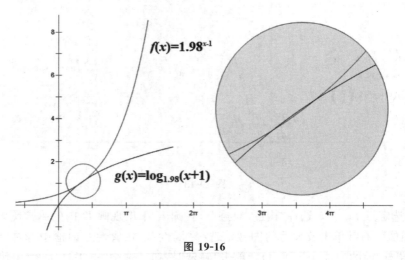

图 19-16

★小帮手★

如图 19-17 所示，先重复前步的操作，再选择"绘图/绘制新函数"，输入"1.98""^""(""x""−""1"")"，单击"确定"按钮，绘制出函数 $f(x)=1.98^{x-1}$ 的图像. 类似地，选择"绘图/绘制新函数"，在函数编辑窗口的右侧选择"函数/log"，输入"(""x""+""1"")""÷"，选择"函数/log"，输入"1.98"，单击"确定"按钮，绘制出函数 $g(x)=\log_{1.98}(x+1)$ 的图像（在几何画板中，对数函数的表达形式稍有差别）. 接下来，仿照第 7～14 步制作出将函数 $f(x)=1.98^{x-1}$ 的图像在小圆内的部分放大 $m$ 倍的图像.

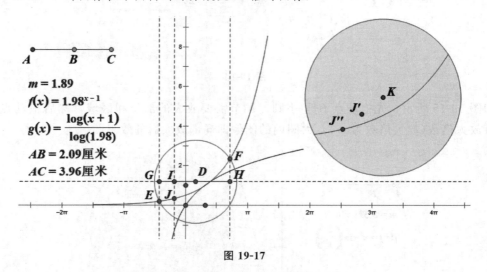

图 19-17

如图 19-18 所示，先构造出圆 $D$ 和函数 $g(x)=\log_{1.98}(x+1)$ 的两个交点 $L$，$M$，过这两个点分别作出 $x$ 轴的垂线，过点 $D$ 作 $x$ 轴的平行线，与两条垂线交于点 $N$，$O$，连接

$NO$，在线段 $NO$ 上任取一点 $P$，过点 $P$ 作 $NO$ 的垂线，交函数 $g(x) = \log_{1.98}(x+1)$ 的图像于点 $Q$，将点 $Q$ 按所标记的向量 $\overrightarrow{DK}$ 进行平移，得到点 $Q'$. 再将点 $Q'$ 关于点 $K$ 按标记比值（$m = 1.89$）进行缩放，得到点 $Q''$. 分别选定点 $P$，$Q''$，选择"构造/轨迹"，制作出将函数 $g(x) = \log_{1.98}(x+1)$ 的图像在小圆内的部分放大 $m$ 倍的图像.

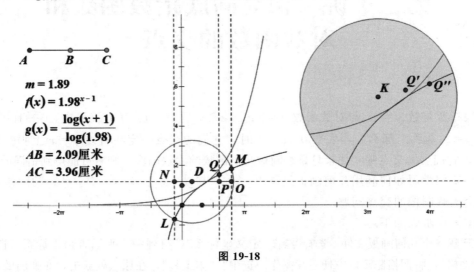

图 19-18

对照图 19-19，先选中不再需要的点、线和数据，使用快捷键"Ctrl＋H"将其隐藏. 拖动点 $B$ 和小圆，调节需要放大的部位和区域，再拖动点 $C$ 至 $m$ 的值为 5. 在拖动点 $C$ 的过程中，可以发现，要将 $m$ 的值调节为给定的倍数时比较困难，请尝试解决.

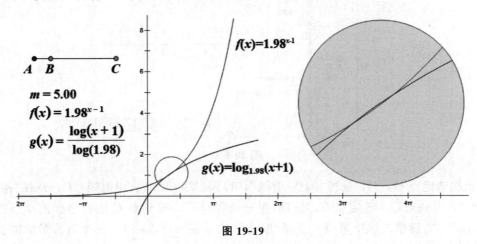

图 19-19

# 第二十讲　探究同底指数函数和对数函数的交点

同底指数函数 $y=a^x$ 与对数函数 $y=\log_a x\,(a>0$ 且 $a\neq1)$ 互为反函数，它们的图像关于直线 $y=x$ 对称．那么，当底数 $0<a<1$ 时，它们的交点一定在直线 $y=x$ 上吗？当底数 $a>1$ 时，它们有无交点呢？如果只是绘制这两个函数的大致图像，则有可能得到错误的结论．

本讲我们学习如何利用几何画板绘制出 $y=a^x$ 与 $y=\log_a x\,(a>0$ 且 $a\neq1)$ 的图像，并探究这两个函数图像的交点问题．

具体操作步骤如下．

1. 新建一个几何画板文件，选择"绘图/定义坐标系"，得到一个平面直角坐标系．选择"绘图/隐藏网格"，将网格隐藏以方便后续操作．选中"文本工具"，在原点处双击，在弹出的对话框中，将该点的标签修改为"$O$"，继续在单位点处双击，将单位点的标签修改为"$P$"（图 20-1）．

图 20-1

2. 依次选定点 $O$，$P$，选择"构造/射线"，得到射线 $OP$．选中射线 $OP$，选择"构造/射线上的点"，得到点 $C$．选定点 $C$，选择"度量/横坐标"，得到点 $C$ 的横坐标的动态度量值"$x_C=2.86$"．右键单击该度量值，选择"度量值的标签"（图 20-2），在弹出的对话框中输入"$a$"，得到"$a=2.86$"．

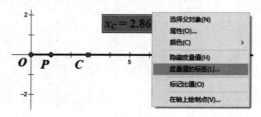

图 20-2

3. 右键单击点 $C$，选择"颜色/浅蓝色"（图 20-3），将点 $C$ 的颜色设定为"浅蓝色"，示意该点可以手动控制．右键单击点 $C$，选择"点的标签"，将点 $C$ 的标签修改为"改变 $a$ 值"．选中射线 $OP$，使用快捷键"Ctrl＋H"将其隐藏．

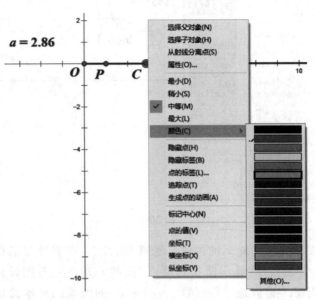

图 20-3

4. 选择"绘图/绘制新函数"，在弹出函数编辑窗口后，单击度量值"$a=2.86$"，输入"^""$x$"，单击"确定"按钮，绘制出函数 $f(x)=a^x$ 的图像．继续选择"绘图/绘制新函数"，在函数编辑窗口的右侧选择"函数/log"，输入"$x$""÷"，选择"函数/log"，单击度量值"$a=2.86$"，单击"确定"按钮（图 20-4），绘制出函数 $g(x)=\dfrac{\log x}{\log a}$，即 $g(x)=\log_a x$ 的图像．

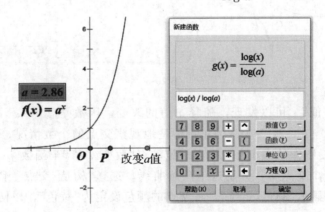

图 20-4

5. 选中函数 $g(x)=\log_a x$ 的图像，选择"显示/颜色/红色"（图 20-5），将该函数图像的颜色设定为"红色"．类似地，将函数 $f(x)=a^x$ 的图像的颜色设定为"蓝色"．

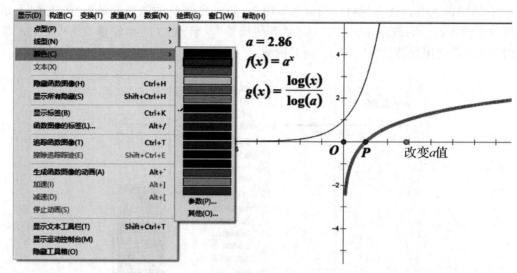

图 20-5

6. 右键选中函数 $g(x) = \log_a x$ 的图像，选择"属性"，在属性对话框中选择"绘图"，将样本数量设定为"5000"，去掉"显示箭头和端点"前的勾选，将范围设定为"$0 \leqslant x \leqslant 28$"（图 20-6），单击"确定"按钮. 类似地，将函数 $f(x) = a^x$ 的图像的样本数量设定为"5000"，去掉"显示箭头和端点"前的勾选，范围不变. 完成作图.

图 20-6

　　拖动点"改变 $a$ 值"，可以发现，随着 $a$ 值的改变，函数 $f(x) = a^x$ 和 $g(x) = \log_a x$ 的图像的交点可能是 0，1，2，3 个. 为了更清楚地观察交点的个数情况，可以通过拖动点 $P$ 改变单位长度来改变图像的大小. 也可以先拖动点"改变 $a$ 值"至函数 $f(x) = a^x$ 和 $g(x) = \log_a x$ 的图像出现三个交点时，分别选中两条曲线，选择"构造/交点"（图 20-7），然后选中这三个交点，选择"显示/颜色/黄色"，将交点的颜色设定为"黄色"，以便于观察交点的个数的变化情况.

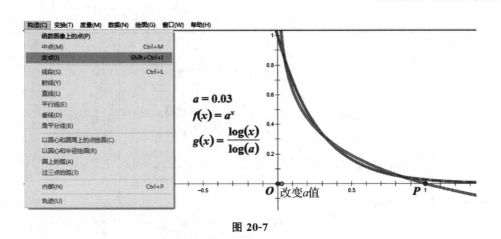

图 20-7

经过探究, 函数 $f(x)=a^x$ 和 $g(x)=\log_a x$ 的图像的交点个数总结如表 20-1 所示.

表 20-1

| $a$ 的取值范围 | 图像 | 交点情况 |
|---|---|---|
| $0<a<\left(\dfrac{1}{e}\right)^e$ | $g(x)=\dfrac{\log(x)}{\log(a)}$ $y=x$ $a=0.03$ $f(x)=a^x$ 改变$a$值 | 有三个交点. 其中一个交点在直线 $y=x$ 上, 另两个交点关于直线 $y=x$ 对称. |
| $\left(\dfrac{1}{e}\right)^e\leqslant a<1$ | $g(x)=\dfrac{\log(x)}{\log(g)}$ $y=x$ $a=0.36$ $f(x)=a^x$ 改变$a$值 | 有唯一公共点, 且此公共点在直线 $y=x$ 上. |
| $1<a<e^{\frac{1}{e}}$ | $f(x)=a^x$ $y=x$ $a=1.36$ $g(x)=\dfrac{\log(x)}{\log(a)}$ 改变$a$值 | 有两个公共点, 且两个公共点均在直线 $y=x$ 上. |

| $a$ 的取值范围 | 图像 | 交点情况 |
|---|---|---|
| $a = \mathrm{e}^{\frac{1}{e}}$ | $a = 1.44$　$f(x)=a^x$　$y=x$　$g(x)=\dfrac{\log(x)}{\log(a)}$　$O$　$P$　改变$a$值 | 有唯一公共点，且此公共点在直线 $y=x$ 上. |
| $a > \mathrm{e}^{\frac{1}{e}}$ | $a = 1.51$　$f(x)=a^x$　$y=x$　$g(x)=\dfrac{\log(x)}{\log(a)}$　$O$　$P$　改变$a$值 | 没有公共点. |

**【自我挑战】**

通过拖动点"改变 $a$ 值"，我们可以直观地观察函数 $f(x)=a^x$ 和 $g(x)=\log_a x$ 的图像的交点个数与 $a$ 值之间的关系，但是由于界值 $a$ 是度量值，即结果是近似值. 怎么得到准确的界值呢? 请你试一试.

**★小帮手★**

(1) 当 $a>1$ 时，求如图 20-8 所示的 $f(x)=a^x$ 和 $g(x)=\log_a x$ 的曲线相切时 $a$ 的值.

设两条曲线 $f(x)=a^x$ 和 $g(x)=\log_a x$ 相切于点 $M$，由对称性知，点 $M$ 在直线 $y=x$ 上，设 $M(x_0,\ x_0)$. 因为曲线 $f(x)=a^x$ (或 $g(x)=\log_a x$)在点 $M$ 处的切线斜率为 1，所以

$$\begin{cases} a^{x_0}=x_0, \\ (a^x)'\big|_{x=x_0}=1, \end{cases} \text{即} \begin{cases} a^{x_0}=x_0, \\ a^{x_0}\ln a=1, \end{cases} \text{所以} \begin{cases} a^{x_0}=x_0, \\ \dfrac{1}{\ln a}=x_0, \end{cases} \text{所以 } a^{\frac{1}{\ln a}}=\dfrac{1}{\ln a}, \text{ 即 } \mathrm{e}=\dfrac{1}{\ln a}, \text{ 所以 } a=\mathrm{e}^{\frac{1}{e}},$$

此时 $x_0=\mathrm{e}$. 即当 $a=\mathrm{e}^{\frac{1}{e}}$ 时，两条曲线 $f(x)=a^x$ 和 $g(x)=\log_a x$ 相切于点 $M(\mathrm{e},\ \mathrm{e})$.

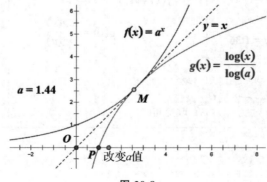

图 20-8

(2)当 $0 < a < 1$ 时，求如图 20-9 所示的 $f(x) = a^x$ 和 $g(x) = \log_a x$ 的曲线相切时 $a$ 的值.

设两条曲线 $f(x) = a^x$ 和 $g(x) = \log_a x$ 相切于点 $N$，由对称性知，点 $N$ 在直线 $y = x$ 上，设 $N(x_0, x_0)$. 因为曲线 $f(x) = a^x$（或 $g(x) = \log_a x$）在点 $N$ 处的切线斜率为 $-1$，所以 $\begin{cases} a^{x_0} = x_0, \\ (\log_a x)' \big|_{x=x_0} = -1, \end{cases}$ 即 $\begin{cases} a^{x_0} = x_0, \\ \dfrac{1}{x_0 \ln a} = -1, \end{cases}$ 所以 $\begin{cases} a^{x_0} = x_0, \\ \dfrac{-1}{\ln a} = x_0, \end{cases}$ 所以 $a^{\frac{-1}{\ln a}} = \dfrac{-1}{\ln a}$，即 $\mathrm{e} = -\ln a$，所以 $a = \left(\dfrac{1}{\mathrm{e}}\right)^{\mathrm{e}}$，此时 $x_0 = \dfrac{1}{\mathrm{e}}$. 即当 $a = \left(\dfrac{1}{\mathrm{e}}\right)^{\mathrm{e}}$ 时，两条曲线 $f(x) = a^x$ 和 $g(x) = \log_a x$ 相切于点 $N\left(\dfrac{1}{\mathrm{e}}, \dfrac{1}{\mathrm{e}}\right)$.

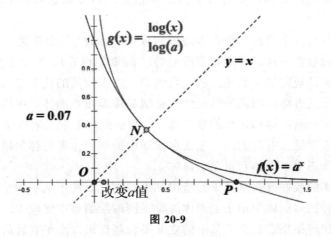

图 20-9

限于篇幅，这里仅给出界值的求法. 对于更加严谨的理论推导，请查阅相关资料继续探究，这里不再赘述.

# 第二十一讲  水平旋转的正十二面体

在哲学领域，柏拉图的名字可谓是家喻户晓，但大多数人可能并不知道，他还是几何学家．因为柏拉图完整地叙述了正多面体只有正四面体、正方体、正八面体、正十二面体和正二十面体五种这一命题，并指出这五种立体的构造法．西方把这五种正多面体称为柏拉图立体．

柏拉图立体是所有面都只由一种正多边形构成的多面体（各面都是全等的正多边形，且每一个顶点所接的面数都一样，各相邻面所成的二面角都相等），它是我们所能直观感知的三维世界中，最为和谐规则的多面体．在大自然中，许多物质的化学结构就是正多面体．比如，食盐的结晶体是正方体，明矾的结晶体和铬钒晶体是正八面体，甲烷、白磷和硫酸钠晶体是正四面体，硫化铁结晶体和最小的富勒烯 $C_{20}$ 结构则是正十二面体结构．化学结构是正二十面体的物质比较罕见．有趣的是，生活在海洋中的一种体形对称的微小生物放射虫，它们中的有些体形就是正十二面体和正二十面体．

认识柏拉图立体的较好方法莫过于构造出其直观图，以便于从不同角度观察和分析其特性．相较而言，五种正多面体中正十二面体的直观图的绘制难度比较大．

本讲我们学习如何使用自定义工具中的立几平台制作可以水平旋转的正十二面体的直观图，并且在该直观图转动的过程中自动实现所有棱的虚实转换．

具体操作步骤如下．

1. 新建一个几何画板文件，用鼠标按住"自定义工具"约 1 秒，在下一级工具选择"立几平台/立体几何平台"，将光标移动到绘图区的提示按钮的左上方单击左键，建立立体几何平台．然后选择"移动箭头工具"以释放自定义工具．依次单击界面上的"初始化"（有时要点击两次）和"坐标系复位"按钮．分别选中圆心和控制圆大小的点，选择"显示/显示标签"，分别显示出这两个点的标签"底心"和"$N$"．选中控制色盘大小的点，选择"显示/隐藏标签"．依次选定点"底心"和"上"，选择"构造/射线"，选中该射线和圆，选择"构造/交点"，得到点 $M$（图 21-1）．右键单击该射线，选择"隐藏射线"．

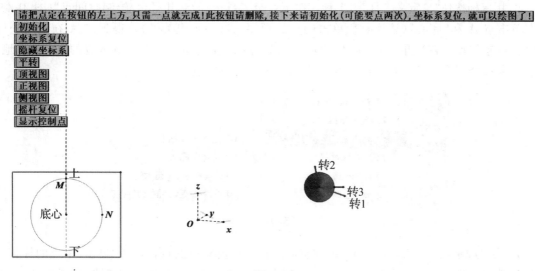

图 21-1

2. 保留图 21-2 中的四个按钮，按住 Ctrl 键，依次单击不再需要的其他按钮，选择"显示/隐藏操作类按钮"，将其隐藏. 选定点 $N$，选择"显示/颜色/浅蓝色"，将该点的颜色设置为"浅蓝色"，示意该点可以手动控制(图 21-2).

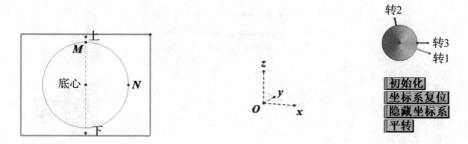

图 21-2

3. 双击点"底心"，在圆上任取一点 $A$，选中该点，选择"变换/旋转"，在弹出的对话框中将旋转角度修改为固定角度"72"度(图 21-3)，单击"旋转"按钮，将点 $A$ 绕点"底心"逆时针旋转 $72°$，得到点 $B$. 类似地，将得到的点 $B$ 绕"底心"逆时针旋转 $72°$，得到点 $C$. 同理，构造出点 $D$，$E$. 仿照上一步，将点 $A$ 的颜色设置为"浅蓝色"，示意该点可以手动控制.

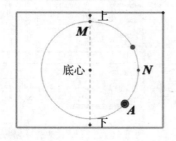

图 21-3

4. 用鼠标按住"自定义工具"约 1 秒，在下一级工具选择"立几平台/绘制空间点"（图 21-4），依次单击点 $A$ 和"底心"（请注意所单击的点的顺序，这一步很关键），得到点 $A$ 在空间坐标系中所对应的点. 依次单击点 $B$ 和"底心"，得到点 $B$ 在空间坐标系中所对应的点. 类似地，分别得到其余三个点 $C$，$D$，$E$ 在空间坐标系中所对应的点.

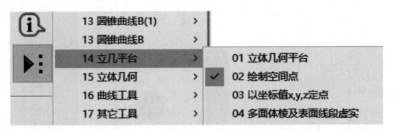

图 21-4

5. 依次选定点 $A$，$B$，$C$，$D$，$E$ 在空间坐标系中所对应的点，选择"显示/中点的标签"，在对话框中将起始标签修改为"$=A\{\cdots\}[1]$"（英文半角状态），单击"确定"按钮（图 21-5），可以批量将点 $A$，$B$，$C$，$D$，$E$ 在空间坐标系中所对应的点的标签修改为"$A_1$""$B_1$""$C_1$""$D_1$""$E_1$".

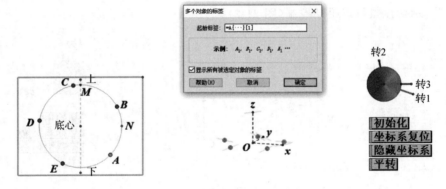

图 21-5

6. 分别选定点"底心"和 $M$，选择"度量/距离"，得到"底心 | $M$"的度量值. 右键单击该度量值，选择"距离度量值的标签"，将标签修改为"$r$"（图 21-6）. 类似地，度量出 $A$，$B$ 两点之间的距离，并将该度量值的标签修改为"$a$".

图 21-6

7. 选择"数据/计算",在计算编辑窗口的右侧选择"函数/Arccos",继续输入"一",选择"函数/sqrt",依次输入"("")""5"")"""÷""5",单击"确定"按钮(图 21-7),计算出"$\cos^{-1}\left(-\dfrac{\sqrt{5}}{5}\right)$"的值. 右键单击该计算值,选择"角度度量值的标签",将标签修改为"$\theta$"(正十二面体两相邻面所成二面角).

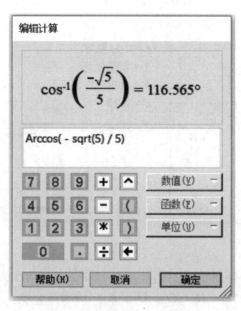

图 21-7

8. 类似地,计算出"$\dfrac{\sqrt{10(25+11\sqrt{5})}}{10}$"的值(图 21-8),并将其标签修改为"$d$"(正十二面体两个平行面之间的距离与棱长的比值).

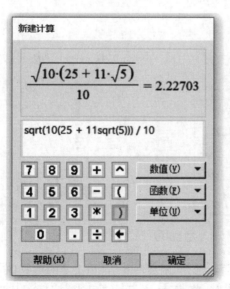

$r = 2.41$厘米
$a = 2.83$厘米
$\theta = 116.57°$

图 21-8

9. 选择"数据/计算"，单击 $a$ 的度量值，输入"÷"，单击 $r$ 的度量值，输入"*"，单击 $d$ 的计算值，单击"确定"按钮，计算出" $\dfrac{a}{r} \cdot d$ "的值. 右键单击该计算值，选择"标记比值"．双击点"底心"，选定点 $M$，选择"变换/缩放"(图 21-9)，单击"缩放"按钮，将点 $M$ 关于点"底心"按标记比" $\dfrac{a}{r} \cdot d$ "进行缩放，得到点 $F$.

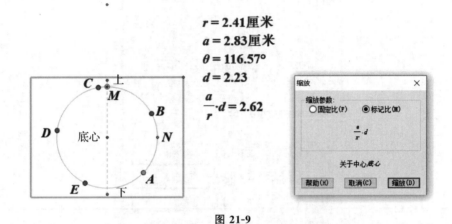

图 21-9

10. 双击点"底心"，分别选中点 $A$，$B$，$C$，$D$，$E$，选择"变换/旋转"，将固定角度修改为"180"度，得到对应点 $A'$，$B'$，$C'$，$D'$，$E'$．仿照第 8 步，用鼠标单击一下"自定义工具"，激活最近一次使用过的"立几平台/绘制空间点"工具．依次单击点 $A'$，$F$，得到点 $A'$ 在空间坐标系中所对应的点．类似地，分别得到其余四个点 $B'$，$C'$，$D'$，$E'$ 在空间坐标系中所对应的点．仿照上一步，将这些对应点的标签批量修改为" $A_2$ "" $B_2$ "" $C_2$ "" $D_2$ "" $E_2$ "．为方便后续操作，选中多边形工具中的"有芯无边框"工具，分别构造出图 21-10 中的两个五边形的内部.

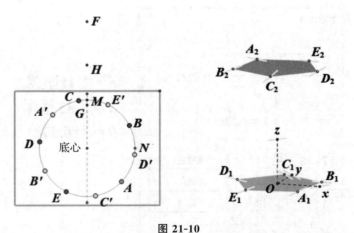

图 21-10

11. 仿照第 7 步，选择"数据/计算"，选择"函数/sin"，单击 $\theta$ 的计算值，计算出" $\sin\theta$ "的值．右键单击该计算值，选择"标记比"．将点 $M$ 关于点"底心"按标记比" $\sin\theta$ "进行缩放，

得到点 $G$. 依次选定点 $G$ 和"底心"，选择"变换/标记向量"，选定点 $F$，选择"变换/平移"，单击"平移"按钮（图 21-11），得到点 $H$.

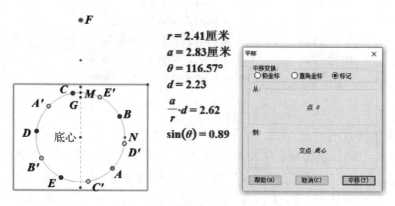

图 21-11

12. 计算出"$1 - \dfrac{a}{r} \cdot \cos \theta$"的值. 右键单击该计算值，选择"标记比"，选中圆上的十个点，将其关于点"底心"按所标记的比值进行缩放，得到其对应点. 仿照第 8 步，用鼠标单击一下"自定义工具"，激活最近一次使用过的"立几平台/绘制空间点"工具. 依次单击点 $A$ 的新对应点（在圆外）和点 $G$，得到点 $A_3$. 类似地，绘制出空间点 $B_3$，$C_3$，$D_3$，$E_3$. 依次单击点 $A'$ 的新对应点（在圆外）和点 $H$，得到点 $A_4$. 类似地，绘制出空间点 $B_4$，$C_4$，$D_4$，$E_4$. 为方便后续操作，使用多边形工具中的"有芯无边框"工具，分别构造出图 21-12 中的两个较大五边形的内部.

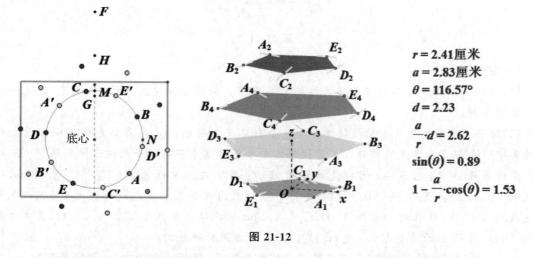

图 21-12

13. 选择"编辑/预置"，在预置编辑窗口中将"角度"的单位设置为"弧度"（这一步对于棱的虚实自动转换非常关键）. 用鼠标按住"自定义工具"约 1 秒，在下一级工具选择"立几平台/多面体棱及表面线段虚实"（图 21-13）. 这时，光标上会吸附一个点.

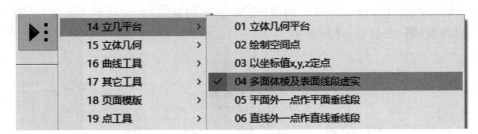

图 21-13

14. 先依次单击点 $A_1$（上），$B_1$（下）（说明要设定的是棱 $A_1B_1$ 的虚实），然后再依次单击点 $A_3$（先），$E_1$（后）. 类似地，依次单击点 $A_3$，$A_1$，$D_4$，$C_4$ 设定棱 $A_3A_1$ 的虚实，依次单击点 $A_3$，$C_4$，$A_1$，$D_4$ 设定棱 $A_3C_4$ 的虚实，依次单击点 $A_3$，$D_4$，$C_4$，$A_1$ 设定棱 $A_3D_4$ 的虚实，依次单击点 $C_2$，$C_4$，$D_2$，$B_2$ 设定棱 $C_2C_4$ 的虚实，依次单击点 $C_2$，$D_2$，$B_2$，$C_4$ 设定棱 $C_2D_2$ 的虚实（图 21-14）.

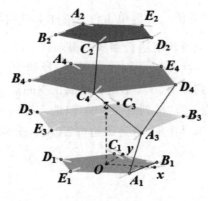

图 21-14

【小贴士】

（1）要实现多面体旋转时棱的虚实线的自主互换，必须设定角度单位为"弧度"，这一步是成败的关键.

（2）运用"多面体棱及表面线段虚实"这个自定义工具时，首先需要先找到以拟设定的棱的其中一个端点为顶点的棱锥，然后使用右手坐标系法来确定四个点的选择顺序即可. 比如，要设定棱 $A_3A_1$ 的虚实，可以先找到棱 $A_3A_1$ 所在的三棱锥 $A_3$-$D_4C_4A_1$，通过依次单击点 $A_3$（上），$A_1$（下），再依次单击 $D_4C_4A_1$ 平面上的两个点 $D_4$（先），$C_4$（后）实现，也可以先找到棱 $A_1A_3$ 所在的三棱锥 $A_1$-$D_4C_4A_3$，通过依次单击点 $A_1$（上），$A_3$（下），再依次单击 $A_3C_4D_4$ 平面上的两个点 $C_4$（先），$D_4$（后）来达到同样的目的.

15. 选择"数据/新建参数"，将参数名称修改为"$n$"，数据修改为"4"，得到参数"$n=4$". 先删除图 21-14 中的四个五边形的内部，再依次选定点 $A$ 和参数"$n=4$"，按住 Shift 键，选择"深度迭代"，单击点 $B$，可以观察到迭代后的效果图（图 21-15），选择"结构/仅保留非点类象"，单击"迭代"按钮，便可以得到正十二面体了.

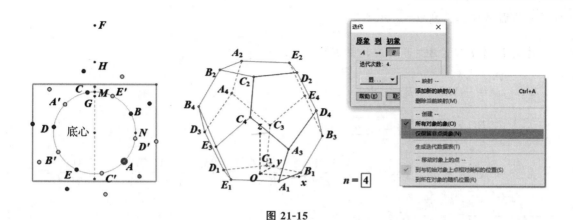

图 21-15

16. 选中"点工具"，使用快捷键"Ctrl＋A"选中所有点，然后先单击"移动箭头工具"，再分别单击点 $A$，$N$，以及点 $O$，$x$，$y$，$z$，去除这些点的选中状态，使用快捷键"Ctrl＋H"将其余点隐藏．选定点 $A$，选择"编辑/操作类按钮/动画"，单击"确定"按钮，得到动画点按钮．优化演示界面（图 21-16），完成作图．

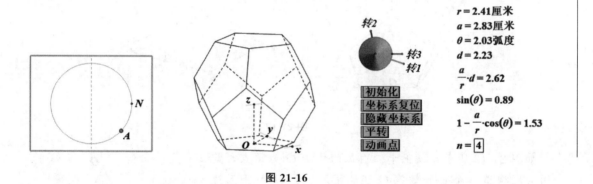

图 21-16

若点击"平转"按钮或者拖动点 $A$ 或者单击动画点按钮，该正十二面体便会水平旋转起来了，而且在旋转的同时，可以实现该几何体中棱的虚实自动转化．若拖动点转 1 或转 2 或转 3，还可以从不同角度来观察该几何体．

**【实验探究】**

在本讲中，用到了正十二面体的两相邻面所成二面角 $\theta = \arccos\left(-\dfrac{\sqrt{5}}{5}\right)$，两个平行面之

间的距离与棱长的比值 $d = \dfrac{\sqrt{10(25＋11\sqrt{5})}}{10}$，你能证明该结论吗？请试一试．

**★小帮手★**

如图 21-17(1)所示，正十二面体中以某一顶点为顶点，相应的三条正五边形的对角线构成底面的正三棱锥 $P\text{-}ABC$，设 $PA=PB=PC=a$，易知 $\triangle ABC$ 为等边三角形，将其边长记作 $b$，因为 $b$ 为正五边形的对角线长，所以 $b=\dfrac{\sqrt{5}＋1}{2}a$．如图 21-17(2)所示，过点 $A$ 作 $AM \perp PB$ 于点 $M$，连接 $MC$，易证 $\triangle AMB \cong \triangle CMB$，从而 $CM \perp PB$，所以正十二面体

的两相邻面所成二面角 $\theta = \angle AMC$.

过点 $P$ 作 $PN \perp BC$ 于点 $N$，则 $PN = \sqrt{a^2 - \left(\dfrac{b}{2}\right)^2} = \dfrac{\sqrt{4a^2 - b^2}}{2}$.

$\because S_{\triangle PBC} = \dfrac{1}{2}MC \cdot PB = \dfrac{1}{2}BC \cdot PN$,

$\therefore MC = \dfrac{BC \cdot PN}{PB} = \dfrac{b\sqrt{4a^2 - b^2}}{2a}$.

由余弦定理可知，$\cos\theta = \dfrac{MA^2 + MC^2 - AC^2}{2MA \cdot MC} = \dfrac{2MC^2 - AC^2}{2MC^2} = 1 - \dfrac{AC^2}{2MC^2} = 1 -$

$\dfrac{b^2}{2\left(\dfrac{b\sqrt{4a^2 - b^2}}{2a}\right)^2} = -\dfrac{\sqrt{5}}{5}$, $\therefore \theta = \arccos\left(-\dfrac{\sqrt{5}}{5}\right)$.

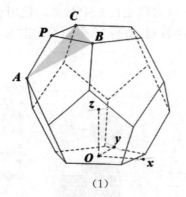

(1)

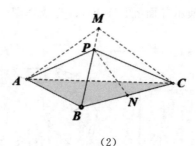

(2)

图 21-17

如图 21-18 所示，以正十二面体的体心 $O$ 为顶点，某一面为底构造一个正五棱锥 $O\text{-}ABCDE$. 设 $O'$ 为正五边形 $ABCDE$ 的中心，则 $OO'$ 为该五棱锥的高. 设 $M$ 为 $AB$ 的中点，构造 $\triangle OO'M$ 并连接 $O'A$，易知 $\angle OMO' = \dfrac{\theta}{2}$.

$\because \cos\theta = -\dfrac{\sqrt{5}}{5}$,

$\therefore \tan\dfrac{\theta}{2} = \sqrt{\dfrac{1 - \cos\theta}{1 + \cos\theta}} = \dfrac{\sqrt{5} + 1}{2}$.

$\because \cot 36° = \dfrac{\sqrt{25 + 10\sqrt{5}}}{5}$,

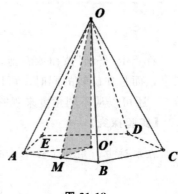

图 21-18

$\therefore O'M = AM\cot\angle AO'M = \dfrac{a}{2}\cot 36° = \dfrac{\sqrt{25 + 10\sqrt{5}}}{10}a$,

$\therefore d = \dfrac{2OO'}{a} = \dfrac{2O'M\tan\dfrac{\theta}{2}}{a} = \dfrac{\sqrt{25 + 10\sqrt{5}}}{5} \cdot \dfrac{\sqrt{5} + 1}{2} = \dfrac{\sqrt{10(25 + 11\sqrt{5})}}{10}$.

# 第二十二讲　由正方体构造正二十面体

　　黄金分割是欧洲文艺复兴时期，由意大利艺术家、科学家达·芬奇冠以的美称．黄金分割具有严格的比例性、艺术性、和谐性，蕴藏着丰富的美学价值，这一比值能够引起人们的美感，被认为是建筑和艺术中最理想的比例．无论是古埃及的金字塔，还是巴黎的圣母院，或者是法国的埃菲尔铁塔、希腊雅典的巴特农神庙，都有黄金分割的足迹．德国天文学家、数学家开普勒把黄金分割与勾股定理并列，誉为古希腊几何学的两颗明珠．

　　我国清朝的天文学家、数学家梅文鼎对黄金分割也有深入的研究和论述，他在专著《几何补编》（1692 年，共四卷）中讨论了正多面体之间及其与球体间的互容关系、多面体间的各种比例关系等，把"理分中末线"（即黄金分割）与多面体的计算联系起来．他还在书中给出了一种正二十面体的做法，原文为"立方根与所容二十等面之边，若全数与理分中末之大分也""二十等面在立方内，皆以其边棱切立方之面．有三十棱，其切立方，只有其六．""凡立方内容十二等面，皆以十二等面之边，正切于上方各面之正中凡六，皆遥对如十字．""立方内容二十等面边亦同．"其大意是：在正方体 $A_1B_1C_1D_1\text{-}A_2B_2C_2D_2$ 六个面上分别作中线 $a$，$b$，$c$，$d$，$e$，$f$［图 22-1（1）］，使相邻的两条中线成"十字"，即正交（异面垂直），然后对这些线段进行黄金分割，并使其满足 $a : AB = b : CD = c : EF = d : GH = e : IL = f : MN = 1 : g$，其中 $g$ 为黄金比 $\dfrac{\sqrt{5}-1}{2}$［图 22-1（2）］．即可得到正二十面体的十二个顶点 $A$，$B$，$C$，$D$，…，从而构造出正二十面体［图 22-1（3）］．梅文鼎所给的方法以正方体为母体，仅以黄金分割为理论依据，简明扼要．

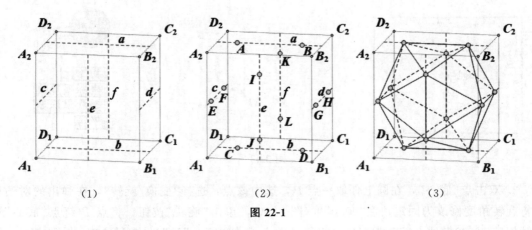

|  |  |  |
|:---:|:---:|:---:|
| （1） | （2） | （3） |

**图 22-1**

　　本讲我们学习如何由正方体构造正二十面体．

具体操作步骤如下.

1. 新建一个几何画板文件,用鼠标按住"自定义工具"约 1 秒,在下一级工具选择"立几平台/立体几何平台",将光标移动到绘图区的提示按钮的左上方单击左键,建立立体几何平台.然后选择"移动箭头工具"以释放自定义工具.依次单击界面上的"初始化"(有时要点击两次)和"坐标系复位"按钮.分别选中圆心和控制圆大小的点,选择"显示/显示标签",分别显示出这两个点的标签"底心"和 $N$(图 22-2).选中控制色盘大小的点,选择"显示/隐藏标签".

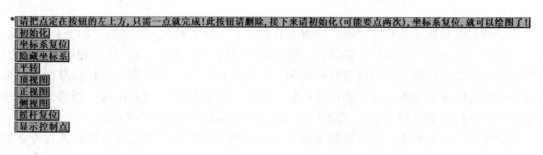

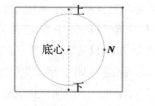

图 22-2

2. 保留图 22-3 中的四个按钮,按住 Ctrl 键,依次单击不再需要的其他按钮,选择"显示/隐藏操作类按钮",将其隐藏.选定点 $N$,选择"显示/颜色/浅蓝色",将该点的颜色设置为"浅蓝色",示意该点可以手动控制(图 22-3).

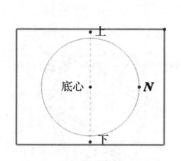

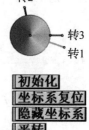

图 22-3

3. 双击点"底心",在圆上任取一点 $P$,选中该点,选择"变换/旋转",在弹出的对话框中将旋转角度修改为固定角度"90.0"度(图 22-4),单击"旋转"按钮,将点 $P$ 绕点"底心"逆时针旋转 $90°$,得到点 $Q$.类似地,将得到的点 $Q$ 绕"底心"逆时针旋转 $90°$,得到点 $R$.同理,构造出点 $S$.仿照上一步,将点 $P$ 的颜色设置为"浅蓝色",示意该点可以手动控制.

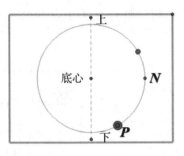

图 22-4

4. 用鼠标按住"自定义工具"约 1 秒，在下一级工具选择"立几平台/绘制空间点"（图 22-5），依次单击点 $P$ 和"底心"（请注意所单击的点的顺序，这一步很关键），得到点 $P$ 在空间坐标系中所对应的点. 依次单击点 $Q$ 和"底心"，得到点 $Q$ 在空间坐标系中所对应的点. 类似地，分别得到其余两个点 $R$，$S$ 在空间坐标系中所对应的点.

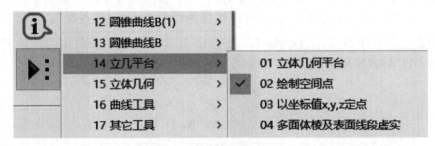

图 22-5

5. 向右拖动点 $N$，增大圆的半径，从而将空间坐标系进行适度放大，以方便后续操作. 依次选定点 $P$，$Q$，$R$，$S$ 在空间坐标系中所对应的点，选择"显示/中点的标签"，在对话框中将起始标签修改为"$=A\{\cdots\}[1]$"（英文半角状态），单击"确定"按钮（图 22-6），可以批量将点 $P$，$Q$，$R$，$S$ 在空间坐标系中所对应的点的标签修改为"$A_1$""$B_1$""$C_1$""$D_1$".

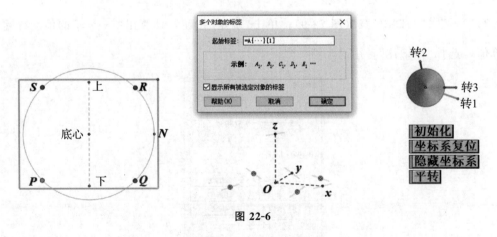

图 22-6

6. 选择"数据/计算"，在计算编辑窗口的右侧选择"函数/sqrt"，输入"2"，单击"确定"按钮，计算出"$\sqrt{2}$"的值. 右键单击该计算值，选择"标记比". 双击点 $O$，选定点 $z$（$z$ 轴的单位点），选择"变换/缩放"（图 22-7），单击"缩放"按钮，将点 $z$ 关于点 $O$ 按标记比"$\sqrt{2}$"进行缩放，得到点 $T$.

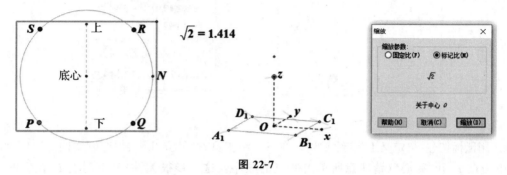

$\sqrt{2} = 1.414$

图 22-7

7. 依次选定点 $O$，$T$，选择"变换/标记向量"，选定点 $A_1$，$B_1$，$C_1$，$D_1$，选择"变换/平移"，单击"确定"按钮，得到点 $A_1'$，$B_1'$，$C_1'$，$D_1'$，仿照第 5 步，将这四个点的标签修改为"$A_2$""$B_2$""$C_2$""$D_2$". 连接 $A_1B_1$，并将该线段的线型修改为"细点线"，然后连接其余的 11 条棱，构造出正方体 $A_1B_1C_1D_1$-$A_2B_2C_2D_2$（图 22-8）. 选中不再使用的计算值 $\sqrt{2}$，使用快捷键"Ctrl＋H"将其隐藏.

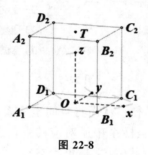

图 22-8

8. 选择"数据/计算"，输入"("，在计算编辑窗口的右侧选择"函数/sqrt"，输入"5"，继续输入")""－""1"")""÷""2"（图 22-9），单击"确定"按钮，计算出"$\dfrac{\sqrt{5}-1}{2}$"的值. 右键单击该计算值，选择"标记比"备用.

图 22-9

9. 分别选中线段 $A_2D_2$，$B_2C_2$，选择"构造/中点"，得到点 $A'$，$B'$. 双击点 $T$，分别选定点 $A'$，$B'$，选择"变换/缩放"，单击"缩放"按钮，分别将点 $A'$，$B'$ 关于点 $T$ 按标记比"$\frac{\sqrt{5}-1}{2}$"进行缩放，得到顶点 $A$，$B$. 类似地，先分别构造出线段 $A_1D_1$，$B_1C_1$ 的中点 $C'$，$D'$，然后分别将点 $C'$，$D'$ 关于点 $O$ 按标记比"$\frac{\sqrt{5}-1}{2}$"进行缩放，得到顶点 $C$，$D$（图 22-10）. 选中构造的四个中点，使用快捷键"Ctrl＋H"将其隐藏.

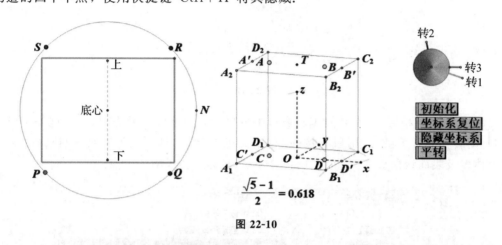

图 22-10

10. 仿照上一步，分别构造出线段 $A_1A_2$，$D_1D_2$ 的中点 $E'$，$F'$，将点 $E'$ 关于点 $F'$ 按"$\frac{1}{2}$"进行缩放，得到点 $U$，然后将点 $E'$，$F'$ 关于点 $U$ 按标记比"$\frac{\sqrt{5}-1}{2}$"进行缩放，得到顶点 $E$，$F$. 接下来，分别构造出线段 $B_1B_2$，$C_1C_2$ 的中点 $G'$，$H'$，将点 $G'$ 关于点 $H'$ 按"$\frac{1}{2}$"进行缩放，得到点 $V$，然后将点 $G'$，$H'$ 关于点 $V$ 按标记比"$\frac{\sqrt{5}-1}{2}$"进行缩放，得到顶点 $G$，$H$（图 22-11），然后选中新构造的四个中点，使用快捷键"Ctrl＋H"将其隐藏.

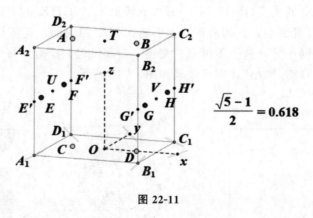

图 22-11

11. 类似地，分别构造出剩余的四个顶点 $I$，$J$，$K$，$L$（图 22-12），并将四个中点和数据"$\frac{\sqrt{5}-1}{2}$"予以隐藏. 分别选定点 $T$，$U$，$V$，$W$，$X$，选择"编辑/操作类按钮"中的"隐藏/

显示"，得到显隐按钮"隐藏点"，单击该按钮，将这五个点予以隐藏.

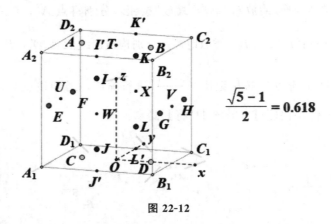

$$\frac{\sqrt{5}-1}{2} = 0.618$$

图 22-12

12. 选择"编辑/预置"，在预置编辑窗口中将"角度"的单位设置为"弧度"（这一步对于棱的虚实自动转换非常关键）. 用鼠标按住"自定义工具"约 1 秒，在下一级工具选择"立几平台/多面体棱及表面线段虚实"（图 22-13），这时，光标上会吸附一个点.

| ▶ ⋮ | **14 立几平台** | > | **01 立体几何平台** |
|---|---|---|---|
| | 15 立体几何 | > | 02 绘制空间点 |
| | 16 曲线工具 | > | 03 以坐标值x,y,z定点 |
| | 17 其它工具 | > | ✓ 04 多面体棱及表面线段虚实 |
| | 18 页面模版 | > | 05 平面外一点作平面垂线段 |
| | 19 点工具 | > | 06 直线外一点作直线垂线段 |

图 22-13

13. 依次单击点 $B$（上），$A$（下）（说明要设定的是棱 $BA$ 的虚实），然后再依次单击点 $I$（先），$K$（后）. 类似地，依次单击点 $B$，$I$，$G$，$A$ 设定棱 $BI$ 的虚实，依次单击点 $B$，$G$，$H$，$I$ 设定棱 $BG$ 的虚实，依次单击点 $B$，$H$，$K$，$G$ 设定棱 $BH$ 的虚实，依次单击点 $B$，$K$，$A$，$H$ 设定棱 $BK$ 的虚实（图 22-14），完成五棱锥 $B$-$AIGHK$ 的五条侧棱的虚实线自动转换的设定（为方便读者观察，先构造正五边形 $AIGHK$ 的内部，完成设定后可将其删除）. 剩余棱的设定方法大同小异，这里不再一一赘述. 全部设定完毕后，将正二十面体的所有顶点选中，选中"显示/点型/稍小"，完成效果如图 22-15 所示.

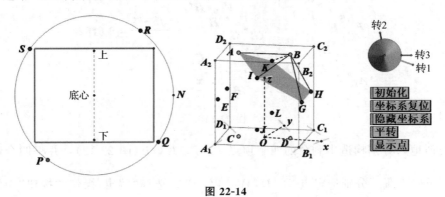

图 22-14

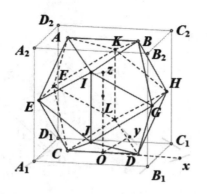

图 22-15

【小贴士】

(1)要实现多面体旋转时棱的虚实线的自主互换,必须设定角度单位为"弧度",这一步是成败的关键.

(2)运用"多面体棱及表面线段虚实"这个自定义工具时,首先需要找到以拟设定的棱的其中一个端点为顶点的棱锥,然后使用右手坐标系法来确定四个点的选择顺序即可. 比如,要设定棱 $EI$ 的虚实,可以先找到以棱 $EI$ 的端点 $E$ 为顶点的五棱锥 $E\text{-}IAFCJ$,通过依次单击点 $E$(上)和 $I$(下),再依次单击底面 $E\text{-}IAFCJ$ 上的两个点 $A$(先),$J$(后),也可以先找到以棱 $IE$ 的端点 $I$ 为顶点的五棱锥 $I\text{-}EJGBA$,依次单击点 $I$(上)和 $E$(下),再依次单击底面 $I\text{-}EJGBA$ 上的两个点 $J$(先),$A$(后)来达到同样的目的(图 22-16).

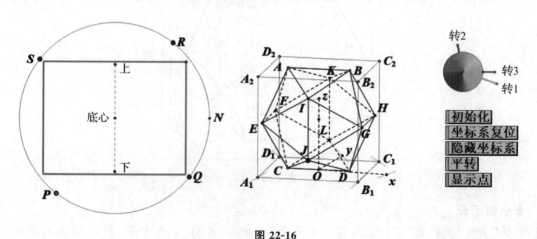

图 22-16

点击"平转"按钮或者拖动点 $P$,就可以看到一个棱可以实现虚实自动转换的水平旋转的正二十面体了. 若拖动点转 1 或转 2 或转 3 还可以从不同角度来观察该几何体.

【小贴士】

如图 22-17 所示,若单击"显示点"按钮,显示出之前隐藏的五个点,则点 $O$ 和这五个点是正八面体的六个顶点,仿照第 13 步,构造出正八面体的所有棱,则可以得到由正方体构造的正八面体.

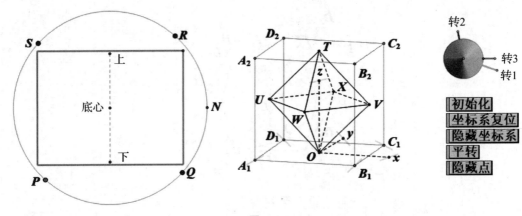

图 22-17

**【自我挑战】**

在《几何补编》中，梅文鼎还给出了以正方体为母体来构造正十二面体的方法．他说："凡立方内容十二等面，皆以十二等面之边，正切于立方各面之正中凡六，皆遥相对如十字．置十二等面边为理分中末线之小分，求其全分为外切立方根．"你能根据此方法来由正方体构造出如图 22-18 所示的正十二面体吗？请试一试．

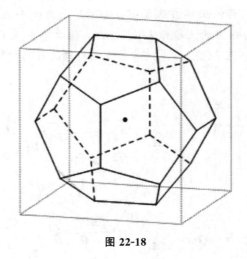

图 22-18

**★小帮手★**

选择"文件/文档选项"，在对话框中选择"增加页/复制"，选中图 22-12 所在页面的序号，单击"确定"按钮，将页面复制一份．将点 $O$ 关于点 $T$ 按"$\frac{1}{2}$"进行缩放，得到正方体 $A_1B_1C_1D_1\text{-}A_2B_2C_2D_2$ 的中心 $O'$，双击计算值"$\frac{\sqrt{5}-1}{2}$"，将其修改为"$\frac{3-\sqrt{5}}{2}$"，得到正十二面体的二十个顶点中的十二个顶点（图 22-19）．分别选定点 $T$，$U$，$V$，$W$，$X$，使用快捷键"Ctrl＋H"将其隐藏．

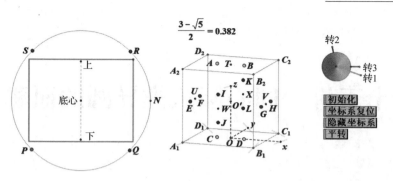

图 22-19

选择"数据/计算",输入"1""一",单击"$\dfrac{3-\sqrt{5}}{2}$"的计算值,单击"确定"按钮,得到"1−$\dfrac{3-\sqrt{5}}{2}$",即"$\dfrac{\sqrt{5}-1}{2}$"的计算值.右键单击该计算值,选择"标记比"备用.双击点 $O'$,将正方体 $A_1B_1C_1D_1\text{-}A_2B_2C_2D_2$ 的所有顶点及棱选中,选择"变换/缩放",单击"确定"按钮,便可得到一个新的正方体(图 22-20),该正方体的八个顶点即为所构造的正十二面体的二十个顶点中的其余八个顶点.其中,为便于读者辨析新构造的八个顶点,这里特意构造了小正方体的棱.

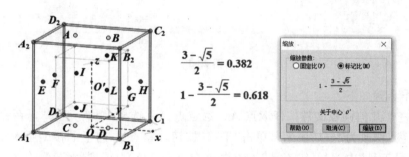

图 22-20

最后,仿照第 13 步,使用自定义工具的"立几平台"中的"多面体棱及表面线段虚实"工具分别构造出正十二面体的所有棱,并删除小正方体的所有棱(图 22-21),然后将正十二面体的顶点的线型设定为"稍小"或根据需要将这些点隐藏即可.

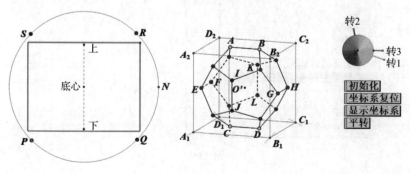

图 22-21

# 第二十三讲　同心圆法推导圆的面积公式

公元前 3 世纪，古希腊数学家阿基米德在《圆的度量》一书中给出一个命题："圆面积等于一条直角边长等于圆半径，另一条直角边长为圆周长的直角三角形面积."据推测，阿基米德通过以下方法发现圆的面积公式：如图 23-1 所示，将圆从圆心开始直到边缘分成一些细窄的同心圆环，并将这些同心圆环逐一展开叠合成一个直角三角形，将圆无限细分时，圆面积与直角三角形面积近似相等.

本讲我们学习如何利用几何画板呈现将这些同心圆环进行分割叠合的动态过程.

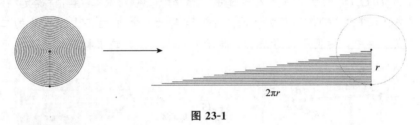

**图 23-1**

具体操作步骤如下.

1. 新建一个几何画板文件，任取点 $A$，选定点 $A$，选择"变换/平移"，在弹出的对话框中将"固定距离"修改为"-1"厘米，单击"平移"按钮，将点 $A$ 向下平移 1 厘米，得到点 $A'$. 选中"线段直尺工具"中的"射线工具"，依次单击点 $A$，$A'$，得到射线 $AA'$. 任作一条线段 $BC$，选定点 $A$ 和线段 $BC$，选择"构造/以圆心和半径绘圆"（图 23-2），得到圆 $A$.

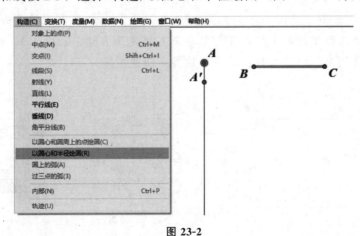

**图 23-2**

2. 在圆 $A$ 和射线 $AA'$ 的交点处单击，得到点 $D$. 选定点 $B$ 和线段 $BC$（不含点 $C$），选择"编辑/操作类按钮"中的"隐藏/显示"（图 23-3），得到"隐藏对象"按钮备用.

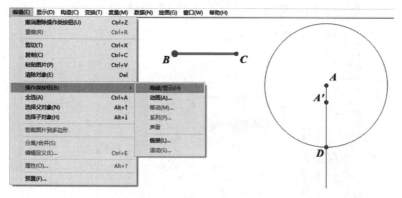

图 23-3

3. 选定点 $B$，选择"变换/平移"，在弹出的对话框中将"固定距离"修改为"0.001"厘米，"固定角度"修改为"0"°，单击"平移"按钮（图 23-4），将点 $B$ 向右平移 0.001 厘米，得到点 $B'$（几乎与点 $B$ 重合）. 单击"隐藏对象"按钮，将点 $B$ 和线段 $BC$ 暂时隐藏.

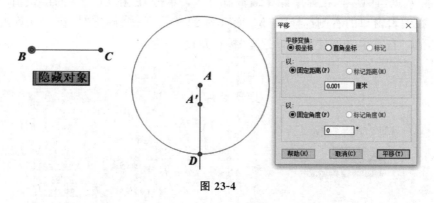

图 23-4

4. 连接 $B'C$，在线段 $B'C$ 上任取一点 $E$. 选定点 $E$，选择"显示/颜色/浅蓝色"（图 23-5），将点 $E$ 的颜色设定为"浅蓝色"，示意该点可以手动控制. 选定点 $B'$ 和线段 $B'C$（不含点 $C$），使用快捷键"Ctrl+H"将其隐藏.

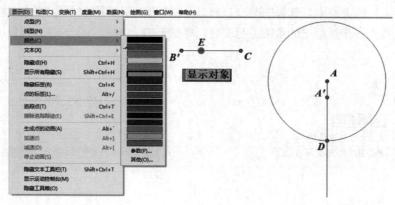

图 23-5

5. 单击"显示对象"按钮，显示出点 $B$ 和线段 $BC$. 选定点 $E$ 和线段 $BC$，按住 Shift 键，选择"度量/点的值"（图 23-6），得到"$E$ 在 $\overline{BC}$ 上"的度量值.

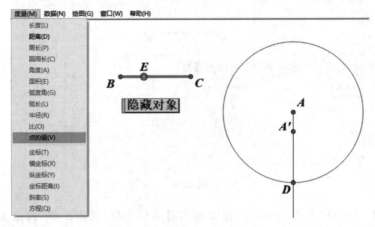

图 23-6

6. 选择"数据/计算"，在弹出计算编辑窗口后，单击"$E$ 在 $\overline{BC}$ 上"的度量值，依次输入"$*$""360"，在编辑窗口的右侧选择"单位/度"（图 23-7），单击"确定"按钮，计算出"$E$ 在 $\overline{BC}$ 上 $\cdot$ 360"的值. 右键单击该计算值，选择"标记角度"备用.

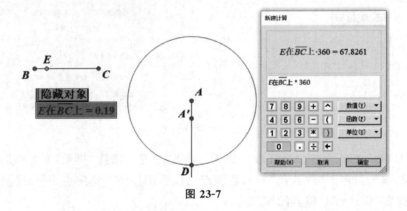

图 23-7

7. 双击点 $A$，选定点 $D$，选择"变换/旋转"，在弹出的对话框中单击"旋转"按钮（图 23-8），将点 $D$ 绕点 $A$ 按上一步所标记的角度进行旋转，得到点 $D'$. 连接 $AD'$，在该线段上任取一点 $F$.

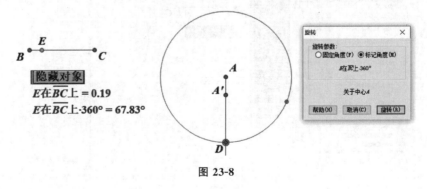

图 23-8

8. 分别选定点 $A$，$F$，选择"度量/距离"（图 23-9），得到线段 $AF$ 长度的度量值．选择"数据/计算"，在弹出计算编辑窗口后，输入"2"，在编辑窗口的右侧选择"数值/π"，输入"*"，单击线段 $AF$ 长度的度量值，输入"*"，单击"$E$ 在 $\overline{BC}$ 上"的度量值，单击"确定"按钮，得到"$2\pi \cdot AF \cdot E$ 在 $\overline{BC}$ 上"的计算值备用．

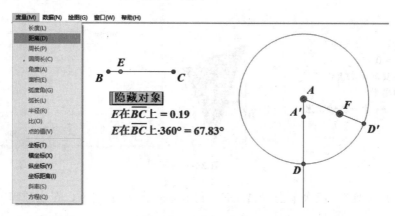

图 23-9

9. 分别选中上一步得到的计算值和点 $F$，选择"构造/以圆心和半径绘圆"，得到圆 $F$．选定点 $F$ 和线段 $AD'$，选择"构造/垂线"，在该垂线和圆 $F$ 的交点（靠近射线 $AA'$ 一侧）处单击，得到点 $G$（图 23-10）．选中圆 $F$ 和垂线 $FG$，使用快捷键"Ctrl＋H"将其隐藏．

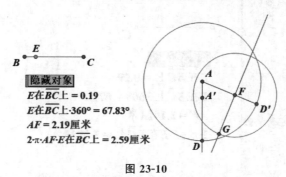

图 23-10

10. 连接 $FG$，分别选定点 $F$ 和线段 $FG$，选择"构造/轨迹"（图 23-11），得到线段 $FG$的轨迹．

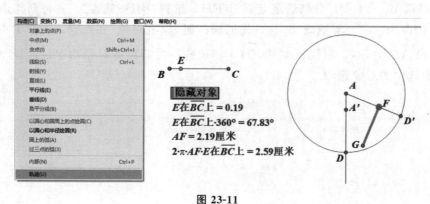

图 23-11

11. 右键单击上一步得到的轨迹，选择"属性"，在弹出的属性对话框中选择"绘图"，将"采样数量"修改为"28"（图 23-12），单击"确定"按钮.

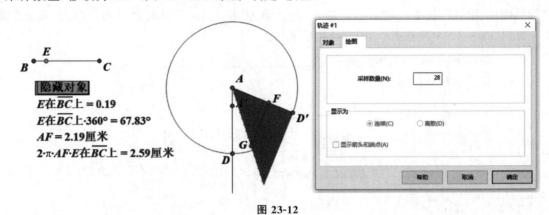

图 23-12

12. 选中"圆工具"，依次单击点 $A$，$F$，得到经过点 $F$ 的圆 $A$，在该圆和射线 $AA'$ 的交点处单击，得到点 $H$. 依次选定点 $A$，$F$，$H$，选择"构造/圆上的弧"（图 23-13），得到 $\overparen{FH}$（图中的优弧部分）. 选中经过点 $F$ 的圆 $A$，使用快捷键"Ctrl＋H"将其隐藏.

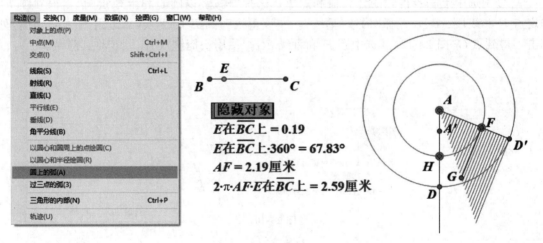

图 23-13

13. 仿照第 10～11 步，分别选定点 $F$ 和 $\overparen{FH}$，选择"构造/轨迹"，并将新构造的轨迹的"采样数量"修改为"28". 对照图 23-14，先框选按钮"隐藏对象"和数据，再单击点 $A'$，$H$，$G$，$D'$，线段 $AD'$，$FG$，射线 $AA'$ 和 $\overparen{FH}$，将这些不再需要的对象选中，选择"显示/隐藏对象"，将所选中的对象隐藏.

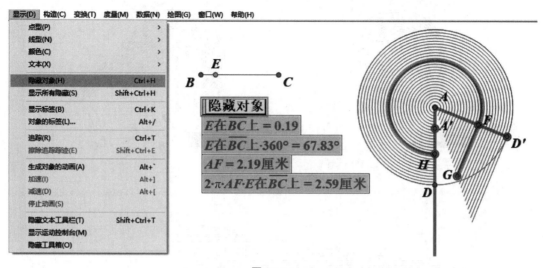

图 23-14

14. 分别选定点 $B$，$C$，选择"显示/颜色/浅蓝色"，将这两个点的颜色设定为"浅蓝色"，示意拖动点 $B$（或点 $C$）可以调节圆的大小。选定点 $A$，$D$，选择"显示/点型/稍小"。连接 $AD$，分别选中线段 $AD$ 和圆 $A$，选择"显示/线型/点线"（图 23-15）。分别选中 $A$，$D$，$B$，$C$ 四个点，线段 $AD$ 和圆 $A$，选择"编辑/操作类按钮"中的"隐藏/显示"，得到一个显隐按钮"隐藏对象"。完成作图。

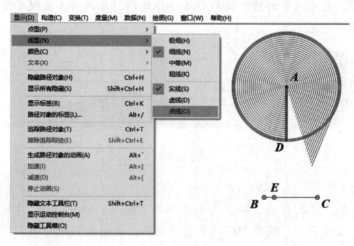

图 23-15

如图 23-16 所示，先拖动点 $E$ 查看一下整体的演示效果，然后根据需要，拖动点 $B$（或点 $C$）将圆 $A$ 调节至适当大小，并仿照第 11 和第 13 步，将两组轨迹的采样数量修改为适当数量。将点 $E$ 由左侧拖动到右侧，便可以呈现将这些同心圆环进行分割叠合的动态过程了。

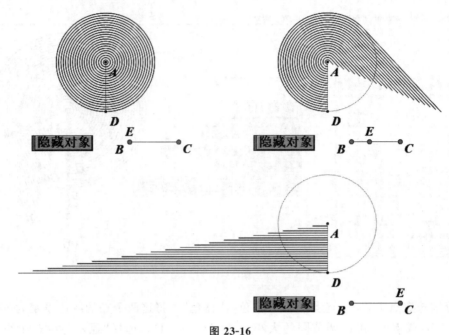

图 23-16

**【自我挑战】**

　　如图 23-17 所示，借鉴阿基米德所给出的同心圆法，也可以将这些同心圆环逐一展开叠成一个等腰三角形，进而推导出圆的面积公式．你能利用几何画板呈现本方法的分割变形的动态过程吗？请你试一试．

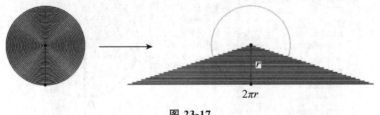

图 23-17

**★小帮手★**

　　如图 23-18 所示，任取点 $A$，将点 $A$ 向上平移 1 厘米，得到点 $A'$，作射线 $AA'$．任作一条线段 $BC$，以 $A$ 为圆心，线段 $BC$ 为半径作圆 $A$，交射线 $AA'$ 于点 $D$．在线段 $BC$ 上任取一点 $E$．选定点 $E$ 和线段 $BC$，选择"度量/点的值"，得到"$E$ 在 $\overline{BC}$ 上"的度量值．选择"数据/计算"，计算出"$E$ 在 $\overline{BC}$ 上·180°"的值，右键单击该计算值，选择"标记角度"备用．仿照第 7 步，将点 $D$ 绕点 $A$ 按标记角度进行旋转，得到点 $D'$．连接 $AD'$，在该线段上任取一点 $F$．分别选定点 $A$，$F$，选择"度量/距离"，得到线段 $AF$ 长度的度量值．计算出"$\pi$·$AF$·$E$ 在 $\overline{BC}$ 上"的值，分别选中该计算值和点 $F$，选择"构造/以圆心和半径绘圆"，得到圆 $F$．选定点 $F$ 和线段 $AD'$，选择"构造/垂线"，在该垂线和圆 $F$ 的交点（靠近射线 $AA'$ 一侧）处单击，得到点 $G$．连接 $FG$，将点 $D$ 绕点 $A$ 旋转 180°，得到点 $H$．连接 $AH$．选中"圆工具"，依次单击点 $A$，$F$，得到经过点 $F$ 的圆 $A$，在该圆和线段 $AH$ 的交点处单击，

得到点 $I$. 依次选定点 $A$，$F$，$I$，选择"构造/圆上的弧"，得到 $\overset{\frown}{FI}$. 双击射线 $AA'$，分别选中线段 $FG$ 和 $\overset{\frown}{FI}$，选择"变换/反射"，得到线段 $FG$ 和 $\overset{\frown}{FI}$ 的轴对称图形线段 $F'G'$ 和 $\overset{\frown}{IF'}$.分别选定点 $F$ 和线段 $FG$，选择"构造/轨迹"，右键单击该轨迹，选择"属性"，弹出的属性对话框中选择"绘图"，将"采样数量"修改为"30". 类似地，选定点 $F$ 和 $\overset{\frown}{FI}$，选择"构造/轨迹"；选定点 $F$ 和 $F'G'$，选择"构造/轨迹"；选定点 $F$ 和 $\overset{\frown}{IF'}$，选择"构造/轨迹"，并将新构造的三组轨迹的"采样数量"均修改为"30". 分别选定点 $B$，$C$，$E$，选择"显示/颜色/浅蓝色"，将这三个点的颜色设定为"浅蓝色"，示意拖动点 $B$（或点 $C$）来调节圆的大小，拖动点 $E$ 来动态演示.

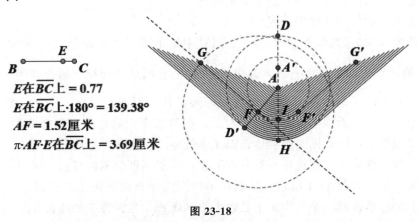

图 23-18

　　对照图 23-19，选中不再需要的信息，使用快捷键"Ctrl＋H"将其隐藏. 先拖动点 $E$ 查看一下整体的演示效果，然后根据需要，拖动点 $B$（或点 $C$）将圆 $A$ 调节至适当大小，并仿照第 11 和第 13 步，将四组轨迹的采样数量修改为适当数量. 将点 $E$ 由左侧拖动到右侧，便可以呈现将这些同心圆环进行分割叠合的动态过程了.

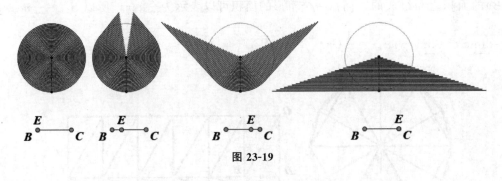

图 23-19

# 第二十四讲　重组法推导圆的面积公式

我们知道，圆的面积等于半径的平方乘圆周率.

那这个公式是如何推导出来的呢?

我国古代数学专著《九章算术》在卷一"方田"中给出了圆的面积公式："半周半径相乘得积步."即圆的面积公式为 $S = \frac{1}{2}Cr$，其中 $S$，$C$，$r$ 分别是圆面积、周长和半径. 为了证明这一公式，刘徽提出了割圆术，"以六觚之一面乘半径，因而，三之，得十二觚之幂. 若又割之，次以十二觚之一面乘半径，因而，六之，则得二十四觚之幂. 割之弥细，所失弥少. 割之又割，以至于不可割，则与圆合体，而无所失矣."大意是，从圆的内接正六边形开始割圆，然后将边数逐渐加倍，照这样一直分割下去，等到不可分割的时候，圆的内接正多边形就和圆合二为一了. 如图 24-1 所示，刘徽在单位圆内作出内接正十二边形，利用出入相补原理，将正十二边形拼成一个长为正十二边形的半周长、宽为圆半径的长方形. 再作圆内接正二十四边形、正四十八边形、正九十六边形……相应得到与多边形等面积的长方形. 圆被分割得越细，长方形面积就越接近圆面积. 随着正多边形的边数越来越多，相应长方形的长就越来越接近圆周长的一半，而宽始终等于圆半径. 最后通过长方形面积公式得到圆的面积公式——半周长乘半径. 即圆内接正 $2n$ 边形的面积是由 $n$ 个等形（即四边形 $OACB$）的面积之和组成的，而每一个等形的面积可以表示为 $\frac{1}{2}a_n r$，所以 $S_{2n} = \frac{1}{2}na_n r$. 所以 $S = \lim\limits_{n \to \infty} S_{2n} = \lim\limits_{n \to \infty} \frac{1}{2}na_n r = \frac{1}{2}Cr$.

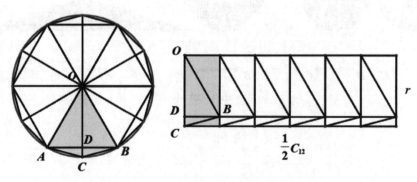

**图 24-1**

在北师大版数学课本六年级上册第 14 页"圆的面积"一节中给出的方案是：将一个圆依次分成 8 等份、16 等份、32 等份，并将分割后的圆拼合成近似平行四边形，然后比较拼成的平行四边形与原来的圆之间的联系，进而推导出圆的面积公式．在实际教学中，如果能让学生亲身体验将圆形纸片进行分割拼合的过程，教学效果会更佳．由于分割拼合过程费时费力，教师通常会自制教具来进行教学演示，但是自制的教具比较粗糙，往往很难达到预期的效果，而且由于等分次数有限，学生对"无限逼近"和"等积变形"的含义的感悟并不深刻．

本讲我们学习如何利用几何画板呈现将一个圆形进行分割拼合的动态过程，从而可以完美地解决上述一系列问题．

具体操作步骤如下．

1. 新建一个几何画板文件，选中"线段工具"，按住 Shift 键，任作一条线段 $AB$．双击点 $A$，选定点 $B$，选择"变换/缩放"，在弹出的对话框中将"固定比"修改为"$\frac{1}{3}$"，单击"缩放"按钮，将点 $B$ 关于点 $A$ 缩放 $\frac{1}{3}$，得到点 $B'$．类似地，双击点 $B$，选定点 $A$，选择"变换/缩放"，在弹出的对话框中将"固定比"修改为"$\frac{1}{3}$"（图 24-2），单击"缩放"按钮，将点 $A$ 关于点 $B$ 缩放 $\frac{1}{3}$，得到点 $A'$．

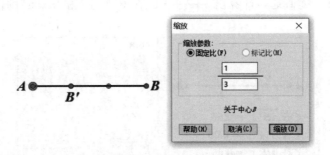

图 24-2

2. 在线段 $AB$ 上任取一点 $C$，选定点 $C$，选择"显示/颜色/浅蓝色"（图 24-3），将点 $C$ 的颜色设定为"浅蓝色"，示意该点可以手动控制．选中"线段工具"，依次单击点 $A$，$B'$，得到有向线段 $AB'$．类似地，得到有向线段 $B'A'$ 和有向线段 $A'B$．

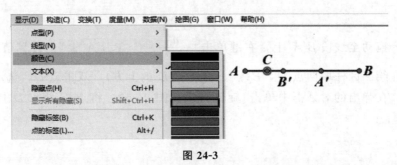

图 24-3

3. 按住 Shift 键，分别选定点 $C$ 和有向线段 $AB'$，选择"度量/点的值"，得到"$C$ 在 $\overline{AB'}$ 上"的即时度量值．按住 Shift 键，分别选定点 $C$ 和有向线段 $B'A'$，选择"度量/点的值"（图 24-4），得到"$C$ 在 $\overline{B'A'}$ 上"的即时度量值．类似地，度量出"$C$ 在 $\overline{A'B}$ 上"的即时值．

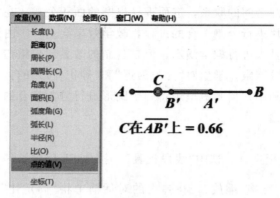

**图 24-4**

4. 选择"数据/新建参数",将名称修改为"$n$",数值修改为"3",单击"确定"按钮,得到参数"$n=3$"备用. 选择"数据/计算",在弹出的计算编辑窗口中,依次输入"$-$""90",在编辑窗口的右侧选择"单位/度",输入"$\div$",单击参数"$n=3$"(图 24-5),单击"确定"按钮,得到"$\dfrac{-90°}{n}$"的计算值. 类似地,计算出"$\dfrac{-90°}{n-2} \cdot C$ 在 $\overline{B'A'}$ 上"和"$n-1$"的值备用.

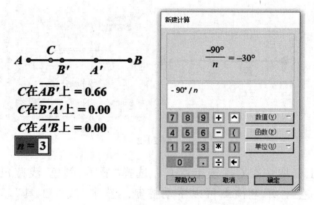

**图 24-5**

5. 将点 $C$ 拖动至线段 $B'A'$ 上,右键单击"$\dfrac{\frac{-90°}{n}}{-2} \cdot C$ 在 $\overline{B'A'}$ 上"的计算值,选择"标记角度"备用. 在绘图区任取两点 $D$,$E$(点 $E$ 位于点 $D$ 的上方),双击点 $D$,选定点 $E$,选择"变换/旋转",在弹出的对话框中单击"旋转"按钮(图 24-6),将点 $E$ 绕点 $D$ 按标记角度旋转,得到点 $E'$.

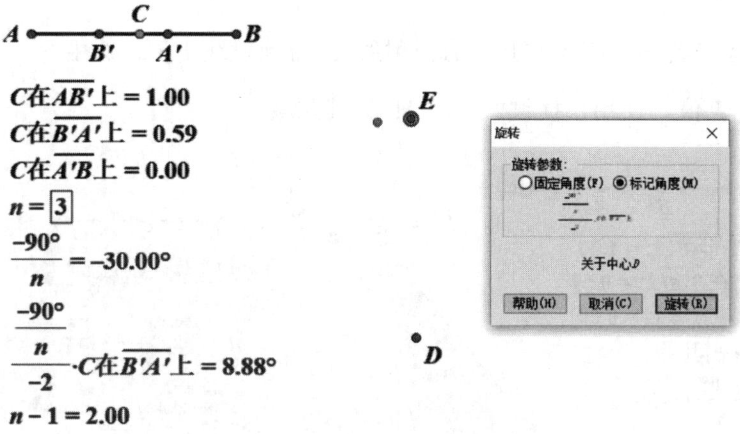

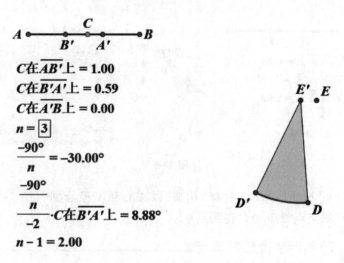

A B C B' A'
C在$\overline{AB'}$上 = 1.00
C在$\overline{B'A'}$上 = 0.59
C在$\overline{A'B}$上 = 0.00
n = 3
$\frac{-90°}{n}$ = –30.00°
$\frac{\frac{-90°}{n}}{-2}$·C在$\overline{B'A'}$上 = 8.88°
n – 1 = 2.00
E
D
旋转
旋转参数:
固定角度(F)
标记角度(M)
关于中心D
帮助(H)
取消(C)
旋转(R)

图 24-6

6. 仿照上一步，右键单击“$\frac{-90°}{n}$”的计算值，选择“标记角度”备用. 将点 $D$ 绕点 $E'$ 按标记角度“$\frac{-90°}{n}$”旋转，得到点 $D'$. 依次选定点 $E'$，$D'$，$D$，选择“构造/圆上的弧”，得到 $\overset{\frown}{D'D}$. 选中 $\overset{\frown}{D'D}$，选择“构造/弧内部/扇形内部”，右键单击该扇形的内部，选择“颜色/浅灰色”. 分别连接 $E'D$，$E'D'$，选中新连接的两条线段，选择“显示/线型/细线”(图 24-7).

A B C B' A'
C在$\overline{AB'}$上 = 1.00
C在$\overline{B'A'}$上 = 0.59
C在$\overline{A'B}$上 = 0.00
n = 3
$\frac{-90°}{n}$ = –30.00°
$\frac{\frac{-90°}{n}}{-2}$·C在$\overline{B'A'}$上 = 8.88°
n – 1 = 2.00
E' E
D' D

图 24-7

7. 将点 $E'$ 绕点 $D'$ 按标记角度“$\frac{\frac{-90°}{n}}{-2}$ · $C$ 在 $\overline{B'A'}$ 上”旋转，得到点 $E''$. 任取一点 $F$，选中该点，选择“变换/平移”，在弹出的对话框中选择“直角坐标”，将水平方向中的“固定距离”修改为“0”厘米，将垂直方向中的“固定距离”修改为“$-1$”厘米(图 24-8)，单击“平移”按钮，得

到点 $F'$. 依次选定点 $F$，$F'$，选择"构造/射线"，得到射线 $FF'$. 选中"$\dfrac{-90°}{n}$"和"$\dfrac{\frac{-90°}{n}}{-2}\cdot C$ 在 $\overline{B'A'}$ 上"的计算值，使用快捷键"Ctrl＋H"将其隐藏.

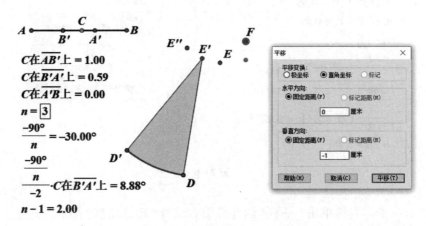

图 24-8

8. 将点 $C$ 拖动至线段 $AB'$ 上，右键单击"$C$ 在 $\overline{AB'}$ 上"的度量值，选择"标记比"备用. 在射线 $FF'$ 上任取一点 $G$，双击点 $F$，选定点 $G$，选择"变换/缩放"，在弹出的对话框中单击"缩放"按钮（图 24-9），将点 $G$ 关于点 $F$ 按所标记的比值进行缩放，得到点 $G'$.

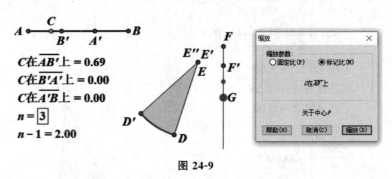

图 24-9

9. 分别选定点 $G'$ 和线段 $AB$，选择"构造/以圆心和半径绘圆"（图 24-10），得到圆 $G'$. 在圆 $G'$ 和射线 $FF'$ 的交点处单击，得到点 $H$.

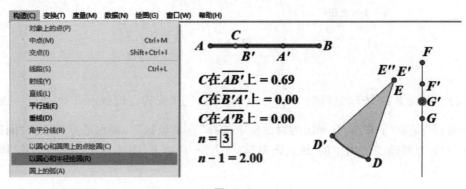

图 24-10

10. 为了后续操作方便，选定点 $G$，选择"编辑/操作类按钮"中的"隐藏/显示"，得到按钮"隐藏点 $G$"备用. 任取一点 $I$，双击点 $F$，选定点 $I$，选择"变换/旋转"，在弹出的对话框中将"固定角度"修改为"180"度，单击"旋转"按钮（图 24-11），将点 $I$ 绕点 $F$ 旋转 $180°$，得到点 $I'$.

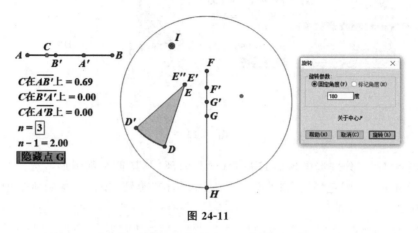

图 24-11

11. 将点 $C$ 拖动至线段 $A'B$ 上，此时点 $G$ 与点 $G'$ 重合，单击按钮"隐藏点 $G$"，将点 $G$ 予以隐藏. 右键单击"$C$ 在 $\overline{A'B}$ 上"的度量值，选择"标记比"（图 24-12）备用. 仿照第 8 步，将点 $H$ 关于点 $I'$ 按所标记的比值进行缩放，得到点 $H'$. 为了后续演示效果更佳，分别选中线段 $E'D'$，$E'D$，仿照第 6 步，将其线型设定为"极细点线".

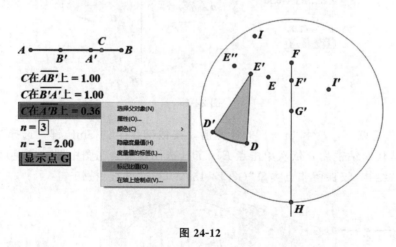

图 24-12

12. 将点 $H'$ 关于点 $I$ 按固定比"$\dfrac{1}{2}$"进行缩放，得到点 $H''$. 双击射线 $FF'$，选中扇形 $E'D'D$ 及其内部（除点 $D$，$D'$，$E'$ 外），选择"变换/反射"（图 24-13），得到扇形 $E'D'D$ 及其内部关于射线 $FF'$ 的轴对称图形.

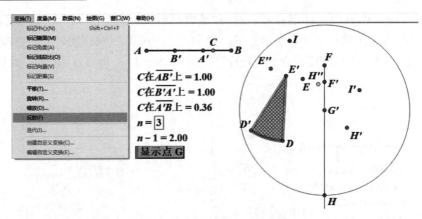

图 24-13

13. 双击点 $H''$，分别选中扇形 $E'D'D$（含其内部）及其轴对称图形，选择"变换/旋转"，在弹出的对话框中将"固定角度"修改为"180"度，单击"旋转"按钮，得到所选中对象的中心对称图形（图 24-14）．

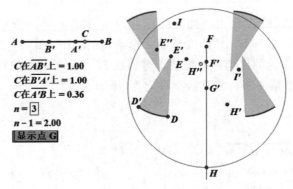

图 24-14

14. 依次选定点 $E$，$D$ 和"$n-1$"的计算值，按住键盘上的 Shift 键，选择"变换/深度迭代"．在弹出迭代对话框后，依次单击点 $E''$，$D'$（迭代效果会在图中即时呈现），然后在对话框的右侧选择"结构/仅保留非点类象"（图 24-15），单击"迭代"按钮．

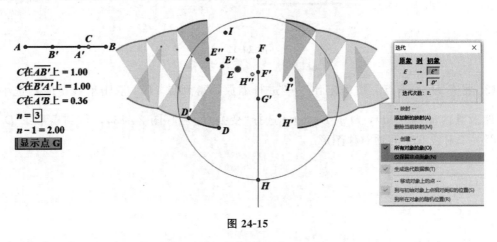

图 24-15

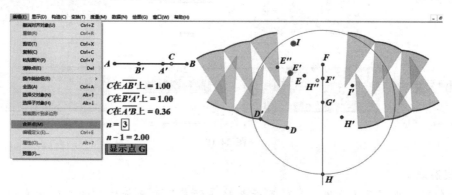

15. 依次选定点 $I$，$E'$，选择"编辑/合并点"（图 24-16），将点 $I$ 合并到 $E'$. 类似地，将点 $D$ 合并到点 $H$，将点 $E$ 合并到点 $G'$.

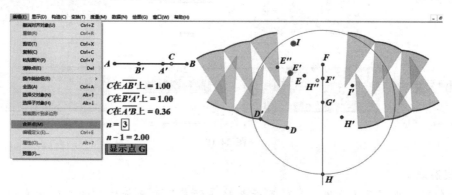

图 24-16

16. 对照图 24-17，选中不再需要的信息，使用快捷键"Ctrl＋H"将其隐藏. 单击"显示点 $G$"按钮，显示出点 $G$，然后将该按钮隐藏. 分别选定点 $A$，$B$，$G$，选择"显示/颜色/浅蓝色"，将这三个点的颜色设定为"浅蓝色"，示意这三个点和点 $C$ 一样，可以手动控制. 再次选定点 $A$，$B$，$G$，选择"编辑/操作类按钮"中的"隐藏/显示"，得到一个显隐按钮，将其标签修改为"隐藏控制点"（图 24-17）. 完成作图.

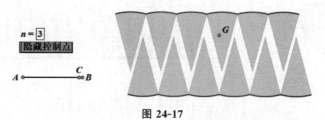

图 24-17

如图 24-18 所示，先拖动点 $C$ 查看一下整体的演示效果，然后根据需要，拖动点 $B$（或点 $A$）来调节圆的大小，拖动点 $G$ 来调节分离前后的两个半圆之间的间距. 单击按钮"隐藏控制点"，并将点 $C$ 由左侧拖动到右侧，便可以呈现将一个圆形进行分割拼合的动态过程了. 当然，我们也可以将参数"$n$"的值修改为其他任意正整数 $n$，进而将圆分为 $4n$ 等份（图 24-19）.

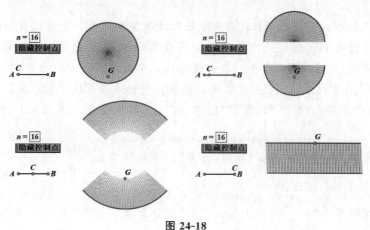

图 24-18

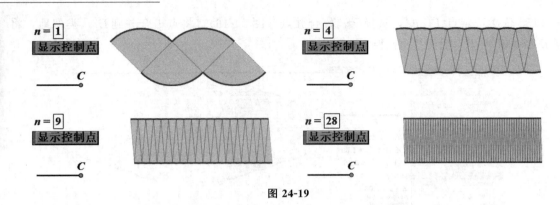

图 24-19

【自我挑战】

17 世纪时，德国天文学家、数学家开普勒在研究葡萄酒桶体积的算法时发现了另一种求圆面积公式的方法：如图 24-20，先将圆分割成一些小扇形，分割得越细，小扇形就越接近以圆心为顶点、半径为高的小等腰三角形．依次将这些小等腰三角形转化为等底等高的小三角形，将它们拼在一起就得到了一个直角三角形．在极限的情形下，该直角三角形面积等于圆面积．你能利用几何画板来呈现本方法的分割变形的动态过程吗？请你试一试．

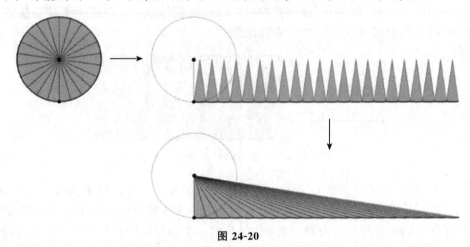

图 24-20

★小帮手★

如图 24-21，任作一条线段 $AB$，并构造出该线段的中点 $C$．选中线段 $AB$，选择"构造/线段上的点"，得到点 $D$．继续选中线段 $AB$（不含两个端点），选择"编辑/操作类按钮"中的"隐藏/显示"，得到"隐藏线段"按钮．单击该按钮，隐藏线段 $AB$．选中"线段工具"，依次单击点 $A$，$C$，得到有向线段 $AC$．类似地，构造出有向线段 $CB$．选定点 $D$ 和线段 $AC$，按住 Shift 键，选择"度量/点的值"，得到"$D$ 在 $\overline{AC}$ 上"的度量值．类似地，度量出"$D$ 在 $\overline{CB}$ 上"备用．新建参数"$n=10$"，选择"数据/计算"，分别计算出"$\dfrac{360°}{n}$""$\dfrac{-\dfrac{360°}{n}}{2} \cdot D$ 在 $\overline{AC}$ 上""$n-1$"的值．右键单击"$\dfrac{-\dfrac{360°}{n}}{2} \cdot D$ 在 $\overline{AC}$ 上"的计算值，选择"标记角度"备用．仿照第 5

步，在绘图区任取两点 $E$，$F$（点 $F$ 位于点 $E$ 的上方），双击点 $E$，选定点 $F$，选择"变换/旋转"，在弹出的对话框中单击"旋转"按钮，将点 $F$ 绕点 $E$ 按标记角度旋转，得到点 $F'$. 类似地，将点 $E$ 绕点 $F'$ 按标记角度"$\dfrac{360°}{n}$"进行旋转，得到点 $E'$. 将点 $F'$ 绕点 $E'$ 按标记角度"$\dfrac{\dfrac{360°}{n}}{2} \cdot D$ 在 $\overline{AC}$ 上"进行旋转，得到点 $F''$. 将点 $D$ 拖动到线段 $CB$ 上，右键单击"$D$ 在 $\overline{CB}$ 上"的计算值，选择"标记比值"备用. 任取一点 $G$，双击点 $F''$，选定点 $G$，选择"变换/缩放"，在弹出的对话框中单击"缩放"按钮，将点 $G$ 关于点 $F''$ 按标记比进行缩放，得到点 $G'$. 分别连接 $G'E$，$G'E'$，并将其线型设定为"极细点线". 分别选定点 $G'$，$E$，$E'$，选择"构造/三角形的内部"，得到 $\triangle G'EE'$ 的内部，并将其颜色设定为"浅灰色". 仿照第 6 步，依次选定点 $F'$，$E$，$E'$，选择"构造/圆上的弧"，得到 $\overset{\frown}{EE'}$. 选中 $\overset{\frown}{EE'}$，选择"构造/弧内部/弓形内部"，右键该弓形的内部，选择"颜色/浅灰色". 依次选定点 $E$，$F$ 和"$n-1$"的计算值，按住 Shift 键，选择"变换/深度迭代". 在弹出迭代对话框后，依次单击点 $E'$，$F''$（迭代效果会在图中即时呈现），然后在对话框的右侧选择"结构/仅保留非点类象"，单击"迭代"按钮.

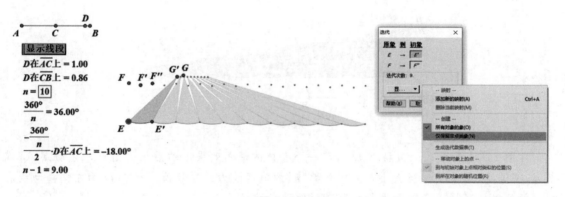

**图 24-21**

如图 24-22，分别选中线段 $AC$，$CB$，使用快捷键"Ctrl＋H"将其隐藏. 单击"显示线段"按钮，显示出线段 $AB$ 备用. 将点 $E$ 向上平移 1 厘米，得到点 $E''$，作射线 $EE''$. 以点 $E$ 为圆心，线段 $AB$ 为半径作圆 $E$，交射线 $EE''$ 于点 $H$. 选中"圆工具"，依次单击点 $H$，$E$，得到经过点 $E$ 的圆 $H$，将圆 $H$ 的线型设定为"极细点线". 选择"数据/计算"，计算出"$\cos\left(\dfrac{\frac{360°}{n}}{2}\right)$"的值，将点 $H$ 关于点 $E$ 按标记比"$\cos\left(\dfrac{\frac{360°}{n}}{2}\right)$"进行缩放，得到点 $H'$. 依次选定点 $F$，$H$，选择"编辑/合并点"（图 24-22），将点 $F$ 合并到点 $H$. 类似地，将点 $G$ 合并到点 $H'$.

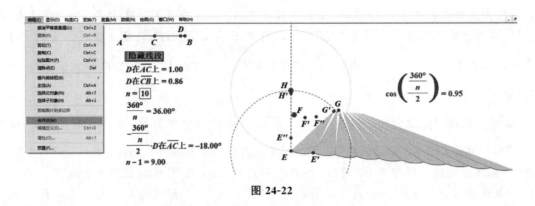

图 24-22

仿照第 16 步，对照图 24-23，选中不再需要的信息，使用快捷键"Ctrl＋H"将其隐藏. 将 $A$，$B$，$D$ 三个点的颜色设定为"浅蓝色"，示意拖动点 $A$（或点 $B$）来调节圆的大小，拖动点 $E$ 来动态演示. 连接 $HE$，并制作出点 $E$，$H$，$H'$ 的显隐按钮"隐藏点". 继续选中这三个点，选择"显示/隐藏标签".

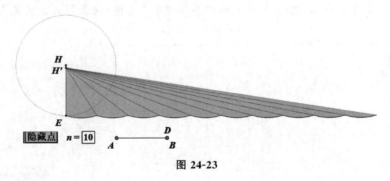

图 24-23

如图 24-24 所示，先拖动点 $D$ 查看一下整体的演示效果，然后根据需要，拖动点 $A$（或点 $B$）将圆 $H$ 调节至适当大小，并将参数"$n$"的值修改为适当数值. 将点 $D$ 由左侧拖动到右侧，便可以呈现将一个圆形进行分割变形的动态过程了.

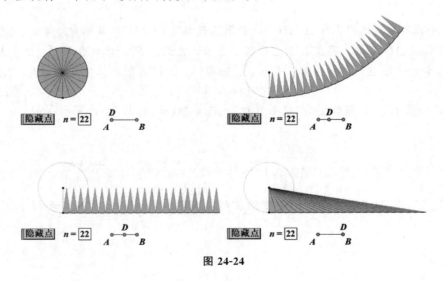

图 24-24

# 第二十五讲　长方体的展开与折叠

　　在生活中，我们经常会见到一些长方体、正方体、圆柱等各种各样立体形状的包装盒. 要设计、制作这些包装盒，除了美术设计以外，还要了解它展开后的形状，进而根据其展开图来裁剪纸张. 有些立体图形的表面可看作由若干平面组成，把表面沿适当位置裁开，按每个平面的实际形状和大小，无褶皱地摊开在同一平面上，称为立体表面展开，展开后所得的图形称为展开图. 将几何体展开，得到几何体的平面图形，然后又将平面图形折叠，还原得到几何体，进行平面和立体的相互转化，可以有效地增进学生对空间的理解. 在教学中，为了增强教学效果，通常使用折纸法来演示正方体的展开与折叠过程，由于受纸张材质和大小的限制，演示效果一般. 而利用几何画板来演示长方体或正方体展开与折叠的过程，则可以让学生真真切切地感受到"形"与"体"转换的过程，为学生思维提供形象的支撑.

　　本讲我们就以图 25-1 所示的展开图为例来学习长方体的展开与折叠的制作方法.

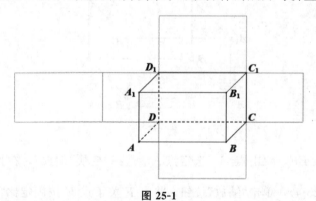

图 25-1

　　具体操作步骤如下.

　　1. 新建一个几何画板文件，任作一点 $A$，选择"变换/平移"，在弹出的对话框中将固定角度修改为"0"度，单击"平移"按钮，将点 $A$ 水平向右平移 1 厘米，得到点 $A'$，作射线 $AA'$，将射线 $AA'$ 绕点 $A$ 逆时针旋转，每次旋转 $45°$，旋转两次. 选中三条射线，选择"构造/射线上的点"，分别得到点 $B$，$D$，$A_1$. 分别选定点 $B$，$D$，$A_1$，选择"显示/颜色/浅蓝色"（图 25-2），示意拖动这三个点可以改变长方体的长、宽、高的大小. 选中三条射线和点 $A'$，使用快捷键"Ctrl＋H"将其隐藏.

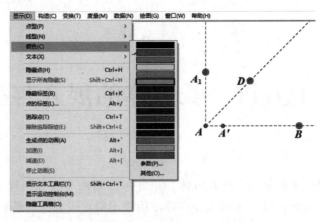

图 25-2

2. 依次选定点 $A$，$B$，选择"变换/标记向量"。选定点 $D$，选择"变换/平移"，将点 $D$ 按所标记向量 $\overrightarrow{AB}$ 进行平移，得到点 $C$。类似地，依次选定点 $A$，$A_1$，选择"变换/标记向量"，分别选定点 $B$，$C$，$D$，选择"变换/平移"，将这三个点按所标记向量 $\overrightarrow{AA_1}$ 进行平移，得到点 $B_1$，$C_1$，$D_1$。选中"线段直尺工具"中的"线段工具"，分别连接长方体 $ABCD$-$A_1B_1C_1D_1$ 的各条棱（图 25-3）。

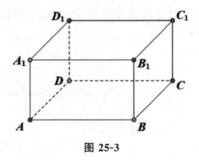

图 25-3

3. 任作一条线段 $EF$，双击点 $E$，选定点 $F$，选择"变换/缩放"，在弹出的对话框中将固定比修改为"$\frac{1}{5}$"（图 25-4），单击"缩放"按钮，将点 $F$ 关于点 $E$ 按固定比"$\frac{1}{5}$"进行缩放，得到点 $G$。类似地，分别将点 $F$ 关于点 $E$ 按固定比"$\frac{2}{5}$""$\frac{3}{5}$""$\frac{4}{5}$"进行缩放，得到点 $H$，$I$，$J$。

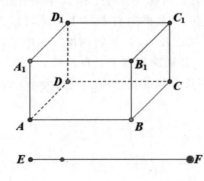

图 25-4

4. 选定点 $F$，选择"编辑/操作类按钮"中的"隐藏/显示"，制作出点 $F$ 的显隐按钮"隐藏点 $F$"．将点 $F$ 关于点 $E$ 按固定比"$\dfrac{4.99}{5}$"进行缩放，得到点 $F'$．选中线段 $EF$，使用快捷键"Ctrl＋H"将其隐藏，并单击按钮"隐藏点 $F$"，将点 $F$ 予以隐藏．连接 $EF'$，在线段 $EF'$ 上任取一点 $K$，并将该点的颜色设定为"浅蓝色"（图 25-5）．选中线段 $EF'$ 和点 $F'$，使用"Ctrl＋H"将其隐藏．

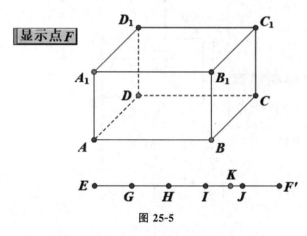

图 25-5

5. 单击"显示点 $F$"按钮，显示出点 $F$．依次选定点 $E$，$G$，选择"构造/线段"，得到有向线段 $EG$，类似地，构造出有向线段 $GH$，$IH$，$JI$，$FJ$（请注意有向线段的选择顺序，初学者易错）．选中按钮"隐藏点 $F$"，使用 Delete 键将其删除．分别选定点 $K$ 和线段 $EG$，按住 Shift 键，选择"度量/点的值"（图 25-6），得到"$K$ 在 $\overline{EG}$ 上"的度量值．

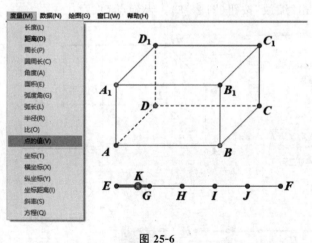

图 25-6

6. 将点 $B$ 关于点 $C$ 按固定比"$\dfrac{2}{1}$"进行缩放，得到点 $B'$．依次选定点 $C$，$B'$，选择"构造/以圆心和圆周上的点绘圆"，得到圆 $C$．分别作直线 $B_1B$，$CD$，并在圆 $C$ 和射线 $B_1B$，$DC$ 的交点处单击，得到点 $L$，$M$．分别选中直线 $B_1B$，$CD$，选择"构造/交点"，得到点 $N$．依次选定点 $C$，$L$，$M$，选择"构造/圆上的弧"（图 25-7），得到 $\overparen{LM}$．选中圆 $C$，选择

"编辑/操作类按钮"中的"隐藏/显示",制作出圆 $C$ 的显隐按钮"隐藏圆". 单击该按钮,隐藏圆 $C$.

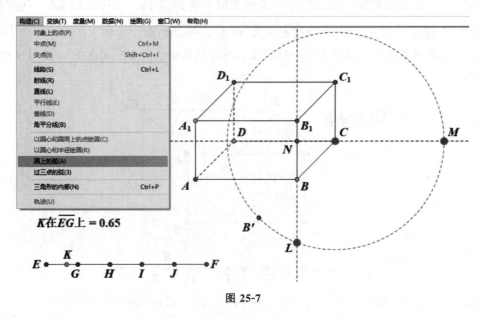

图 25-7

7. 分别选中 $\overset{\frown}{LM}$ 和"$K$ 在 $\overline{EG}$ 上"的度量值,选择"绘图/在弧上绘制点",得到点 $O$,过点 $O$ 作直线 $CD$ 的垂线,垂足为点 $P$. 依次选定点 $N$,$L$,$B$,选择"度量/比",得到"$\dfrac{NB}{NL}$"的度量值. 右键单击该度量值,选择"标记比",双击点 $P$,选定点 $O$,选择"变换/缩放",在弹出的对话框中单击"缩放"按钮(图 25-8),得到点 $O'$.

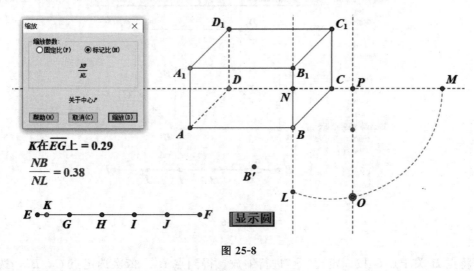

图 25-8

8. 将点 $O'$ 按所标记向量 $\overrightarrow{BB_1}$ 进行平移,得到点 $O''$. 选中"多边形工具"中的"有芯有边框"工具,构造出四边形 $CO'O''C_1$ 及其内部,将该四边形的四条边的线型设定为"细点线". 分别选定点 $B'$,$L$,$M$,$N$,$O$,$P$,$O'$,$O''$,直线 $OP$,$CD$,$LN$,$\overset{\frown}{LM}$,"$K$ 在 $\overline{EG}$ 上"

和"$\dfrac{NB}{NL}$"的度量值等不再需要的对象，选择"显示/隐藏对象"（图 25-9），将所选中的对象隐藏.

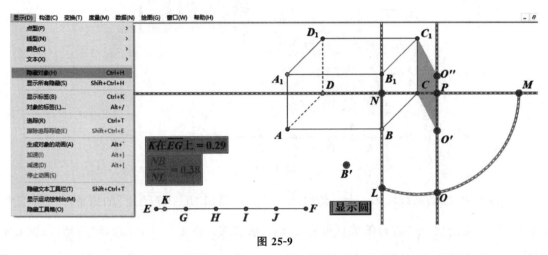

图 25-9

9. 将点 $K$ 拖动到线段 $GH$ 上，仿照第 5 步，度量出"$K$ 在 $\overline{GH}$ 上"的值备用. 构造直线 $C_1C$，$AB$，在其交点处单击，得到点 $Q$. 单击按钮"显示圆"，显示出圆 $C$，并在圆 $C$ 和射线 $BA$，$C_1C$ 的交点处单击，得到点 $R$，$S$. 依次选定点 $C$，$S$，$R$，选择"构造/圆上的弧"，得到 $\overparen{SR}$. 分别选中 $\overparen{SR}$ 和"$K$ 在 $\overline{GH}$ 上"的度量值，选择"绘图/在弧上绘制点"，得到点 $T$. 过点 $T$ 作直线 $C_1C$ 的垂线，垂足为点 $U$. 依次选定点 $Q$，$R$，$B$，选择"度量/比"，得到 "$\dfrac{QB}{QR}$"的度量值. 右键单击该度量值，选择"标记比". 将点 $T$ 关于点 $U$ 按所标记的比值进行缩放，得到点 $T'$. 将点 $T'$ 按所标记向量 $\overrightarrow{BA}$ 进行平移，得到点 $T''$. 构造出四边形 $CT'T''D$ 及其内部，并将该四边形的四条边的线型设定为"细点线"（图 25-10）. 对照图 25-11，将不再需要的对象隐藏.

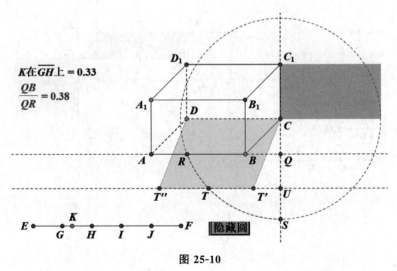

图 25-10

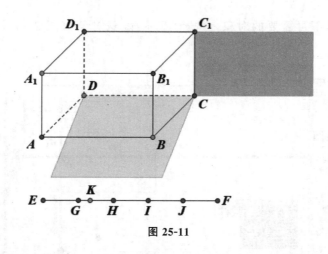

图 25-11

10. 将点 $K$ 拖动到线段 $HI$ 上，仿照第 5 步，度量出"$K$ 在 $\overline{IH}$ 上"的值备用. 将点 $B_1$ 关于点 $C_1$ 按固定比"$\frac{2}{1}$"进行缩放，得到点 $B_1'$. 依次选定点 $C_1$，$B_1'$，选择"构造/以圆心和圆周上的点绘圆"，得到圆 $C_1$. 构造直线 $C_1C$，$A_1B_1$，在其交点处单击，得到点 $V$. 在圆 $C_1$ 和射线 $A_1B_1$，$CC_1$ 的交点处单击，得到点 $W$，$X$. 依次选定点 $C_1$，$X$，$W$，选择"构造/圆上的弧"，得到 $\overset{\frown}{XW}$. 分别选中 $\overset{\frown}{XW}$ 和"$K$ 在 $\overline{IH}$ 上"的度量值，选择"绘图/在弧上绘制点"，得到点 $Y$. 过点 $T$ 作直线 $C_1C$ 的垂线，垂足为点 $Z$. 依次选定点 $V$，$W$，$B_1$，选择"度量/比"，得到"$\frac{VB_1}{VW}$"的度量值. 右键单击该度量值，选择"标记比". 将点 $Y$ 关于点 $Z$ 按所标记的比值进行缩放，得到点 $Y'$. 将点 $Y'$ 按所标记向量 $\overrightarrow{C_1D_1}$ 进行平移，得到点 $Y''$. 构造出四边形 $C_1Y'Y''D_1$ 及其内部，并将该四边形的四条边的线型设定为"细点线"(图 25-12). 对照图 25-13，将不再需要的对象隐藏.

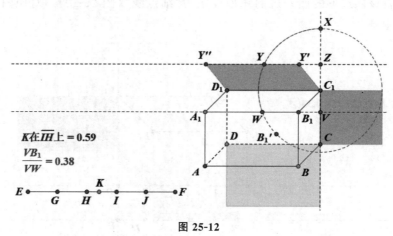

图 25-12

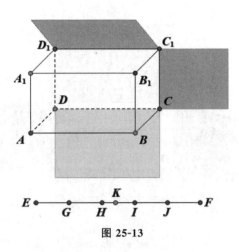

**图 25-13**

11. 将点 $K$ 拖动到线段 $JF$ 上，仿照第 5 步，度量出"$K$ 在 $\overline{FJ}$ 上"的值备用. 将点 $A$ 关于点 $D$ 按固定比"$\dfrac{2}{1}$"进行缩放，得到点 $A'$. 依次选定点 $D$，$A'$，选择"构造/以圆心和圆周上的点绘圆"，得到圆 $D$. 构造直线 $DC$，$AA_1$，在其交点处单击，得到点 $E_1$. 在圆 $D$ 和射线 $CD$ 和 $A_1A$ 的交点处单击，得到点 $F_1$，$G_1$. 依次选定点 $D$，$F_1$，$G_1$，选择"构造/圆上的弧"，得到 $\overset{\frown}{F_1G_1}$. 分别选中 $\overset{\frown}{F_1G_1}$ 和"$K$ 在 $\overline{FJ}$ 上"的度量值，选择"绘图/在弧上绘制点"，得到点 $H_1$. 过点 $H_1$ 作直线 $CD$ 的垂线，垂足为 $I_1$. 依次选定点 $E_1$，$G_1$，$A$，选择"度量/比"，得到 $\dfrac{E_1A}{E_1G_1}$"的度量值. 右键单击该度量值，选择"标记比值". 将点 $H_1$ 关于点 $I_1$ 按所标记的比值进行缩放，得到点 $H_1'$. 将点 $H_1'$ 按所标记向量 $\overrightarrow{AA_1}$ 进行平移，得到点 $H_1''$. 构造出四边形 $DH_1'H_1''D_1$ 及其内部，并将该四边形的四条边的线型设定为"细点线"（图 25-14）. 对照图 25-15，将不再需要的对象隐藏.

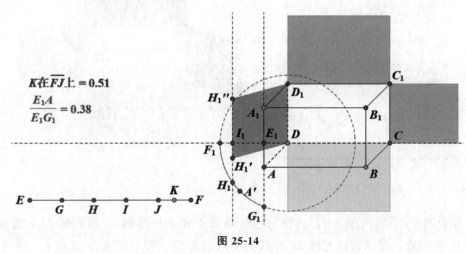

**图 25-14**

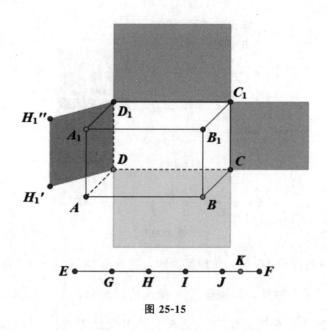

图 25-15

12. 取 $AB$ 的中点 $J_1$, 将 $J_1$ 绕点 $A$ 顺时针旋转 $135°$, 得到点 $J_1'$. 依次选定点 $D$, $A$, $J_1'$, 选择"度量/比", 得到"$\dfrac{D\mid J_1'}{DA}$"的度量值. 右键单击该度量值, 选择"标记比". 双击点 $D$, 选定点 $H_1'$, 选择"变换/缩放", 在弹出的对话框中单击"缩放"按钮(图 25-16), 将点 $H_1'$关于点 $D$ 按所标记的比值进行缩放, 得到点 $K_1$. 隐藏"$\dfrac{D\mid J_1'}{DA}$"的度量值.

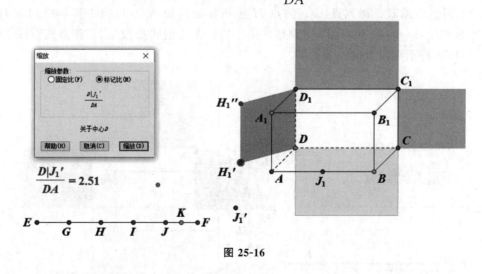

图 25-16

13. 分别选中 $H_1'$ 和线段 $AB$, 选择"构造/以圆心和半径绘圆", 得到圆 $H_1'$. 过点 $H_1'$ 作线段 $AB$ 的平行线, 在该直线与圆 $H_1'$ 的右侧交点处单击, 得到点 $L_1$. 过点 $K_1$ 作线段 $AB$ 的垂线, 垂足为 $M_1$, 在所作垂线与圆 $H_1'$ 的下方交点处单击, 得到点 $N_1$. 依次选定点 $M_1$, $N_1$, $K_1$, 选择"度量/比", 得到"$\dfrac{M_1 K_1}{M_1 N_1}$"的度量值. 依次选定点 $H_1'$, $N_1$, $L_1$, 选择"构造/

圆上的弧"（图 25-17），得到 $\overset{\frown}{N_1L_1}$. 分别选定点 $L_1$，$M_1$，$N_1$，$K_1$，$J_1$，$J_1'$，直线 $M_1N_1$ 和圆 $H_1'$，使用快捷键"Ctrl＋H"将其隐藏.

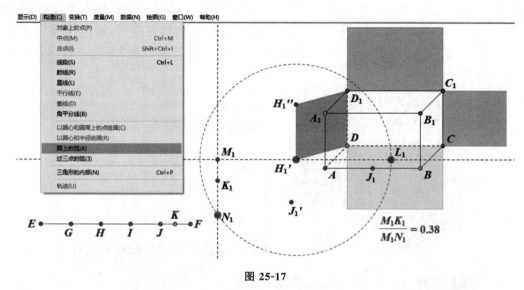

图 25-17

14. 选定点 $A$，$A_1$，选择"编辑/操作类按钮"中的"隐藏/显示"，制作出这两个点的显隐按钮"隐藏点". 单击该按钮，将点 $A$，$A_1$ 临时隐藏，以便后续操作. 将点 $K$ 拖动到线段 $IJ$ 上，仿照第 5 步，度量出"$K$ 在 $\overline{JI}$ 上"的值备用. 分别选中 $\overset{\frown}{N_1L_1}$ 和"$K$ 在 $\overline{JI}$ 上"的度量值，选择"绘图/在弧上绘制点"，得到点 $O_1$. 过点 $O_1$ 作直线 $AB$（点 $A$ 被隐藏）的垂线，垂足为 $P_1$. 右键单击"$\dfrac{M_1K_1}{M_1N_1}$"的度量值，选择"标记比". 将点 $O_1$ 关于点 $P_1$ 按所标记的比值进行缩放，得到点 $O_1'$. 将点 $O_1'$ 按所标记向量 $\overrightarrow{BB_1}$ 进行平移，得到点 $O_1''$. 构造出四边形 $O_1'O_1''H_1''H_1'$ 及其内部，并将该四边形的四条边的线型设定为"细点线"（图 25-18）. 对照图 25-19，将不需要的对象隐藏.

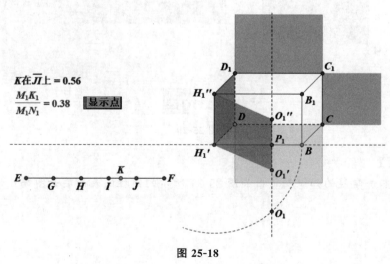

图 25-18

15. 依次选定点 $K$，$F$，选择"编辑/操作类按钮/移动"，在弹出的对话框中选择"移动"，将"速度"设定为"慢速"，继续选择"标签"，将标签修改为"展开"（图 25-19），单击"确定"按钮，得到"展开"按钮. 类似地，依次选定点 $K$，$E$，选择"编辑/操作类按钮/移动"，在弹出的对话框中选择"移动"，将"速度"设定为"慢速"，继续选择"标签"，将标签修改为"折叠"，制作出"折叠"按钮. 选中"多边形工具"中的"有芯无边框"工具，构造出四边形 $CDD_1C_1$ 的内部. 完成作图.

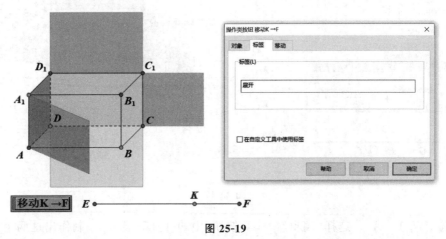

图 25-19

如图 25-20，先将点 $K$ 拖动至点 $E$，再单击"展开"按钮或将点 $K$ 向点 $F$ 拖动，便可以动态演示长方体的表面展开过程. 单击"折叠"按钮或将点 $K$ 向点 $E$ 拖动，则可以动态演示长方体的表面折叠过程.

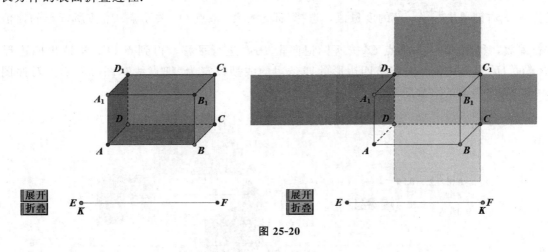

图 25-20

【自我挑战】

你能利用本讲学习的知识制作出如图 25-21 所示的圆柱的表面展开图吗？请你试一试.

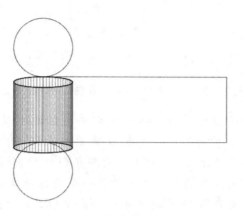

图 25-21

**★小帮手★**

如图 25-22，任作一条线段 $AB$，作出点 $B$ 的显隐按钮"隐藏点 $B$"备用．分别将点 $B$ 关于点 $A$ 按固定比"$\frac{1}{4}$""$\frac{2}{4}$""$\frac{3}{4}$""$\frac{3.998}{4}$"进行缩放，得到点 $C$，$D$，$E$，$B'$．隐藏线段 $AB$，并单击按钮"隐藏点 $B$"，将点 $B$ 隐藏．构造有向线段 $AC$，在线段 $AC$ 上任取一点 $F$，连接 $FB'$，在线段 $FB'$ 上任取一点 $G$，选中线段 $FB'$ 和点 $B'$，使用快捷键"Ctrl＋H"将其隐藏．单击按钮"显示点 $B$"，显示出点 $B$．分别构造有向线段 $CD$，$DE$，$EB'$．任取一点 $H$，将点 $H$ 向上平移 1 厘米，得到点 $H'$，构造射线 $HH'$，在该射线上任取一点 $I$，选中"圆工具"，依次单击点 $I$，$H$，得到圆 $I$．在圆 $I$ 与射线 $HH'$ 的另一个交点处单击，得到点 $J$．在圆 $I$ 上任取一点 $K$，过点 $K$ 作射线 $HH'$ 的平行线，过点 $J$ 作射线 $HH'$ 的垂线，两条直线交于点 $L$．选定点 $G$ 和线段 $AC$，按住 Shift 键，选择"度量/点的值"，得到"$G$ 在 $\overline{AC}$ 上"的度量值．右键单击该度量值，选择"标记比值"．双击点 $L$，选定点 $K$，选择"变换/缩放"，在弹出的对话框中单击"缩放"按钮，将点 $K$ 关于点 $L$ 按所标记的比值进行缩放，得到点 $K'$．分别选定点 $K$，$K'$，选择"构造/轨迹"，得到一个椭圆．在该椭圆与直线 $LK$ 的另一个交点处单击，得到点 $M$，连接 $K'M$，将该线段的颜色设定为"黄色"，分别选定点 $K$，线段 $K'M$，选择"构造/轨迹"，得到椭圆的内部．右键新构造的椭圆内部，选择"属性"，在属性对话框中选择"绘图"，将"采样数量"修改为"1000"．对照图 25-23，将不再需要的对象隐藏．

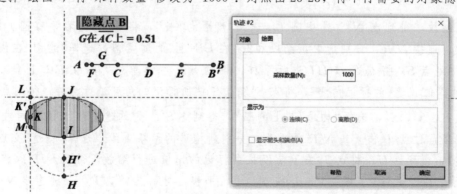

图 25-22

如图 25-23，依次选定点 $A$，$C$，$F$，选择"度量/比"，得到 $\dfrac{AF}{AC}$ 的度量值. 仿照第 5 步，分别度量出"$G$ 在 $\overline{CD}$ 上"和"$G$ 在 $\overline{DE}$ 上"的值. 选择"数据/计算"，计算出"$G$ 在 $\overline{CD}$ 上 $+(G$ 在 $\overline{DE}$ 上 $-1)\cdot\dfrac{AF}{AC}$"的值. 右键单击该计算值，选择"标记比"备用. 在射线 $HH'$ 上任取一点 $N$，将点 $N$ 按 $\overrightarrow{HI}$ 进行平移，得到 $N'$，构造经过点 $N$ 的圆 $N'$. 在圆 $N'$ 上任取一点 $O$，过点 $O$ 作射线 $HH'$ 的平行线，过点 $N$ 作射线 $HH'$ 的垂线，两条直线交于点 $P$. 将点 $O$ 关于点 $P$ 按之前标记的比值进行缩放，得到点 $O'$. 分别选定点 $O$，$O'$，选择"构造/轨迹"，得到一个椭圆. 在该椭圆与直线 $OP$ 的另一个交点处单击，得到点 $Q$，连接 $O'Q$，将该线段的颜色设定为"浅蓝色"，分别选定点 $O$ 和线段 $O'Q$，选择"构造/轨迹"，得到椭圆的内部. 右键新构造的椭圆内部，选择"属性"，在属性对话框中选择"绘图"，将"采样数量"修改为"1000". 对照图 25-24，将不再需要的对象隐藏.

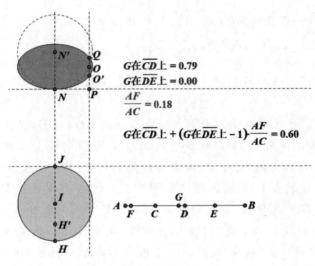

**图 25-23**

如图 25-24，度量"$G$ 在 $\overline{EB}$ 上"的值，并分别计算出"($G$ 在 $\overline{EB}$ 上 $+0.001$)$\cdot 360°$"和"$-\dfrac{AF}{AC}$"的值. 右键单击"$-\dfrac{AF}{AC}$"的计算值，选择"标记比值"，将点 $N'$ 关于点 $N$ 按所标记的比值进行缩放，得到点 $N''$. 选中圆 $I$，选择"度量/周长"，将点 $N''$ 向右平移圆 $I$ 的周长，得到点 $R$. 连接 $N''R$，分别选中该线段和"$G$ 在 $\overline{EB}$ 上"的度量值，选择"绘图/在线段上绘制点"，得到点 $S$. 将点 $S$ 按 $\overrightarrow{HI}$ 进行平移，得到 $S'$. 右键单击"($G$ 在 $\overline{EB}$ 上 $+0.001$)$\cdot 360°$"的计算值，选择"标记角度"，将点 $S'$ 绕点 $S$ 按所标记的角度进行旋转，得到点 $S''$. 依次选定点 $S$，$S''$，$S'$，选择"构造/圆上的弧"，得到 $\overset{\frown}{S''S'}$. 先构造直线 $N''R$，再在 $\overset{\frown}{S''S'}$ 上任取一点 $T$，过点 $T$ 作直线 $N''R$ 的垂线，分别新构造的两条直线，选择"构造/交点"（这一步很关键），得到点 $U$. 将点 $T$ 关于点 $U$ 按所标记的比值进行缩放，得到点 $T'$. 将点 $S$ 按 $\overrightarrow{N''N}$ 进行平移，得到 $V$. 将点 $V$，$T'$ 按 $\overrightarrow{NJ}$ 进行平移，得到点 $V'$，$T''$. 分别连接 $NJ$，$NV$，$JV'$，$T'T''$，并将前三条线段的颜色设定为"红色"，线型为"细实线"，将线段 $T'T''$ 的颜色设定为"蓝色"，线型为"极细实线". 使用"多边形工具"中的"有芯无边框"工具构造出矩形

$NJV'V$ 的内部，将其颜色设定为"蓝色". 分别选定点 $T$，$T'$，选择"构造/轨迹"，构造出点 $T'$ 的轨迹. 类似地，分别选定点 $T$，$T''$，构造出点 $T''$ 的轨迹，分别选定点 $T$ 和线段 $T'$ $T''$，构造出线段 $T'T''$ 的轨迹，将轨迹的采样量设定为"300". 对照图 25-25，将不需要的对象隐藏.

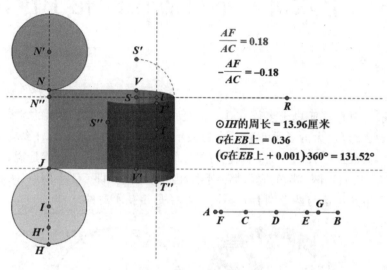

$$\frac{AF}{AC} = 0.18$$

$$-\frac{AF}{AC} = -0.18$$

$\odot IH$ 的周长 = 13.96 厘米

$G$ 在 $\overline{EB}$ 上 = 0.36

$(G$ 在 $\overline{EB}$ 上 + 0.001$)\cdot 360° = 131.52°$

图 25-24

如图 25-25，依次选定点 $G$，$B$，选择"编辑/操作类按钮/移动"，在弹出的对话框中选择"移动"，将"速度"设定为"慢速"，继续选择"标签"，将标签修改为"展开"，单击"确定"按钮，得到"展开"按钮. 类似地，依次选定点 $G$，$F$，制作出"折叠"按钮. 隐藏点 $F$，$B$. 分别选定点 $I$，$N$，$G$，选择"显示/颜色/浅蓝色"，示意拖动点 $I$ 可以调节圆柱的底面（椭圆）短轴的大小，拖动点 $N$ 可以调节圆柱的高，左右拖动点 $G$ 可以动态演示圆柱体表面的展开与折叠过程. 制作这三个点的显隐按钮"隐藏点".

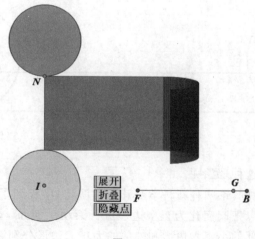

图 25-25

# 第二十六讲　不可思议的轮子悖论

　　轮子悖论，也称作"车轮悖论"，出自古希腊著作《机械》（*Mechanica*），提出者为古希腊哲学家、科学家、教育家亚里士多德．其大意是，将如图 26-1(1)所示的木头轮子抽象为两个同心圆[图 26-1(2)]，大的表示车轮，小的表示车轴，那么车轮在水平线上（无滑动地）滚动一周，此时车轴也正好转动一周，即它们碾过的水平长度相同．也就是说，半径不同的两个圆，同步旋转一周后，两个圆的底部都会平移相同的距离，即 $CC' = BB'$（图 26-2），所以两个圆的周长必定相同，这与两个圆有着不同的半径是相互矛盾的．

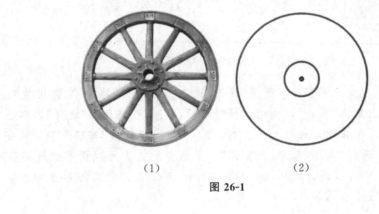

(1)　　　　　　　　　(2)

**图 26-1**

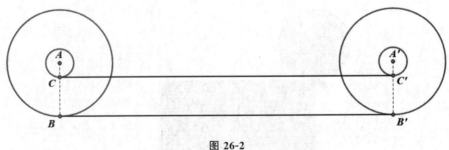

**图 26-2**

　　那么，为什么会发生这种现象呢？

　　伽利略在 1638 年出版的《论两种新科学及其数学演化》中提到了如何来解释亚里士多德的轮子悖论．他认为，可以把圆简化为正多边形进行滚动．例如，制作一个如图 26-3 所示的正六边形的轮子，将内部的小正六边形和外部的大正六边形分别涂上不同颜色的油漆，然后让它们滚动一周，这时就能看出明显的区别了．大六边形底边所在水平线涂满了油漆，而小六边形所在底边水平线却是断断续续的．接下来将多边形的边数不断扩大，仍会出现实线和虚线的不同景象. 进而说明小圆在滚动时还发生了我们肉眼看不见的"滑动".

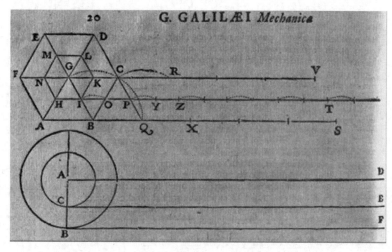

图 26-3

**【小贴士】**

悖论指在逻辑上可以推导出互相矛盾之结论，但表面上又能自圆其说的命题或理论体系. 悖论的出现往往是因为人们对某些概念的理解认识不够深刻. 悖论的成因极为复杂且深刻. 对它们的深入研究有助于数学、逻辑学、语义学等的发展，因此具有重要意义.

本讲我们学习如何利用几何画板制作一个可以在水平直线上(无滑动地)滚动一周的任意正多边形，以便于进一步理解伽利略所给出的解释.

具体操作步骤如下.

1. 新建一个几何画板文件，选择"编辑/预置(参数选项)"，在预置对话框中选择"文本"，在"自动显示标签"选项中勾选"应用于所有新建点"，将所有新建的点自动显示其对应的标签. 在绘图区任取一点 $A$，选择"变换/平移"，将固定角度设定为"0"度，得到点 $A'$，作射线 $AA'$，在射线 $AA'$ 上任取一点 $B$. 分别选中射线 $AA'$ 和点 $A'$，选择"显示/隐藏对象"(图 26-4)，将选中的对象隐藏.

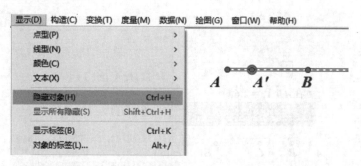

图 26-4

2. 选择"数据/新建参数"，新建参数" $n=5$ ". 右键单击该参数，选择"标记比". 双击点 $A$，选定点 $B$，选择"变换/缩放"，在弹出的对话框中单击"缩放"按钮(图 26-5)，将点 $B$ 关于点 $A$ 按标记比值进行缩放，得到点 $B'$. 连接 $AB'$，并在线段 $AB'$ 上任取一点 $C$.

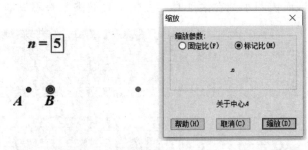

图 26-5

3. 选定点 $B$，$C$，选择"显示/颜色/浅蓝色"，将这两个点的颜色设定为"浅蓝色"，示意拖动点 $B$ 可以调节正多边形的边长，拖动点 $C$ 可以实现该正多边形在射线 $AA'$ 上无滑动的滚动. 作射线 $AB$，分别选定点 $C$ 和射线 $AB$，按住 Shift 键，选择"度量/点的值"(图 26-6)，得到"$C$ 在 $\overrightarrow{AB}$ 上"的度量值.

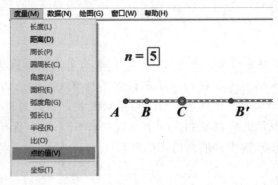

图 26-6

4. 选择"数据/计算"，在计算编辑窗口的右侧选择"trunc"，单击"$C$ 在 $\overrightarrow{AB}$ 上"的度量值，计算出"trunc($C$ 在 $\overrightarrow{AB}$ 上)"的值. 类似地，选择"数据/计算"，单击"trunc($C$ 在 $\overrightarrow{AB}$ 上)"的计算值，输入"+""1"，单击"确定"按钮(图 26-7)，计算出"trunc($C$ 在 $\overrightarrow{AB}$ 上)+1"的值.

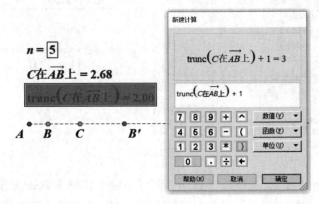

图 26-7

5. 分别选中射线 $AB$ 和"trunc($C$ 在 $\overrightarrow{AB}$ 上)"的计算值，选择"绘图/在射线上绘制点"，得到点 $D$．请注意，若"$C$ 在 $\overrightarrow{AB}$ 上"的度量值小于 2，则点 $D$ 与点 $B$ 或点 $A$ 重合．为方便后续操作，建议向右拖动点 $C$，使得"$C$ 在 $\overrightarrow{AB}$ 上"的度量值大于 2．类似地，分别选中射线 $AB$ 和"trunc($C$ 在 $\overrightarrow{AB}$ 上)＋1"的计算值，选择"绘图/在射线上绘制点"（图 26-8），得到点 $E$．

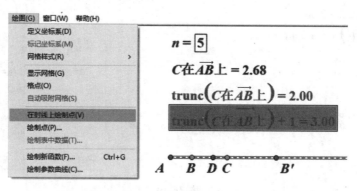

图 26-8

6. 分别选定点 $A$，$B$，选择"度量/距离"，度量出 $A$，$B$ 两点之间的距离．仿照第 4 步，分别计算出"$\dfrac{360°}{n}$"（圆心角度数），"$\dfrac{\dfrac{AB}{2}}{\sin\left(\dfrac{\dfrac{360°}{n}}{2}\right)}$"（边心距）的值（在计算编辑窗口的右侧的"单位"菜单中可以找到"度"）．分别选定点 $A$，$B$ 和边心距的计算值，选择"构造/以圆心和半径绘圆"（图 26-9），在两圆与射线 $AB$ 上方的交点处单击，得到点 $F$．选中边心距的计算值，使用快捷键"Ctrl＋H"将其隐藏．

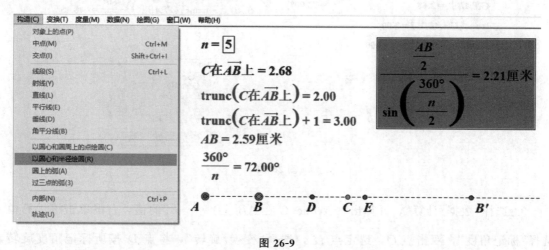

图 26-9

7. 选择"数据/计算"，分别计算出"$AB \cdot \text{trunc}(C$ 在 $\overrightarrow{AB}$ 上$)$"和"$-(C$ 在 $\overrightarrow{AB}$ 上 $-\text{trunc}(C$ 在 $\overrightarrow{AB}$ 上$)) \cdot \dfrac{360°}{n}$"的值．右键单击"$AB \cdot \text{trunc}(C$ 在 $\overrightarrow{AB}$ 上$)$"的计算值，选择"标

记距离". 选定点 $F$, 选择"变换/平移", 将固定角度设定为"0"度(图 26-10), 单击"平移"按钮, 得到点 $F'$.

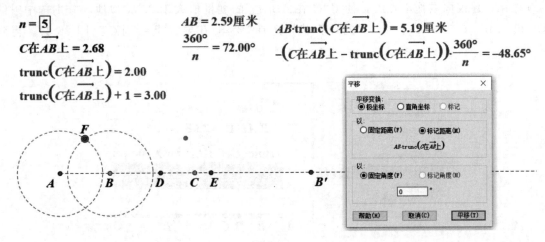

图 26-10

8. 右键单击"$-(C$ 在 $\overrightarrow{AB}$ 上 $-\operatorname{trunc}(C$ 在 $\overrightarrow{AB}$ 上 $))\cdot\dfrac{360°}{n}$"的计算值, 选择"标记角度", 双击点 $E$, 分别选定点 $D$, $F'$, 选择"变换/旋转", 单击"旋转"按钮(图 26-11), 得到点 $D'$, $F''$. 选中"文本工具", 双击点 $F''$, 在弹出的对话框中将标签修改为"$O$". 保留数据中的参数"$n$", 计算值"$\dfrac{360°}{n}$"和"$\operatorname{trunc}(C$ 在 $\overrightarrow{AB}$ 上 $)$", 选中其他不再使用的数据、圆 $A$、圆 $B$、点 $F$ 和点 $F'$, 使用快捷键"Ctrl+H"将其隐藏.

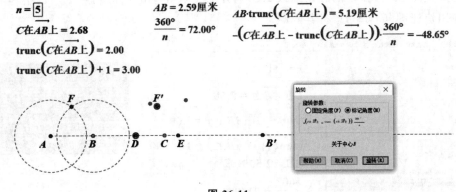

图 26-11

9. 选择"数据/计算", 计算出"$-\operatorname{trunc}(C$ 在 $\overrightarrow{AB}$ 上 $)\cdot\dfrac{360°}{n}$"的值, 右键单击该计算值, 选择"标记角度", 双击点 $O$, 选定点 $D'$, 选择"变换/旋转", 将点 $D'$ 按所标记角度旋转, 得到点 $D''$. 类似地, 右键单击"$\dfrac{360°}{n}$"的计算值, 选择"标记角度", 将点 $D''$ 绕点 $O$ 按新标记角度旋转, 得到点 $D'''$, 连接 $D''D'''$(图 26-12).

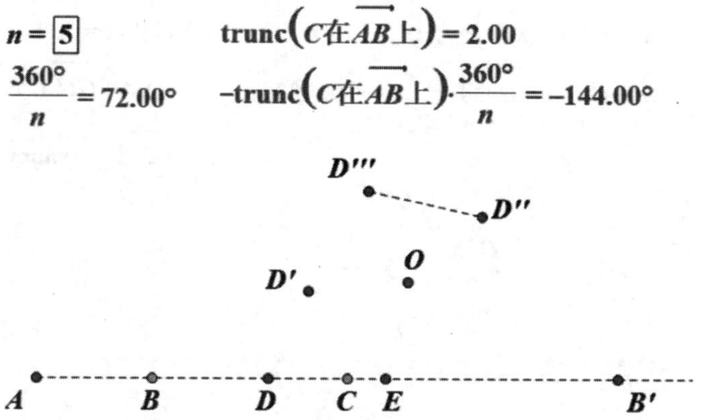

$$n = \boxed{5} \qquad \text{trunc}\left(C\text{在}\overrightarrow{AB}\text{上}\right) = 2.00$$

$$\frac{360°}{n} = 72.00° \qquad -\text{trunc}\left(C\text{在}\overrightarrow{AB}\text{上}\right) \cdot \frac{360°}{n} = -144.00°$$

图 26-12

10. 任作一条射线 $GH$，分别选中射线 $GH$ 和参数"$n = 5$"，选择"绘图/在射线上绘制点"，得到点 $I$. 连接 $GI$，选中线段 $GI$，选择"构造/线段上的点"，得到点 $J$. 分别选中射线 $GH$ 和点 $J$，按住 Shift 键，选择"度量/点的值"，得到"$J$ 在 $\overrightarrow{GH}$ 上"的度量值. 仿照第 4 步，计算出"$\text{trunc}(C$ 在 $\overrightarrow{AB}$ 上$) \cdot \frac{360°}{n}$"的值. 右键单击该计算值，选择"标记角度"，在弹出的对话窗口中单击"旋转"按钮，将线段 $D''D'''$（不含两个端点）绕点 $O$ 按"标记角度"旋转（图 26-13），得到线段 $l$.

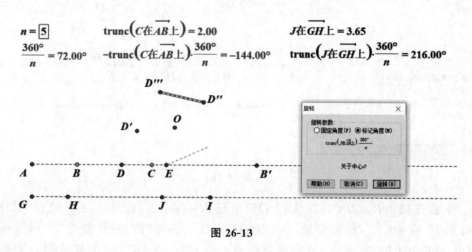

图 26-13

11. 类似地，计算出"$J$ 在 $\overrightarrow{GH}$ 上 $-\text{trunc}(J$ 在 $\overrightarrow{GH}$ 上$)$"的值，分别选中线段 $l$ 和"$J$ 在 $\overrightarrow{GH}$ 上 $-\text{trunc}(J$ 在 $\overrightarrow{GH}$ 上$)$"的计算值，选择"绘图/在线段上绘制点"，得到点 $K$（图 26-14）. 保留参数"$n = 5$"和"$\frac{360°}{n}$"的计算值，选中其他数据，使用快捷键"Ctrl＋H"将其隐藏.

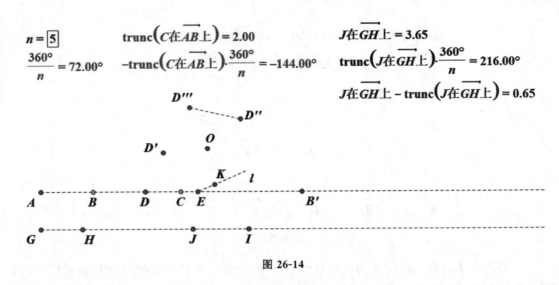

图 26-14

12. 分别选定点 $J$，$K$，选择"构造/轨迹"（图 26-15）. 右键单击所构造的轨迹，选择"属性"，在属性对话框中选择"绘图"，去掉"显示箭头和端点"前的勾选状态.

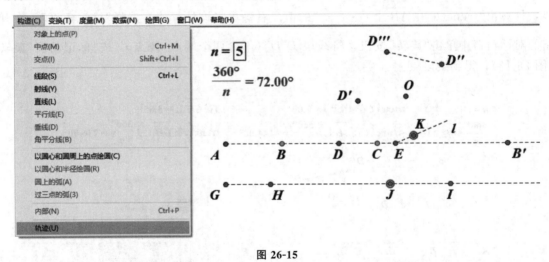

图 26-15

13. 分别连接 $OE$，$OK$，在线段 $OE$ 上任取一点 $L$，选定点 $L$，选择"度量/点的值"，得到"$L$ 在 $\overrightarrow{OE}$ 上"的度量值. 右键单击点 $L$，选择"颜色/浅蓝色"，示意拖动点 $L$ 可以调节小正多边形的大小. 分别选定线段 $OK$ 和"$L$ 在 $\overrightarrow{OE}$ 上"的度量值，选择"绘图/在线段上绘制点"，得到点 $M$. 分别选定点 $J$，$M$，选择"构造/轨迹"，右键单击新构造的轨迹，选择"属性"，在属性对话框中选择"绘图"，去掉"显示箭头和端点"前的勾选状态（图 26-16）.

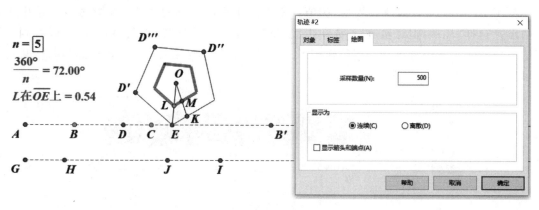

图 26-16

14. 选中"点工具"，使用快捷键"Ctrl+A"选中绘图区的所有点，然后选中移动箭头工具，分别单击点 $A$，$B$，$B'$，$C$，$E$，$L$，$O$，去掉这七个点的选中状态，继续单击 $AB$，$GH$ 两条射线和 $GI$，$D''D'''$，$OK$，$l$ 四条线段以及"$L$ 在 $\overline{OE}$ 上"的度量值，选择"显示/隐藏对象"(图 26-17)，将选中的对象隐藏.

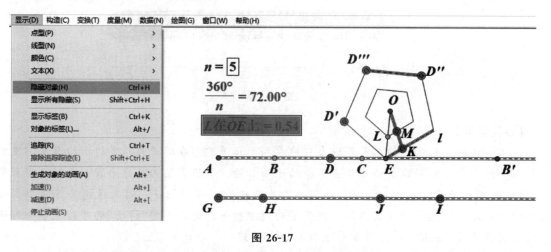

图 26-17

15. 将线段 $OE$ 的线型设定为"细虚线"，线段 $AB'$ 的线型设定为"细实线". 依次选定点 $C$，$A$，选择"编辑/操作类按钮/移动"，将对话框中的标签修改为"复位"，速度设定为"高速"，得到移动按钮"复位". 类似地，依次选定点 $C$，$B'$，选择"编辑/操作类按钮/移动"，构造出移动按钮"滚动"(图 26-18). 分别选定点 $A$，$B'$，使用快捷键"Ctrl+H"将其隐藏. 完成作图.

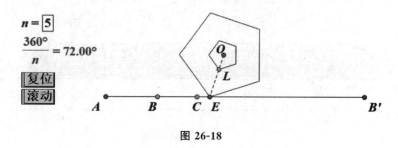

图 26-18

如图 26-19 所示，修改参数"$n$"的值，则大、小正多边形的边数会随之改变. 选中小正多边形，选择"显示/追踪轨迹"，先单击"复位"按钮，再单击"滚动"按钮，就可以看到小正多边形随着大正多边形滚动一周的轨迹了. 特别地，分别选定点 $C$，$L$，选择"构造/轨迹"，还可以直接得到点 $L$ 的轨迹（$n$ 条劣弧）.

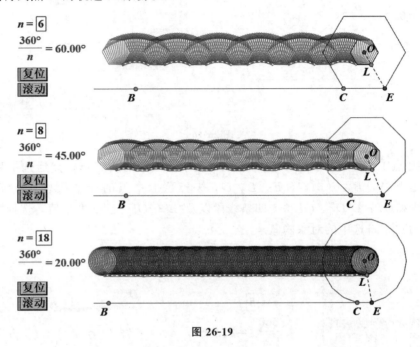

图 26-19

**【自我挑战】**

利用本讲所制作的实验工具可以直观地看到小正多边形在随着大正多边形的滚动时发生了"滑动"的现象，进而来解释亚里士多德的轮子悖论. 假设大圆的半径为 $R$，小圆的半径为 $r$，由圆的周长计算公式可知，大、小圆的周长分别为 $2\pi R$ 和 $2\pi r$，因而猜想若将两个同心圆的中心固定在一起，并按大圆沿直线无滑动地滚动一周时，小圆"滑动"的距离之和恰好等于两圆的周长差 $2\pi(R-r)$. 你能尝试证明这个猜想吗？请试一试.

**★小帮手★**

因为圆可以看作边数 $n$ 趋于无穷大的正多边形，为研究方便，不妨以正七边形为例，制作出如图 26-20 所示的图形. 当大正 $n$ 边形在水平线（$AB'$ 所在的直线）上滚动一周时，大正 $n$ 边形的一个顶点 $A$ 运动至点 $B'$ 处，小正 $n$ 边形同步旋转一周后，大正 $n$ 边形的一个顶点 $S$ 运动至点 $T$ 处，易知小正 $n$ 边形"跳过"的距离之和 $d=nPQ$.

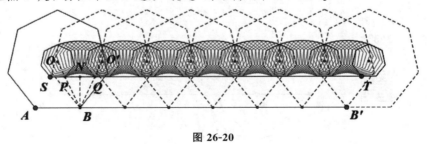

图 26-20

设相邻两个正 $n$ 边形的中心分别为 $O$，$O'$，则大、小正 $n$ 边形的边心距分别为 $R$ 和 $r$. 过点 $B$ 作 $BN \perp PQ$，垂足为 $N$，则 $BN = R - r$. 因为 $\angle PBQ = \angle OBO' = \dfrac{2\pi}{n}$，所以 $\angle NBQ = \dfrac{\pi}{n}$. 所以 $PQ = 2NQ = 2BN \tan \angle NBQ = 2(R-r) \tan \dfrac{\pi}{n}$. 所以小正 $n$ 边形"滑动"的距离之和 $d = 2n(R-r) \tan \dfrac{\pi}{n}$. 所以小圆"滑动"的距离之和为

$$
\begin{aligned}
\lim_{n \to \infty} 2n(R-r) \tan \frac{\pi}{n} &= 2\pi(R-r) \lim_{n \to \infty} \frac{n}{\pi} \cdot \frac{\sin \dfrac{\pi}{n}}{\cos \dfrac{\pi}{n}} \\
&= 2\pi(R-r) \lim_{\frac{\pi}{n} \to 0} \frac{\sin \dfrac{\pi}{n}}{\dfrac{\pi}{n}} \cdot \frac{1}{\cos \dfrac{\pi}{n}} \\
&= 2\pi(R-r) \cdot \frac{1}{\lim\limits_{\frac{\pi}{n} \to 0} \cos \dfrac{\pi}{n}} \\
&= 2\pi(R-r).
\end{aligned}
$$

**【小贴士】**

(1)极限思想方法，是数学分析乃至全部高等数学中必不可少的一种重要方法. 数学分析之所以能解决许多初等数学无法解决的问题(例如，求瞬时速度、曲线弧长、曲边形面积、曲面体的体积等问题)，正是由于其采用了"极限"的"无限逼近"的思想方法，才能够得到无比精确的计算答案.

(2)两个重要极限公式是：① $\lim\limits_{x \to 0} \dfrac{\sin x}{x} = 1$，② $\lim\limits_{x \to 0} (1+x)^{\frac{1}{x}} = \mathrm{e}$ 或 $\lim\limits_{x \to \infty} \left(1 + \dfrac{1}{x}\right)^{x} = \mathrm{e}$(其中 $\mathrm{e} = 2.7182818\cdots$ 是一个无理数，它是自然对数函数的底数，有时被称为欧拉数).

# 第二十七讲　扇形的滚动

在 2020 年某地中考数学试题中有这么一道填空题：如图 27-1 所示，将一个半径 $OA=$ 10 厘米，圆心角 $\angle AOB=90°$ 的扇形纸板放置在水平面的一条射线 $OM$ 上，在没有滑动的情况下，将扇形 $AOB$ 沿射线 $OM$ 翻滚至 $OB$ 再次回到 $OM$ 上时，则半径 $OA$ 的中点 $P$ 运动的路线长为————厘米（计算结果不取近似值）. 命题者给出的参考答案是 $10\pi+\dfrac{5\sqrt{5}}{2}\pi$. 这道题是一道常见的翻滚图形的动点路程问题. 乍一看，题目比较简单，答案似乎也没有问题. 倘若利用几何画板对这道题目进行核实验证，就会发现这道题所附的答案是错误的，而且对于中学生来说，要计算出正确答案几乎是不可能的.

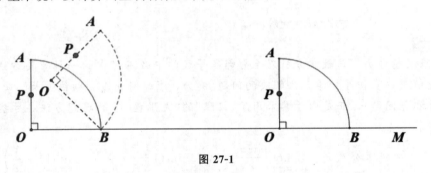

图 27-1

本讲我们学习如何利用几何画板制作一个可以在水平射线上无滑动地滚动的扇形，进而利用该实验工具对这道中考题进行核实验证.

具体操作步骤如下.

1. 新建一个几何画板文件，任作一点 $O$，将其水平向右平移 1 厘米，得到点 $O'$，作射线 $OO'$，在射线 $OO'$ 上作点 $B$，将点 $B$ 绕点 $O$ 旋转 180°，得到点 $B'$，依次选定点 $O$，$B$，$B'$，选择"构造/圆上的弧"（图 27-2），得到 $\overset{\frown}{BB'}$. 选中射线 $OO'$，使用快捷键"Ctrl＋H"将其隐藏. 在 $\overset{\frown}{BB'}$ 上任取一点 $A$，分别连接 $OA$，$OB$.

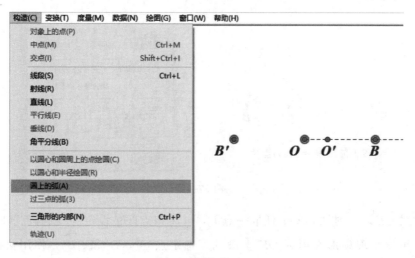

图 27-2

2. 依次选定点 $O$，$B$，$A$，选择"构造/圆上的弧"，得到 $\overset{\frown}{BA}$．接下来，选中 $\overset{\frown}{BA}$，选择"构造/弧内部/扇形内部"，得到扇形 $AOB$．分别选定点 $B$，$A$，选择"显示/颜色/浅蓝色"（图 27-3），示意拖动这两个点可以改变扇形 $BOA$ 的半径和圆心角的大小．

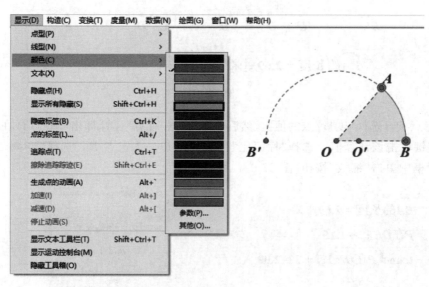

图 27-3

3. 选中 $\overset{\frown}{BA}$，选择"度量/弧长"，度量出 $\overset{\frown}{BA}$ 的长度，右键单击该度量值，选择"标记距离"．选定点 $B$，选择"变换/平移"，在弹出的对话框中将固定角度修改为"0"度（图 27-4），单击"平移"按钮，将点 $B$ 按标记距离水平向右平移，得到点 $C$．类似地，依次选定点 $O$，$C$，选择"变换/标记向量"，将点 $O'$，点 $B$ 按所标记向量 $\overrightarrow{OC}$ 进行平移，得到点 $D$，$E$．

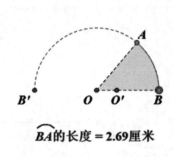

$$\overgroup{BA}\text{的长度} = 2.69\text{厘米}$$

图 27-4

4. 作射线 $OE$，在射线 $OE$ 上任取一点 $P$，并将该点颜色设定为"浅蓝色"（图 27-5），示意拖动点 $P$ 可以实现扇形在射线 $OE$ 上滚动. 选定点 $O'$，$B'$ 和 $\overgroup{BB'}$，使用快捷键"Ctrl＋H"将其隐藏.

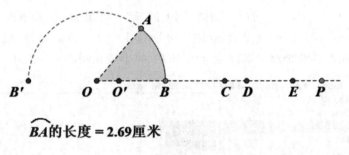

$$\overgroup{BA}\text{的长度} = 2.69\text{厘米}$$

图 27-5

5. 选定点 $P$，选择"度量/点的值"，然后选择"数据/计算"，计算出"$\text{trunc}(P\text{ 在 }\overrightarrow{OE}\text{ 上})+1$"的值. 右键单击该计算值，选择"标记比"，双击点 $O$，选定点 $E$，选择"变换/缩放"，在弹出的对话框中单击"缩放"按钮（图 27-6），得到点 $E'$.

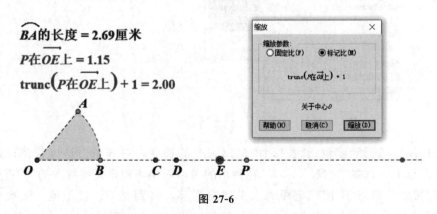

图 27-6

6. 依次选定点 $B$，$O$，$A$，选择"度量/角度"，得到 $\angle BOA$ 的度量值备用. 选定点 $C$，$D$，$E$，选择"编辑/操作类按钮"中的"隐藏/显示"（图 27-7），制作出这三个点的显隐按钮"隐藏点".

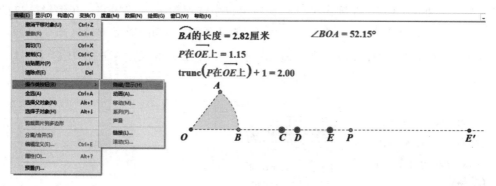

图 27-7

7. 依次选定点 $E$，$E'$，标记向量 $\overrightarrow{EE'}$，分别选定点 $O$，$B$，$C$，$D$，将其按所标记向量进行平移（图 27-8），得到四个对应点 $O'$，$B'$，$C'$，$D'$. 单击显隐按钮"隐藏点"，将点 $C$，$D$，$E$ 隐藏.

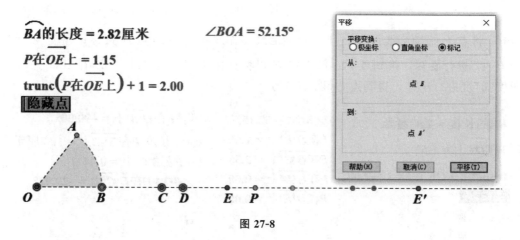

图 27-8

8. 选中"线段工具"，依次单击点 $O'$，$B'$，得到有向线段 $O'B'$. 分别选中线段 $O'B'$ 和点 $P$，按住 Shift 键，选择"度量/点的值"，得到"$P$ 在 $\overrightarrow{O'B'}$ 上"的度量值. 类似地，分别构造有向线段 $B'C'$，$C'D'$，$D'E'$，度量出"$P$ 在 $\overrightarrow{B'C'}$ 上""$P$ 在 $\overrightarrow{C'D'}$ 上""$P$ 在 $\overrightarrow{D'E'}$ 上"的值（图 27-9）.

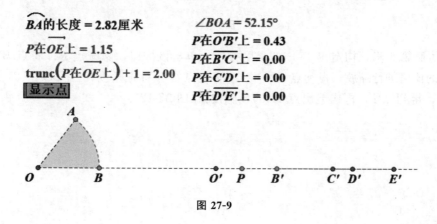

图 27-9

9. 选择"数据/计算",在弹出的计算编辑窗口中依次输入"−""90",在编辑窗口的右侧选择"单位/度",输入"*",单击"$P$ 在 $\overrightarrow{O'B'}$ 上"的度量值,单击"确定"按钮(图 27-10),得到"$-90° \cdot P$ 在 $\overrightarrow{O'B'}$ 上"的计算值. 类似地,分别计算出"$\overset{\frown}{BA}$ 的长度 $\cdot P$ 在 $\overline{B'C'}$ 上""$1-P$ 在 $\overline{B'C'}$ 上""$-\angle BOA \cdot P$ 在 $\overline{B'C'}$ 上"的值备用.

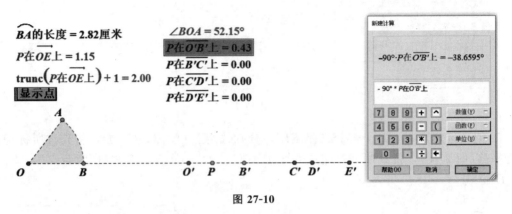

**图 27-10**

10. 将点 $P$ 拖动到线段 $B'C'$ 上,以便后续操作. 将点 $O'$ 绕点 $B'$ 按标记角度"$-90° \cdot P$ 在 $\overrightarrow{O'B'}$ 上"进行旋转,得到点 $F$. 再将点 $F$ 以标记距离"$\overset{\frown}{BA}$ 的长度 $\cdot P$ 在 $\overline{B'C'}$ 上",以固定角度"$0$"度进行平移,得到点 $G$(图 27-11).

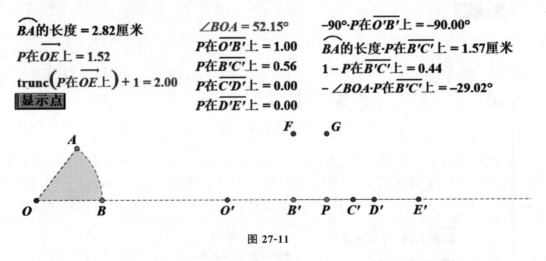

**图 27-11**

11. 仿照第 6 步,构造出点 $P$ 的显隐按钮,单击该按钮,隐藏点 $P$. 将点 $B'$ 关于点 $C'$ 按所标记的比值进行缩放,得到点 $H$. 将点 $H$ 绕点 $G$ 按标记角度"$-\angle BOA \cdot P$ 在 $\overline{B'C'}$ 上"进行旋转,得到点 $I$,再构造出点 $H$ 的显隐按钮(图 27-12).

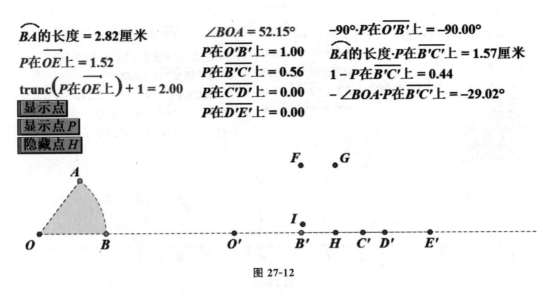

**图 27-12**

12. 选择"数据/计算"，分别计算出"$-90° \cdot P$ 在 $\overline{C'D'}$ 上""$-(180° - \angle BOA) \cdot P$ 在 $\overline{D'E'}$ 上"的值备用. 单击显隐按钮，隐藏点 $H$，显示点 $P$，将点 $P$ 拖动到线段 $C'D'$ 上，将点 $I$，$G$ 绕点 $C'$ 按标记角度"$-90° \cdot P$ 在 $\overline{C'D'}$ 上"旋转(图 27-13)，得到点 $J$，$K$.

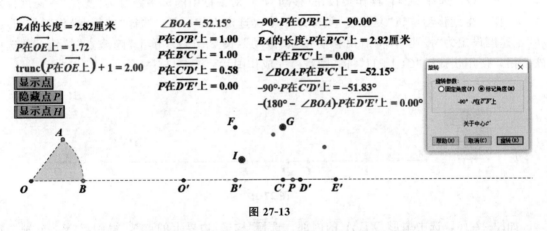

**图 27-13**

13. 构造出点 $E'$ 的显隐按钮. 双击点 $E'$，并将点 $P$ 拖动到线段 $D'E'$ 上，再单击显隐按钮"隐藏点 $E'$"，将点 $E'$ 予以隐藏. 将点 $J$ 绕点 $E'$ 按标记角度"$-(180° - \angle BOA) \cdot P$ 在 $\overline{D'E'}$ 上"旋转，得到点 $L$，再将点 $L$ 绕点 $K$ 按标记角度"$\angle BOA$"进行旋转，得到点 $M$. 仿照第 2 步，构造出扇形 $LKM$(图 27-14)，并将 $\overset{\frown}{LM}$ 和线段 $KM$，$KL$ 的线型设定为"细实线".

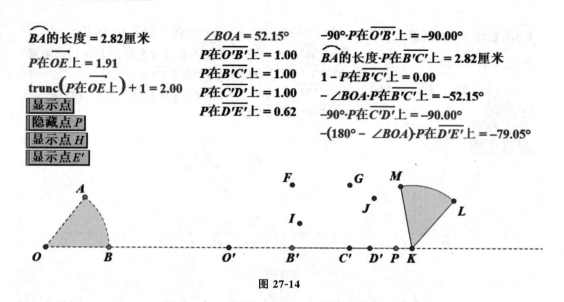

$\overset{\frown}{BA}$的长度 = 2.82厘米　　　∠$BOA$ = 52.15°　　　–90°·P在$\overline{O'B'}$上 = –90.00°

$P$在$\overrightarrow{OE}$上 = 1.91　　　　　$P$在$\overline{O'B'}$上 = 1.00　　$\overset{\frown}{BA}$的长度·$P$在$\overline{B'C'}$上 = 2.82厘米

trunc$\left(P$在$\overrightarrow{OE}$上$\right)$ + 1 = 2.00　　$P$在$\overline{B'C'}$上 = 1.00　　1 – $P$在$\overline{B'C'}$上 = 0.00

显示点　　　　　$P$在$\overline{C'D'}$上 = 1.00　　– ∠$BOA$·$P$在$\overline{B'C'}$上 = –52.15°

隐藏点 $P$　　　$P$在$\overline{D'E'}$上 = 0.62　　–90°·$P$在$\overline{C'D'}$上 = –90.00°

显示点 $H$　　　　　　　　　　　　　　　–(180° – ∠$BOA$)$P$在$\overline{D'E'}$上 = –79.05°

显示点 $E'$

图 27-14

14. 对比图 27-15，先将点 $K$，$L$，$M$ 的标签分别修改为"$O'$""$B'$""$A'$"，然后隐藏不再需要的点、线和数据（保留按钮"显示点"）. 单击按钮"显示点"，显示出点 $C$，$D$，$E$，依次选定点 $P$，$O$，选择"编辑/操作类按钮/移动"，将对话框中的标签修改为"复位"，速度设定为"高速"，得到移动按钮"复位". 类似地，依次选定点 $P$，$E$，选择"编辑/操作类按钮/移动"，速度设定为"慢速"，构造出移动按钮"滚动"（图 27-15）. 单击"隐藏点"按钮，并选中该按钮，使用快捷键"Ctrl＋H"将其隐藏. 完成作图.

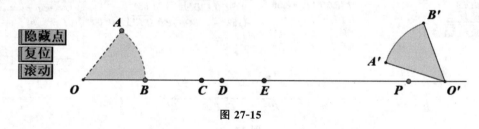

图 27-15

如图 27-16，选中扇形 $O'B'A'$ 的内部，选择"构造/边界上的点"，得到点 $N$，分别选定点 $P$，$N$，选择"构造/轨迹"，可以直接构造出当扇形 $OAB$ 在射线上不断滚动时点 $N$ 的轨迹情况，也可以通过右键单击点 $N$，选择"追踪点"，先单击"复位"按钮，再单击"滚动"按钮或拖动点 $P$ 来动态演示轨迹的形成过程，这里不再赘述.

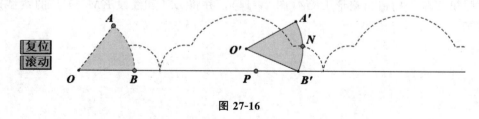

图 27-16

类似地，分别选定点 $P$ 和扇形 $O'A'B'$ 的关键点（点 $A'$，$B'$，$O'$）也可以构造出相应点的轨迹（图 27-17），也可以根据题目需要拖动点 $B$ 或点 $A$ 得到任意的扇形（劣弧所对的扇形），从而分析该扇形的滚动情况.

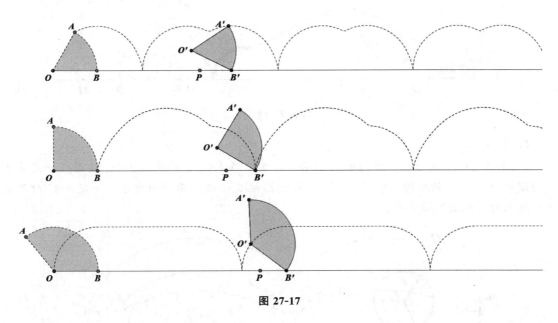

图 27-17

如图 27-18 所示，将点 $P$ 的标签修改为"$Q$"，再分别选中线段 $OA$，$O'A'$，选择"构造/中点"，得到点 $P$，$P'$. 将点 $B$ 绕点 $O$ 逆时针旋转 $90°$，得到点 $R$. 依次选定点 $A$，$R$，选择"编辑/操作类按钮/移动"，得到按钮"移动 $A \rightarrow R$"，将该按钮的标签修改为"$\angle AOB = 90°$". 选定点 $R$，使用快捷键"Ctrl＋H"将其隐藏.

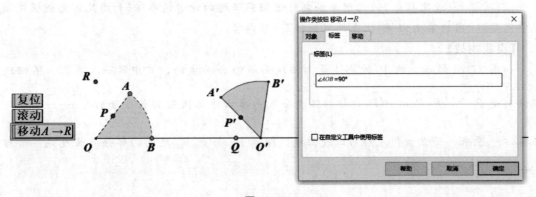

图 27-18

如图 27-19 所示，单击按钮"$\angle AOB = 90°$"，得到圆心角为直角的扇形 $AOB$. 右键单击点 $P'$，选择"追踪中点". 先单击"复位"按钮，再单击"滚动"按钮便可以动态演示当扇形 $A'O'B'$ 滚动一周时点 $P'$ 的轨迹的形成过程了. 观察点 $P'$ 的轨迹易知，该轨迹是由四段曲线组合而成的，其中第一、第三、第四段曲线是圆弧，而第二段曲线是学生未曾学习过的次摆线，所以对于中学生来说，要计算出正确答案几乎是不可能的.

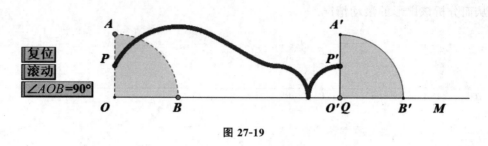

图 27-19

**【小贴士】**

(1)如图 27-20 所示,一个动圆 $A$ 沿着一条定直线 $l$ 做无滑动滚动时,动圆内一定点 $F$ 或动圆外一定点 $G$ 的轨迹,叫作次摆线或长(短)幅旋轮线. 而动圆边界上一定点 $C$ 所形成的轨迹则称作摆线或旋轮线.

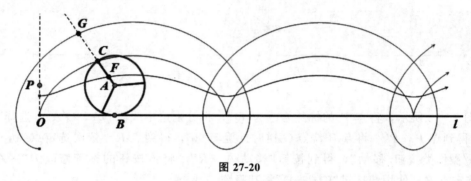

图 27-20

(2)对摆线(或次摆线)的几何画板制作方法感兴趣的读者请参考《利用几何画板探究高中数学问题》一书的第十六讲"优美的摆线族"一节内容.

**【自我挑战】**

如图 27-21 所示,点 $P'$ 的轨迹是由四段曲线组合而成的,其中第一、第三、第四段曲线分别是 $\overset{\frown}{P_1P}$,$\overset{\frown}{P_3P_2}$,$\overset{\frown}{P'P_3}$,根据弧长公式易求出这三段弧的长度分别是 $\dfrac{5\sqrt{5}\pi}{2}$ 厘米,$\dfrac{5\pi}{2}$ 厘米,$\dfrac{5\pi}{2}$ 厘米,那么如何求解第二段曲线,即点 $P_1$ 与点 $P_2$ 之间的部分的长度呢?请你试一试.

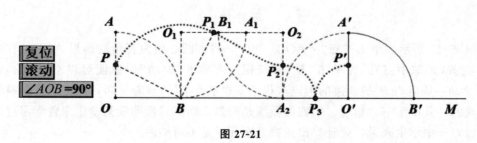

图 27-21

**★小帮手★**

以 $B$ 为原点，以 $BA_2$，$BO_1$ 分别为 $x$ 轴、$y$ 轴建立如图 27-22 所示的平面直角坐标系. 设点 $P'$ 的坐标为 $(x, y)$. 分别作 $O'S \perp x$ 轴，$P'T \perp O'S$，垂足分别为 $S$，$T$. 设 $\angle B'O'S = t$ $(0 \leqslant t \leqslant \dfrac{\pi}{2})$，因为 $\angle B'O'A' = \dfrac{\pi}{2}$，$O'P' = \dfrac{1}{2}O'A' = \dfrac{1}{2} \times 10 = 5$，所以 $\angle P'O'T = \dfrac{\pi}{2} - t$，$P'T = 5\cos t$，$O'T = 5\sin t$. 即 $O_1O' = BS = \overset{\frown}{B'S^l} = 10t$，$TS = O'S - O'T = 10 - 5\sin t$. 第二段曲线的参数方程为 $\begin{cases} x = 10t + 5\cos t, \\ y = 10 - 5\sin t, \end{cases} 0 \leqslant t \leqslant \dfrac{\pi}{2}$，所以第二段曲线的长度为

$$\int_0^{\frac{\pi}{2}} \sqrt{(x'_t)^2 + (y'_t)^2}\, dt = \int_0^{\frac{\pi}{2}} \sqrt{(10 - 5\sin t)^2 + (-5\cos t)^2}\, dt = \int_0^{\frac{\pi}{2}} \sqrt{125 - 100\sin t}\, dt = 5\int_0^{\frac{\pi}{2}} \sqrt{5 - 4\sin t}\, dt.$$

因为题目要求计算结果不取近似值，所以第二段曲线的长度以积分形式呈现. 利用 Mathematica 等软件可以求其近似值为 11.9127 厘米. 对于 $5\int_0^{\frac{\pi}{2}} \sqrt{5 - 4\sin t}\, dt$ 也可以尝试将其转化为第二类椭圆积分继续进行求解，可以继续探究.

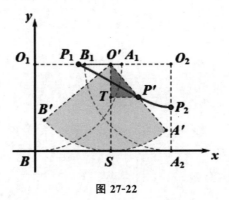

**图 27-22**

【小贴士】

一条连续且光滑的曲线可以用微积分来计算该曲线的长度.

(1) 若曲线方程为 $y = f(x)$，其中 $x \in [a, b]$，则该曲线的长度为 $\int_a^b \sqrt{1 + f'^2(x)}\, dx$；

(2) 若曲线方程为 $\begin{cases} x = \varphi(t), \\ y = \psi(t), \end{cases}$ 其中 $t \in [a, b]$，则该曲线的长度为 $\int_a^b \sqrt{\varphi'^2(t) + \psi'^2(t)}\, dt$.